古代歷史文化研究輯刊

十二編

王明蓀 主編

第 5 冊

北朝社會風尚研究（上）

陳志偉 著

國家圖書館出版品預行編目資料

北朝社會風尚研究（上）／陳志偉 著 -- 初版 -- 新北市：花木
蘭文化出版社，2014〔民 103〕

目 4+174 面；19×26 公分

（古代歷史文化研究輯刊 十二編：第 5 冊）

ISBN 978-986-322-885-1（精裝）

1.社會生活　2.社會風氣　3.南北朝

618　　　　　　　　　　　　　　　　　103013892

ISBN-978-986-322-885-1

9 789863 228851

古代歷史文化研究輯刊

十二編　第五冊　　　　　　　　ISBN：978-986-322-885-1

北朝社會風尚研究（上）

作　　者　陳志偉
主　　編　王明蓀
總 編 輯　杜潔祥
副總編輯　楊嘉樂
編　　輯　許郁翎
出　　版　花木蘭文化出版社
社　　長　高小娟
聯絡地址　235 新北市中和區中安街七二號十三樓
　　　　　電話：02-2923-1455／傳眞：02-2923-1452
網　　址　http://www.huamulan.tw 信箱 hml 810518@gmail.com
印　　刷　普羅文化出版廣告事業
初　　版　2014 年 9 月
定　　價　十二編 20 冊（精裝）新台幣 38,000 元

北朝社會風尚研究（上）

陳志偉　著

作者簡介

陳志偉，男，吉林舒蘭人，1965 年生。1983 年自舒蘭縣第一中學高中畢業，考入東北師範大學圖書館學系；1987 年大學畢業分配到長春郵電學院圖書館工作，後轉入教學從事漢語言文學本科教學；2000 年合校至吉林大學文學院；2004 年 9 月考入吉林大學古籍研究所中國古代史專業博士，2009 年 6 月博士畢業獲歷史學博士學位。現爲吉林大學文學院副教授，碩士生導師。研究方向：中國古代文學，秦漢魏晉南北朝史。所作學術研究主要在語言學、文學、文獻學、歷史學等幾方面，共發表論文近 30 篇。

提　　要

　　風尚是一定時期內，社會中某一範圍的社會成員中普遍流行的風氣和行爲。它包括人們在日常生活中物質與精神兩方面的追求。本書即立足於社會風尚，以對北朝時期社會生活中各時段所流行的風尚和突出的社會現象進行梳理、分析、總結作爲研究課題。全書共分九個部分。首先在緒論部分對「風尚」這一概念作一理論的闡釋與探討，以便於本課題的展開與研究；並對北朝社會生活研究狀況進行簡要回顧與綜述，以說明本書所據有的材料基礎。以下分爲八章，選取北朝社會生活中典型現象與特徵，從佛教、道教、奢華、門閥、尚武、飲酒、娛樂、性愛幾個角度，鈎沈徵引，分類論列，描述每種風尚在社會中發展演進之軌蹟，探析其對社會、歷史所產生之作用與影響。論述力求全面，徵引簡要明晰。試圖具體而微地再現北朝社會風貌。

上 冊

緒 論 1

一、風尚及其相關概念涵義的辨析 1

（一）風尚的概念 1

（二）與相關概念之辨析 5

（三）關於社會風尚的理論探討 12

二、選題的意義及其研究價值 16

三、對北朝社會生活研究的回顧與總結 19

（一）1911 年至 1948 年——興起 21

（二）1949 年至 1979 年——曲折發展 22

（三）1980 年至今——復蘇鼎盛 22

四、存在的問題 30

（一）理論建設尚需加強 30

（二）學科發展不均衡 31

（三）微觀研究仍顯薄弱 31

五、本研究的思路 31

第一章 佛 教 33

第一節 佛教盛行之成因 33

一、社會動蕩，物質與精神的雙重壓力 33

二、佛教本身的生命力 35

三、統治者的倡導扶持 38

第二節 佛教盛行之表現 39

一、佛教交流 40

二、各階層崇佛 44

三、廣造寺像 58

四、神異傳說流行 68

五、「反佛」、「滅佛」，難阻其勢 77

第三節 佛教盛行之影響 82

一、為底層平民提供了精神依託，帶來了實際
的溫情與救助 82

二、佛教節日慶典豐富了平民生活 84

三、佛教建築奢華鋪張，消耗了大量社會資源
與財富，加重了平民負擔 86

四、產生了以僧官寺院為中心的新的剝削階層 · 87

目 次

第二章 道 教 ···91

　第一節 道教之興起及發展 ····································92

　　一、道教在北朝興起、傳播的背景原因 ·········92

　　二、北朝道教發展簡述 ··94

　第二節 北朝道教信仰狀況 ····································95

　　一、北朝諸帝與道教 ··96

　　二、其他階層與道教 ··99

　　三、神異傳說 ···100

　第三節 道觀與造像 ···104

　　一、道觀建築 ···104

　　二、造像 ···105

第三章 奢 華 ···107

　第一節 社會上層奢華成因分析 ··························107

　　一、物質上的豐足集中爲奢華之基礎 ············108

　　二、對享樂縱欲的辯護 ·····································111

　　三、宗室貴族，倡引其風 ·································113

　第二節 社會上層奢華表現 ··································115

　　一、日常生活 ···115

　　二、財婚 ···123

　　三、蓄妓 ···127

　　四、厚葬 ···134

　第三節 社會上層奢華影響 ··································141

　　一、聚斂攀比，貪污成風 ·································141

　　二、造成社會資源浪費，遭到有識之士指斥
　　　　非議 ···145

　　三、加劇了各種社會矛盾，從而加速了王朝
　　　　的終結 ···150

第四章 門 閥 ···153

　第一節 北朝門閥發展概述 ··································153

　　一、門閥概說 ···153

　　二、門閥制度在北朝的引進發展 ····················156

　第二節 門閥制度之影響 ·······································162

　　一、選官 ···162

　　二、婚姻 ···167

　　三、評價 ···173

下　冊

第五章　尚　武................................175

　　第一節　尚武之風形成的原因................................175

　　　一、北方的自然環境................................175

　　　二、北方的社會環境................................177

　　第二節　北朝諸帝講武................................179

　　　一、講武略說................................180

　　　二、北朝講武及特點................................181

　　　三、講武之影響................................187

　　第三節　社會各層尚武表現................................189

　　　一、武人輩出................................189

　　　二、婦女習武................................206

　　　三、射獵................................211

　　　四、考古中所見尚武遺物................................215

　　第三節　尚武對文學創作之影響................................224

　　　一、北朝民歌所見尚武................................224

　　　二、文人創作詩歌所見尚武................................234

第六章　飲　酒................................245

　　第一節　飲酒風尚的成因................................245

　　　一、地理環境與民族性格................................246

　　　二、奢華之風與統治者的揄揚提倡................................249

　　　三、製酒行業技術發達................................251

　　第二節　社會各階層飲酒表現................................252

　　　一、飲酒群體分析................................253

　　　二、禮儀用酒................................263

　　　三、偶有酒禁，難妨其風................................265

　　第三節　飲酒之社會影響................................266

　　　一、消耗大量糧食，造成物質浪費................................267

　　　二、造成吏政荒怠，貽誤政事，爲社會發展帶
　　　　　來負面影響................................268

　　　三、飲酒與詩歌................................269

第七章　娛　樂................................275

　　第一節　角力活動................................275

　　　一、戲射................................275

　　　二、角抵................................279

三、投壺 ……………………………………………… 282

第二節　角智活動 ……………………………………… 282

一、樗蒲 ……………………………………………… 283

二、握槊 ……………………………………………… 286

三、圍棋 ……………………………………………… 288

四、象戲 ……………………………………………… 289

第八章　性　愛 ………………………………………… 291

第一節　觀念開放 ……………………………………… 291

一、婦女社會地位較高 ……………………………… 292

二、社會遺俗影響 …………………………………… 293

三、開放觀念在民歌中之表現 ……………………… 294

第二節　婚　姻 ………………………………………… 295

一、早婚 ……………………………………………… 295

二、近親婚 …………………………………………… 297

三、再婚 ……………………………………………… 301

第三節　婚外情 ………………………………………… 306

一、皇室婦女婚外情 ………………………………… 306

二、其他階層婦女婚外情 …………………………… 310

第四節　婦妒 …………………………………………… 313

一、婦妒概說 ………………………………………… 314

二、北朝婦妒表現 …………………………………… 315

第五節　婦德 …………………………………………… 318

一、婦德溯源 ………………………………………… 318

二、婦德教育 ………………………………………… 319

三、婦德典範 ………………………………………… 320

第六節　同性戀 ………………………………………… 325

一、詞彙辨析 ………………………………………… 325

二、同性戀略說 ……………………………………… 328

三、北朝同性戀 ……………………………………… 329

餘　論 …………………………………………………… 333

參考文獻 ………………………………………………… 337

後　記 …………………………………………………… 353

緒　論

一、風尚及其相關概念涵義的辨析

（一）風尚的概念

本書既以「風尚」爲題，首先自然且極有必要對「風尚」這一概念作一番辨析闡述解說，既確保本書之研究工作的正確開展，亦便於讀者對本書及作者研究意圖有清晰理解。

觀乎「風尚」一詞，據筆者粗淺考證，「風尚」在漢語詞彙中可謂古已有之，起源甚早。然語言是不斷發展變化的，古之「風尚」與今之「風尚」在概念的內涵與外延上已有顯著不同，這點自不待言，即迄今爲止學界在對風尚的定義與理解上也仍是見仁見智，難成共識。且與風尚一詞相近的詞語亦較多，如「風氣」、「時尚」、「風俗」等，一些辭書首先就在對風尚、風氣、時尚、風俗的解說上存在以詞解詞以致概念的外延交叉不清、內涵混淆難定的情況，導致人們在使用時也就更容易自覺不自覺地造成了概念界定的模糊和語義含混。究竟何爲風尚，何爲風氣、時尚、風俗，這些概念可否同一，可否兼而用之，互相之間都有什麼關係，皆給人十分含混的感覺。也有許多研究者曾試圖從不同的角度對這些概念分別作出各自的界定，且有不同的見解。因此，理清其間的語義和相互關係，給風尚一個明晰準確的定義，是本書首先探討的問題。

以下首先就筆者所檢索到的一些權威性辭書中關於「風尚」一詞的解釋，臚列如下，析而論之：

風尚①風格；氣節。《晉書·傳咸傳贊》：「長虞（傅咸字）剛簡，無虧風尚。」②猶風氣。如：時代風尚。《宋書·臧燾傳》：「豈可不敷崇墳籍，敦屬風尚。」——《辭海》〔註1〕

風尚：在一定時期中社會上流行的風氣和習慣：時代風尚｜社會風尚。——《現代漢語詞典》〔註2〕

《辭源》在收釋語詞上側重於古代詞彙，未收「風尚」一詞（也可見出「風尚」一詞在古代並沒有作爲一個固定詞語得到廣泛使用）。中國臺北出版的大型綜合性工具書《新編名揚百科大辭典》，該書無「風尚」一詞，有「風俗」、「風氣」，與《辭海》中的解釋相同。這也可見出「風尚」在近現代語彙中還不夠常用詞，在使用範圍、頻率等方面還不及「風俗」、「風氣」等相近詞。

《辭海》、《辭源》、《現代漢語詞典》屬綜合性辭書，在對詞語的釋義上注重全面性、通俗性，因此其所作的定義有時難能應用到具體的專門的學科研究中。且看幾部專科詞典對「風尚」一詞的解釋：

風尚：一定時期內社會上或某一集體中普遍流行的風氣或習尚，它是集體的心理狀態，是社會的產物。風尚可以表現在服飾、髮型、禮節、儀式等方面，其中不少是由社會心理形成的，如好奇、新穎等等因素造成的，但也有由於與其它國家交往而傳進來的。風尚的產生、發展、作用、影響、鞏固和消滅，是社會心理學研究的一項重要內容。風尚不同於風俗和習慣，後者經歷的歷史是較悠久、較鞏固的；而風尚是一種風氣，有的是悠久的，有的是短暫的、一時的。風尚不同於道德，它沒有道德的威力大，但它風行一時的時候有時卻可以起到維護道德或破壞道德的作用。總之，風尚不同於風俗、倫理、道德、法律、宗教等，它在某一特定時期的某一特定集體，可以起到一種風俗、道德、法律、宗教所不能起的作用。——《社會學詞典》〔註3〕

風尚：又稱「社會風尚」。社會精神文明範疇。指社會生活中

〔註1〕 辭海編輯委員會：《辭海》，上海：上海辭書出版社，1999年版普及本，下卷第4350頁。

〔註2〕 中國社會科學院語言研究所詞典編輯室編：《現代漢語詞典》，北京：商務印書館出版，1996年9月，第377頁。

〔註3〕 張光博：《社會學詞典》，北京：人民出版社，1989年8月第1版，第69～70頁。

存在的習慣性的風俗和風氣；它既可能合乎一定道德要求，也可能
不合乎一定道德要求。具有自發性、重複性的特點。──《中國百
科大辭典‧倫理學卷》〔註4〕

　　由上可見，專科辭書在對「風尚」進行闡釋似乎是更為深刻精確具體了。
但仔細理解辨析，便會發現較前述《辭海》等解釋進步不遠，釋詞不夠精準。
存在以詞解詞的問題，用風氣、風俗等解釋風尚，概念的內涵外延混淆不清，
難經推敲。作為一般性的瞭解掌握尚可，如用於專門的學術研究則不夠嚴謹
科學。而且相對於時代的發展、學術研究的不斷變化而言，工具書在釋詞解
義上存在一定的滯後性。下邊再看看見之於期刊、論著等文獻中對風尚一詞
的認識與闡釋。

　　翻檢近二十年的期刊文獻，以「風尚」為題的不在少數，但對風尚給予
明確解釋或探討其確切涵義的卻為數甚少。不知是因為風尚的涵義已為眾所
周知，無言之必要，還是因無法論清釐定逡巡性繞而行之。以風尚為題的專
科論著則更可以說是少之又少，稱得上是鳳毛麟角，據筆者所能見到的，僅
有三部，即李志慧《唐代文苑風尚》、孫燕京《晚清社會風尚研究》、彭衛《漢
代社會風尚研究》。其中有對「風尚」的界定與釋義：

　　　　社會風尚，是指在一定歷史時期內社會上某個民族、地區、階
　　　層中普遍流行的風氣和習慣。它不僅指日常生活中飲食、服飾等方
　　　面的某些愛好，也包括精神上更高層次的追求。社會風尚既受民族
　　　傳統的文化心理結構的影響，也受一定歷史時期的經濟、政治的制
　　　約。──李志慧《唐代文苑風尚》〔註5〕

　　　　風尚，是一定時期社會上流行的風氣和習慣，是任何時代、任
　　　何社會都普遍存在的一種社會現象，它隨社會變化而變化。「風」的
　　　本意是空氣的吹傳，「尚」則指崇尚。「風」、「尚」合一，就有了兩
　　　個基本含義，一是講風格、氣節；一是指風氣。第一種含義不常用，
　　　人們在日常生活中用得更多的是第二種含義。「風尚」、「風氣」在語
　　　意上是一致的，一方面指風土氣候，帶有自然屬性；另一方面指風
　　　尚、習氣，帶有社會屬性。「風尚」與「風氣」互通，所以常常混用。

〔註4〕　中國百科大辭典編委會：《中國百科大辭典》，北京：華夏出版社，1990 年 9
　　　　月第 1 版，倫理學卷，第 84 頁。
〔註5〕　李志慧：《唐代文苑風尚》，西安：陝西人民出版社，1988 年 5 月，第 1 頁。

社會風尚與社會風氣屬相同的概念，可以互換。——孫燕京《晚清社會風尚研究》〔註6〕

從李志慧和孫燕京二人對「風尚」的定義中，可看出二人在對「風尚」的理解上，基本上已成共識。其中以「風氣」、「習慣」作爲「風尚」的屬概念來解釋「風尚」也是合適的。彭衛的《漢代社會風尚研究》中，則對風尚沒有進行任何闡釋。

見之於期刊文獻中對「風尚」一詞的理解：

社會風尚是社會大多數成員或社會群體精神風貌的總和，它是意識形態的產物，是在一定存在的社會基礎上由社會某些成員經濟的、政治的、思想的、文化的、倫理的、審美的觀念綜合凝結和轉化而成，它是一種帶群眾性、普遍性的社會風貌和社會力量。〔註7〕

社會風尚，一般是指一定時期的社會價值觀、社會趨向、審美心態及人們的生活方式。〔註8〕

所謂風尚，它是風俗與時尚的並稱。風俗具有相當的穩定性與廣泛性，而時尚卻具有一定的局限性與代表性，所以風尚就是指一個社會在相當長的一段時期內所崇尚的流行。它體現在一個社會的風氣上，而人是社會的主體，所以人的行爲就是社會風尚的表現物。那麼人的行爲包括哪些呢？概括起來就是謀生與休閒。謀生的根本目的是爲了衣、食、住、行質量的提高，而休閒則是人們對生活質量的更高追求。〔註9〕

朱力在其《社會風尚的理論蘊含》一文中，對「社會風尚」進行了更深層次的探討與解說：

〔註6〕 孫燕京：《晚清社會風尚研究》，北京：中國人民大學出版社，2002 年 6 月，第 1 頁。《晚清社會風尚研究》於 2000 年 9 月被作爲教育部人文社會科學重點研究基地項目立項，項目名稱爲「19 世紀的中國社會研究」，《晚清社會風尚研究》是其中的子課題之一。全書分爲：晚清社會風尚的變化、晚清社會風尚的地域差異、晚清社會風尚的群體差異、晚清社會風尚的影響和基本特徵等幾章。筆者以爲該書內容失於瑣碎，游離主題，只有一章集中談到風尚。對晚清社會風尚的提煉總結不夠，太籠統，欠具體。

〔註7〕 徐臺榜：《從宋代社會風尚看岳飛其人》，《黑龍江農墾師專學報》2001 年第 2 期。

〔註8〕 邵金凱等：《略論晚明社會風尚的變遷》，《鹽城師範學院學報》（人文社會科學版）2001 年 5 月第 21 卷第 2 期。

〔註9〕 羅玲：《民國時期南京的社會風尚》，《民國檔案》1997 年第 3 期。

　　社會風尚的俗稱就是社會風氣，它是以自然現象作比喻的一種
社會現象。人們的生存環境中，有兩種不可缺少的氣候，一種是自
然氣候，它由濕度、溫度、風力等自然要素構成，對自然氣候人們
在生理上會直接感受到舒適與否，惡劣的自然氣候會使人在生理上
感到難以忍受或不舒適。另一種是社會氣候，由文化習俗、道德風
尚、人際關係等要素構成的，在生活層面的某一時期內社會氣候的
主要流向、主要特徵就是人們所說的社會風尚。它是在一定的時空
內，某一躍居突出地位的社會氣候所產生的一種文化效應場。它是
人們在主觀上能感受到的東西，當社會風尚清潔、健康、文明、向
上時，人們在精神上會感到愉快、舒暢；反之，頹喪的社會風尚，
令人在精神上感到沮喪、壓抑。〔註10〕

　　作為專門的、以「風尚」為題的著作、論文，由於要以之為論題開展論
說和研究，所以對「風尚」的理解與定義很顯然的較之工具書中的解釋可說
是更進了一步。而且在對「風尚」的理解把握表述上，也越來越趨向共通一
致。綜合前述各家對「風尚」的理解與闡釋，結合筆者對「風尚」的理解，
試圖對「風尚」一詞作出如下定義：

　　「風尚是一定時期內，社會中某一範圍的社會成員中普遍流行的風氣和
行為。它包括人們在日常生活中物質與精神兩方面的追求。」

　　「風尚」自然是社會的，故「風尚」與「社會風尚」同義。

（二）與相關概念之辨析

　　首先需明辨與「風尚」相近的幾個概念的含義，然後才能理清其與風尚
之間的關係。

1、「風氣」之概念及與「風尚」之關係

　　在所有與「風尚」相近諸概念中，「風氣」在人們的理解中是與「風尚」
最為接近、最難以區分的一個語彙，甚至有人以為二者完全等同可以混用。
從前述筆者所引的「風尚」的概念中即可以見出，「社會風尚與社會風氣屬相
同的概念，可以互換」，「社會風尚的俗稱就是社會風氣」。在筆者所見到的有
關「風尚」、「風氣」的論文、論著中也多有將二者混而用之的。在以上筆者
對「風尚」的理解與定義中，是把「風氣」作為「風尚」的屬概念來理解和
處理的，是「風尚」的一部分（當然也可以是全部）。儘管在實際理解與使用

〔註10〕朱力：《社會風尚的理論蘊含》，《學術交流》1998 年第 4 期。

上「風氣」與「風尚」最爲接近，但「尚」與「氣」既然用字不同，或許有不同之處也。下面就看看文獻中對「風氣」一詞的解釋：

風氣①風。《淮南子‧氾論訓》：「夫戶牖者，風氣之所從往來。」②風土氣候。《漢書‧地理志下》：「凡民函五常之性，而其剛柔緩急，音聲不同，繫水土之風氣，故謂之風。」③風度。《宋書‧蕭惠開傳》：「少有風氣，涉獵文史。」④風尚。《魏書‧李琰之傳》：「吾家世將種，自云猶有關西風氣。」劉因《隱仙谷》詩：「山川含太古，風氣如未開。」後亦指社會流行習氣。⑤病名。《史記‧扁鵲倉公列傳》：「所以知齊王太后病者，臣意診其脈，切其太陰之口，濕然風氣也。」
——《辭海》〔註11〕

風氣：①風。淮南子氾論：「夫戶牖者，風氣之所從往來。」三輔黃圖五：「飛廉觀在上林，……飛廉，神禽，能致風氣者。」②謂氣候。漢孔安國尚書序：「言九州所有，土地所生，風氣所宜，皆聚此書也。」後漢書四一宋均傳附宋意上疏：「風氣平調，道路夷近。」③謂風俗。魏書李琰之傳：「琰之雖以儒素自業，而每語人言，吾家世將種，自云猶有關西風氣。」④猶風度。世說新語任誕：「阮渾長成，風氣韻度似父。」渾，籍子。宋書蕭惠開傳：「少有風氣，涉獵文史。」⑤病名。《史記》一○五《倉公傳》：「所以知齊王太后病者，臣意診其脈，切其太陰之口，濕然風氣也。」素問太陰陽明論：「故受風氣，陰受濕氣。」——《辭源》〔註12〕

風氣：社會上或某個集體中流行的愛好或習慣：社會風氣|不良風氣。——《現代漢語詞典》〔註13〕

社會風氣是對社會成員的思想認識、價值判斷、行爲意向、行爲方式乃至習慣、嗜好在形式上趨於相近的情形的一種總稱，指社會在一定時期和一定範圍內某種物質生活和精神生活中表現出來的

〔註11〕 辭海編輯委員會：《辭海》，上海：上海辭書出版社，1999年版普及本，下卷第4348頁。

〔註12〕 廣東、廣西、湖南、河南辭源修訂組，商務印書館編輯部：《辭源》（合訂本）第1854頁，北京：商務印書館，1988年7月第1版，1995年11月北京第6次印刷。

〔註13〕 中國社會科學院語言研究所詞典編輯室：《現代漢語詞典》，北京：商務印書館出版，1996年9月，第377頁。

共同性。——《社會學詞典》〔註14〕

　　從《辭海》、《辭源》對「風氣」的解釋中可知，在古漢語詞彙中，風氣與風俗同義。並不是現代意義的「風氣」概念。只有《現代漢語詞典》與《社會學詞典》兩部辭書中對「風氣」的理解與「風尚」是等同的。是完全的具有現代意義的「風氣」概念。

　　此外，見之於論著和論文中的「風氣」的概念亦在不少，擇其要者列之如下：

　　　　社會風氣的最基本最一般的含義，是指在某種社會心理的驅動下或某種價值取向的引導下，表現出的一種普遍流行的社會行為，是直接外化或體現社會意識的客觀活動，是社會歷史態勢的指示器。〔註15〕

　　　　社會風氣是一定社會的經濟、政治、文化和道德等狀況的綜合反映。它具體表現為社會成員或社會群體的精神風貌。〔註16〕

　　　　社會風氣是社會意識在人們的行為或行動中的綜合的、普遍的、具有主導性的和穩定的表現。〔註17〕

　　　　風氣是在社會道德關係中表現出來的、具有道德意義的、被人們通過道德評價而維護或指責的行為屬性，它往往在社會上形成一定的氛圍，潛移默化地影響、浸染、干擾人們的行為和一般的社會生活。〔註18〕

　　　　風氣與風尚意義接近而與風俗不同，它具有突出的倫理學特徵。風尚一詞在多數情況下與風氣同義，如「時代風尚」、「樹立新風尚」、「風尚猶存」中的「風尚」，都是指的「風氣」。……所謂社會風氣，是指一定社會大多數成員或社會群體精神風貌的總和。它是社會意識形態的產物，即由社會成員某些政治的、倫理的、審美的觀念的綜合凝結和轉化而成的，是一種帶群眾性的社會風貌和社會力量。〔註19〕

〔註14〕王康：《社會學詞典》，濟南：山東人民出版社，1988年，第230頁。
〔註15〕鄭倉元、陳立旭：《社會風氣論》，杭州：浙江人民出版社，1996年，第3頁。
〔註16〕邢春生、金洪躍：《簡論社會風氣》，《道德與文明》1986年第3期。
〔註17〕吳家清：簡論社會風氣，《教學與研究》1989年第3期。
〔註18〕榮新海：《論風氣》，《道德與文明》1988年第3期。
〔註19〕齊平：《社會風氣略說》，《理論建設》1986年第4期。

對以上所列的諸多關於「風氣」的定義、理解進行反覆分析，似乎亦難找出「風氣」與「風尚」有多少不同。而且兩詞之間還常有混用情況，如前述朱力認爲「社會風尚的俗稱就是社會風氣」，邢春生、金洪躍在《簡論社會風氣》一文中就認爲：「社會風氣主要包括三方面的內容：一是社會道德風尚；二是社會治安秩序；三是社會心理反映。」這裡把「風尚」作爲「風氣」的屬概念，一方面說明了在人們的通常意識中，「風尚」、「風氣」無甚區別，時常混用；另一方面也說明，儘管二詞詞義如此接近，但在實際使用中，卻又形成了使用習慣上的差別，有時是不能混用和替換的。即如「道德」和「風尚」之間就形成了這種固定搭配，而不說「道德風氣」。

雖然「風氣」與「風尚」之間的含義如此接近甚至淆亂，筆者以爲，還是可以從中分析尋繹出其共性，摸索劃分出其個性的。「風氣」與「風尚」小有不同，「風尚」包括社會成員在物質與精神兩方面的追求，而風氣更多的是指社會成員在精神方面的追求與取向，如說「開放的社會風氣」，即指社會成員在思想觀念上的某些趨向。把「風氣」劃爲「風尚」的屬概念還是合適的。

2、「時尚」之概念及與「風尚」之關係

「時尚」是與「風尚」相近的又一語詞：

> 時尚：當時的風尚：不合時尚。〔註20〕

> 社會時尚就是在大眾內部產生的一種非常規的行爲方式的流行現象。具體地說，社會時尚就是指一個時期內相當多的人對特定的趣味、語言、思想和行爲等各種模型或標本的隨從和追求。〔註21〕

> 時尚：一時崇尚的方式，即在一定時期內，社會上或一個群體中普遍流行的某種生活規格或樣式。通俗的名稱叫流行。它代表了某種生活格式，是很多人相互影響、迅速普及的結果。它會引起眾多人的注意、興趣和模仿，影響到社會的各種人或部分人。時尚的內容涉及到日常生活的各個領域，比較突出的表現在裝飾、禮儀和生活行爲三方面，並由此體現出人的倫理觀、價值觀和精神狀態。

〔註20〕中國社會科學院語言研究所詞典編輯室：《現代漢語詞典》，北京：商務印書館出版，1996年9月，第1144頁。

〔註21〕趙慶偉：《中國社會時尚流變》//周積明：《中國社會生活談叢·總序》，武漢：湖北教育出版社，1999年版，第1頁。

時尚主要包括三類：①陣熱。②時髦。③時狂。〔註22〕

在實際使用中，「時尚」是僅次於「風氣」的接近「風尚」的概念。「時尚」與「風尚」在含義上基本等同，所不同者，「時尚」之「時」正透露出其流行時間之短也，未若「風尚」持續時間之長。且「時尚」更趨口語化，未若「風尚」正式書面，「時尚」有形容詞之屬性，如可說「很時尚」，似不能說「很風尚」。

3、「風俗」之概念及與「風尚」之關係

與前幾組概念不同的是，人們對「風俗」一詞的理解則較少偏差，早成定論：

> 風俗①歷代相沿積久而成的風尚、習俗。《詩·周南·關雎序》：「美教化，移風俗。」《詩·小雅·谷風序》：「刺幽王也」孔穎達疏：「《漢書·地理志》云：『凡民稟五常之性，而有剛柔緩急音聲不同，繫水土之風氣，故謂之風；好惡取舍動靜無常，隨君上之情欲，故謂之俗。』是解風俗之事也。風與俗對則小別，散則義通。」②民間歌謠。《史記·樂書》：「博採風俗，協比音律。」──《辭海》〔註23〕

> 風俗：①一地方長期形成的風尚、習慣。荀子彊國：「入境，觀其風俗。」漢書平帝紀元始四年：「遣太僕王惲等八人，置副假節分行天下，覽觀風俗。」②民間歌謠。史記樂書：「以爲州異國殊，情習不同，故博採風俗，協比聲律，以補短移化，助流政教。」──《辭源》〔註24〕

> 風俗：社會上長期形成的風尚、禮節、習慣等的總和：風俗人情。〔註25〕

> 風俗：社會上長期形成的風尚、禮節、習慣的總和。風俗屬於

〔註22〕袁方：《社會學百科辭典》，北京：中國廣播電視出版社，1990年11月版，第148頁。

〔註23〕辭海編輯委員會：《辭海》1999年版普及本，上海：上海辭書出版社，下卷第4350頁。

〔註24〕廣東、廣西、湖南、河南辭源修訂組，商務印書館編輯部：《辭源》（合訂本），北京：商務印書館，1988年7月第1版，1995年11月北京第6次印刷，第1854頁。

〔註25〕中國社會科學院語言研究所詞典編輯室：《現代漢語詞典》，北京：商務印書館1996年9月，第377頁。

社會文化範疇，反映一個國家、民族或社會集體的生活方式和心理素質。一般說來，風俗是歷代相傳的社會習慣。——《社會學詞典》〔註26〕

風俗：某一人類群體在不同的自然條件和社會環境下所形成，並經歷代相沿積久而成的思想和行爲的固定方式。按中國的傳統解釋，把在自然條件影響下形成的習尚稱爲「風」，在社會環境下形成的習尚叫做「俗」。——《中國百科大辭典》〔註27〕

專著與期刊中的對「風俗」的解釋：

東漢班固《漢書·地理志》：「凡民函五常之性，而其剛柔緩急，音聲不同，繫水土之風氣，故謂之風；好惡取舍，動靜亡常，隨君之情欲，故謂之俗。」唐孔穎達《詩·小雅·谷風序疏》認爲，風與俗「義通」，均指習尚。〔註28〕

風俗一般指長期相沿積久而成的風尚、習俗。它有較強的穩定性，往往更多地表現在日常生活中，而不是表現在道德關係中，而且因爲相沿成習，原來可能具有的道德意義早已消失。風氣則不然，它不像風俗那麼穩定，而且就表現在現實的道德關係中，具有顯而易見的道德意義。〔註29〕

由上可見，「風俗」一詞出現很早。而且古漢語中「風俗」與現代漢語中風俗的概念亦相去不遠，基本等同。各家對風俗的理解和闡釋也可說較少分歧，共識較多，皆指某一社會群體在一定的條件和環境下長期形成較爲固定的思想和行爲方式。「風俗」是一種歷史的沿襲和發展過程，是由不同地域人民的生活習慣逐步積累發展而約定俗成的。所以「風俗」有時又稱「民俗」，即是指一個地區、一個民族人們的思想方式和生活方式。

「風俗」與「風尚」亦爲接近，從前述「風俗」的概念中可見出二者有著密不可分的聯繫。而且在以往的研究與著述中，二者亦存在混淆不分的現象。龔書鐸在爲孫燕京《晚清社會風尚研究》所作的序文中就曾說：

〔註26〕張光博：《社會學詞典》，北京：人民出版社，1989 年 8 月第 1 版，第 69〜70 頁。

〔註27〕中國百科大辭典編委會：《中國百科大辭典》，北京：華夏出版社，1990 年 9 月第 1 版，第 392 頁文化學卷。

〔註28〕陳來生：《風俗流變：傳統與風俗》//葛劍雄：《制度文明與中國社會叢書》，長春：長春出版社，2004 年 1 月版，第 1 頁。

〔註29〕榮新海：《論風氣》，《道德與文明》1988 年第 3 期。

　　即如風尚、風俗，書中認爲二者有區別，自是一家之言。但顧
炎武在《日知錄》中談及周末風俗、兩漢風俗、宋世風俗時，並不
指涉婚喪嫁娶、逢年過節之類的民俗，而是關乎風尚、風氣，如認
爲「光武有鑒於此，故尊崇節義，敦厲名實，所舉用者莫非經名行
修之人，而風俗爲之一變」；「觀哀平之可以變而爲東京，五代之可
以變而爲宋，則知天下無不可以變之風俗也」，等等。據此，則風俗
與風尚、風氣似無區別。提及這一問題，無非是想說明著述是很難
的，並不妨礙作者有自己的見解。〔註30〕

這裡龔先生即指出了在歷史上，「風俗」與「風尚」就是經常含混且難以辨別
的。但語言與詞彙是不斷髮展並趨向成熟的，對概念的定義與理解也是不斷
明晰定型的。顧炎武所言之「風俗」確有「風氣」、「風尚」之意思，但卻不
能據此就斷定「風氣」、「風尚」與「風俗」相等。

　　對「風俗」與「風尚」在使用上的相混情況，孫燕京《晚清社會風尚研
究》中進行了分析：

　　在人們的一般用詞中，「風尚」還常常與「風俗」相混，原因
是「風尚」、「風俗」中「風」的意思大致相似。比如，《漢書・地理
志》有：「凡民函五常之性，而其剛柔緩急、音聲不同，繫水土之風
氣，故謂之風。」在這個意義上，風尚、風俗十分相像。（需要說明
的是，中國傳統中所謂的風俗一般是指廣義的風俗，既有民俗的意
思，也有流行風氣的含義。到了近代，由於學科劃分越來越細，再
加上俗與尚本身固有的區別，風俗與風尚的意義和研究不盡相同。）
然而，在學科研究中，「尚」與「俗」的研究有很大區別。「俗」的
研究偏重於傳統的信仰、習慣、故事、傳說、歌謠等，用以解說民
間傳統；「尚」的研究則主要關注某一時期、某一社會流行的風氣。
「風俗與風尚所以不同，因爲風尚是流行的東西，風俗是被時間凝
固了的。」（陳錫襄《風俗學試探》載《民俗》，1929（57）。）不過，
兩者所借助的歷史材料卻常常是一致的。〔註31〕

以上分析還是比較符合實際的。「風俗」與「風尚」的區別歸納起來簡而

〔註30〕孫燕京：《晚清社會風尚研究》，北京：中國人民大學出版社，2002年6月版，
　　　　序文第3頁。
〔註31〕孫燕京：《晚清社會風尚研究》，北京：中國人民大學出版社，2002年6月版，
　　　　第2頁。

言之即為：流行之後消失了的謂之「風尚」，流行之後沉澱凝固下來的謂之「風俗」。二者本來即有非常密切之聯繫，故在研究表述中容易相混也。

經過如上辨析，可以得知，「風尚」與「風俗」既有密切聯繫又有顯著區別。「風俗」乃「風尚」之進一步發展延續。「風尚」的時代感、現實感較強，而且「風尚」往往隨社會變化而變化，有著相當明顯的變異性。特別是社會發生激烈動盪的時期，「風尚」的變化常常出人意料。而「風俗」往往是經過很長時間的歷史沉積、淘洗形成的，是在「風尚」基礎上產生的，可以長時間保持不變，往往不表現出明顯的時代特徵，而是帶有極強的傳統意味，有較強的傳承性。而「風尚」的歷史傳承卻不那麼明顯。

還應該指出的是，風俗與風尚在人們日常的使用中是較少混淆的，而更多的往往是在學術研究中造成二者在概念的內涵和外延上的混淆。

4、「習尚」、「習俗」

亦有「習尚」、「習俗」之謂：

> 習尚：風尚：社會風尚。——《現代漢語詞典》〔註32〕
>
> 習俗：習慣和風俗：民族習俗。——《現代漢語詞典》〔註33〕
>
> 習俗：風俗習慣。《史記‧秦始皇本紀》：「遂等會稽，宣省習俗，黔首齋莊。」——《辭海》〔註34〕

《辭海》中未收「習尚」一詞。由上觀之，此二者為「風尚」與「風俗」之變體，「習尚」即指「風尚」，「習俗」即指「風俗」。

（三）關於社會風尚的理論探討

社會風尚是在一定歷史時期，社會中的人們表現出的在物質與精神上追求的某些共性，是社會生活的一部分。一種風尚一旦形成，即會對一定範圍、群體的社會成員的生活產生廣泛、深刻、甚至是持久的影響。對「社會風尚」這一命題從理論上作進一步的探討、廓清對於我們後面的研究是有益而且是必要的。《社會學百科辭典》對「時尚」一詞的深層闡述，亦可幫助我們理解「風尚」：

〔註32〕中國社會科學院語言研究所詞典編輯室：《現代漢語詞典》，北京：商務印書館 1996 年 9 月，第 1348 頁。

〔註33〕同上。

〔註34〕辭海編輯委員會：《辭海》，上海：上海辭書出版社，1999 年版普及本，上卷第 269 頁。

關於時尚形成的原因，普通心理學認爲，凡是新異刺激，都會引起人們的注意，成爲人們行動的意向。時尚正好具備這樣的特點。精神分析理論認爲，凡是想渴望得到的東西，都是基於通過自己的某些欲望的滿足，或是基於通過自我表現的方式，引起並強迫他人注意，達到心理的滿足。社會成員對所崇尚的東西的追求，正是尋求獲得這樣一種心理上的滿足。時尚的變遷，是遵循一定的規律的。這些規律是：①時尚的產生與社會文明成正比。②時尚的變遷受社會文化背景的制約。③時尚傳佈過程中，經常失其原型。④時尚循著極端而變。⑤社會上崇拜時尚流行的人數，符合常態分佈曲線。時尚流行時，往往具有一種制約力量，它對個體行爲的影響基本上可以歸爲以下幾個方面：①凡社會上盛行的時尚，一般人都自然地接受並遵行之。②在時尚的流行過程中，常常出現兩種截然相反的心理現象，一方面要標新立異，一方面又要求同一於社會流行的標準。③時尚直接影響到個體審美觀念的形成。④時尚對人們行爲的影響還因年齡、性別、地位等而有差異。被廣泛接受的時尚，會逐漸化爲一個民族的風尚與道德傳統，以至逐漸成爲新的行爲規範。
〔註35〕

以上解說同樣適用於「風尚」。下即從兩方面對「風尚」作一梳理探討。

1、社會風尚形成的原因

（1）傳統文化和道德的影響。傳統文化是一個民族、地區乃至國家，在其發展過程中日積月累地培育、發展、形成的，是其物質文明的沉澱積累和精神智慧的創造結晶。人類總是要在其特定文化氛圍中繁衍生息的，人們在成長過程中傳統文化潛移默化不可避免地要深深地滲入到他們的精神思想，在一定程度上培育著人們的心理素質和精神風貌，人們的一切行爲都自覺不自覺地首先要受這種傳統文化的引導。分析探究社會風尚形成的原因，我們首先就會發現，傳統文化正是形成某種社會風尚的精神根源，社會風尚正是在某種社會心理的趨動下或某種價值取向的引導下，表現出的一種風行的社會行爲。道德亦是傳統文化的一部分，是人們在長期的社會生活中，在傳統文化基礎上產生的約定俗成的行爲準則和規範，它規範和調整著人們的社會

〔註35〕　袁方：《社會學百科辭典》，北京：中國廣播電視出版社，1990 年 11 月版，第148 頁。

行為。一種社會風尚的形成社會道德在其中無疑有著一定的制約和影響作用。

（2）社會政治導向。以前常說樹立良好的道德風尚，建設良好的社會風尚等，上層社會、主流群體的行為對風尚之形成有著不可忽視的影響。這裡指的就是社會政治對社會風尚的導向作用，也就是官方政府對某種社會風尚的有意識的引導揄揚。從歷史上社會風尚的成因、表象來看，上層社會、主流群體的行為對風尚之形成有著不可忽視的影響。他們提倡什麼、反對什麼都極可能會給整個社會生活、社會群體造成巨大的影響，並且這種影響很快就會形成一定的社會心理和價值標準，引導著人們的行為，從而形成某種風尚。所謂上行下效，樂府詩中講的「城中好高髻，四方高一尺；城中好廣眉，四方且半額；城中好大袖，四方全匹帛」〔註36〕，便是很好的說明。

（3）經濟根源。經濟是一切的基礎，經濟根源是任何社會歷史現象的終極原因。社會風尚也不例外。社會的物質生產和人們的經濟基礎，對社會風尚的產生有著不容忽視的影響。當社會經濟凋敝，人們生活困苦之時，人們的思維心理行為表現是一種範式；而當社會經濟發達，社會產品豐富時，則又會給人們帶來新的追求和新的取向。也就是說，隨著社會物質生產力的發展或者生產關係的變更，同時也必然會引起觀念的更新。觀念的更新又會帶來某種新的社會風尚的興起。

以上是社會風尚產生的三種主要的原因。當然，某種社會風尚的產生、興起，往往有著更為複雜的原因和背景，諸如外來思想文化、從眾心理等等，也都可能成為產生某種社會風尚的重要原因。

2、社會風尚的特徵

孫燕京在其《晚清社會風尚研究》一書中，曾對社會風尚的特徵、表現等作過系統的研究闡述，筆者對其觀點基本認同。這裡在其成果基礎上，對社會風尚的特徵進行闡發歸納。

（1）即時性。社會風尚總是產生於某一社會歷史時段，獲得一定社會群體的景慕追從，在社會上風行一段時期後趨於沉寂。這是其即時性。隨著社會的發展，歷史的演進，一切社會風尚都將成為過去，成為歷史的一頁，保存於歷史文獻和人們的記憶中。

（2）社會風尚群體性。從社會風尚的主體看，它具有群體性。一般說，

〔註36〕郭茂倩：《樂府詩集》，北京：中華書局，1979 年 11 月第 1 版，第四冊，第 1223 頁。

成為一種群體意識和群眾行為，才稱得上社會風尚。個體的某種共同行為積聚多了，便形成了群體性，也便形成了風尚。就是說，從微觀上、局部上看這些個體行為可能數量很少，很分散，但如從宏觀上、全局上看，這些個體累加起來，便形成了一個群體，這樣我們也可稱之為風尚。如純粹僅是某些個體的意識和行為，從微觀上數量既少，宏觀上也不能形成一定數量和規模，那麼便不能稱其為社會風尚。認識和掌握這個特點，可以有助於我們廓清風尚的範圍，更準確地理解和把握風尚這一社會現象。當然作為社會的領導者或統治者，也可據此在全社會採取某些措施，對社會風尚的發展趨向作某些引導和調控。

（3）社會風尚並存性。一般地說，在同一社會、同一時期內、不同地區、不同階層常常流行多種風尚，而並不是在一個時期只流行一種風尚。正是這些多種多樣的風尚，一起構成了多姿多彩的社會生活。這些不同的風尚之間可能存在矛盾、對立、鬥爭、融合，直接或間接地影響著社會歷史的變化和發展。

（4）社會風尚認同性。一般地說，社會生活中的個體存在著經濟條件、社會地位等種種差異，不同地位、等級的人在思想觀念、行為方式等方面自然也因此而存在著極大的差異。然而，當某種風尚在社會中風行之時，往往卻能在一定社會背景下超越階層影響社會全體，形成全社會各階層共同追逐某一風尚的現象，如歷史上的佛教傳播就是這樣。這是因為，儘管不同的階級、不同的社會階層在意識、價值觀念、道德標準等方面存在著差別，但是畢竟都是生活在一個大的文化背景地理環境之下，彼此間的溝通聯繫依然存在，而風尚正是通過輿論、暗示、模仿等信息交流渠道在人們之間互相影響，形成一定時期、一定背景下普遍認同的社會風尚。同時也應認識到，一種風尚對社會各階層、各群體產生的影響程度畢竟是不可能完全相同的。

（5）社會風尚影響性。如前所述，風的本義是吹傳，風尚一經產生形成，就具有這種傳播、流佈、影響作用。人們會自覺不自覺地對風尚有一種趨同影從。社會風尚和傳統的文化、道德、習俗等一樣，雖然不帶強制性，即它不是用法律等強制手段來約束人們的行為，但它卻具有一定程度的影響力。這是因為，社會風尚是一種群體性的社會輿論力量和社會行為力量，它對人們的影響作用是十分明顯的，有人認為這種作用有時甚至不亞於法律的強製作用。認識並分析風尚的這一特徵，我們就可以看到，歷史上某種風尚的形

成發展過程並不全是自然發展、自我作用、自我消亡的,它有時是在統治階級或上層社會有意識地引導和提倡下,才逐漸發展乃至愈演愈烈形成規模的。也就是在人們的主觀努力下發揮作用,和人們主觀努力的程度成正比。

以上對風尚的特徵的總結表述可能並不全面,但至少是概括和描述了其基本的主要的特徵。認識到風尚的這些特徵,進而瞭解到其對人們生活所產生的廣泛、深入、持久的影響,對它的研究就有了意義。至少可以幫助我們瞭解一定社會歷史時期人們的思想、生活,最大限度地接近歷史真實,比較準確地具體而微地把握和說明特定歷史時期的社會風貌。

二、選題的意義及其研究價值

傳統史學研究的特徵與弊端即在於「重官而輕民」,「重政治而輕社會」,如周積明在《中國社會生活談叢‧總序》中所說:

> 人類的歷史既是一部文化的歷史,又是一部社會的歷史。然而,無論是「文化」還是社會,都在東西方的史學傳統中缺乏一席之地。誠然,在司馬遷與希羅多德以來的浩瀚典籍中不乏有關文化現象和社會生活的豐富記載,然而,古典的與中世紀的史學家們深為感興趣的是王朝的更替以及統治者的政治行為。梁啟超指出:以往的中國史「不過敘某朝以何而得之,以何而失之而已,捨此則非所聞也。」參考萊的《新英格蘭史》也揭示,西方的傳統史學,只是對政治和軍事事業從一個時期到另一個時期的喋喋不休的敘述,其中充斥的不過是「一些戰役和圍城;行政部門的盛衰;宮廷裏的密謀」。他們的尖銳批判,深入到東西方古典的和中世紀的史學的文化本性。〔註37〕

這段話可以說是對傳統的中國史學乃至世界史學研究中所存在的重政治、輕社會的現象與弊端的一個簡要而精當的概括與勾勒。世界歷史研究是這樣,中國以往的歷史研究與著述更是這樣。封建史家在歷史的著述與研究中,主要致力於政治的治亂興衰,典章制度的沿革與詮釋,文獻的分類整理與彙編,經學的傳承與考辨,史料的鉤沈與辨偽等等,而不重經濟史、社會史方面的探索。梁啟超就曾尖銳批評舊史「《漢書》以下則以帝室為史的中樞,自是而

〔註37〕趙慶偉:《中國社會時尚流變》//周積明:《中國社會生活談叢》,武漢:湖北教育出版社,1999年版,第1頁。

史乃變爲帝王家譜矣。」〔註38〕繼之魯迅先生在《中國人失掉自信力了嗎？》一文中也曾提出「正史」是「爲帝王將相做家譜」這一著名的論斷。〔註39〕在中國的長期的不重視人權的封建社會，下層人民的、小人物的命運是無人關注的。

　　發生於 18 世紀歐洲的啓蒙運動開始廓清人們的視野，「科學、民主、平等」的觀念逐漸深入人心。在其後的一二百年間，人民的歷史、人民的生活日益爲史學家們所關注。20 世紀 20 年代崛起的法國「年鑑派」，創立了全新的史學研究觀，主張研究人類「整體的歷史」，把「社會生活研究」鮮明地寫上了自己的旗幟。他們主張從人們的日常生活出發，追蹤一個社會物質文明的發展過程，深入分析社會的經濟生活和結構以及全社會的精神狀態。他們的這一主張，開闢了史學研究的新領域。把社會生活乃至人民的生活納入史學研究的範疇，並作爲歷史研究的一個重要組成部分，這種觀點與做法無疑是正確的且具有積極意義的。它把歷史研究的對象和重點放在社會生活的主體——人民身上，使歷史研究更接近於歷史事實本身，還歷史以本來的、眞正的面目，從而也就使歷史研究對人民也就是對社會生活有了眞正的指導和實踐意義。它反映了人類道德價值觀念伴隨著人類社會的發展也在不斷進步和趨向完善。

　　與西方學者同步，中國學者亦於 20 世紀初將目光投注於社會生活領域。梁啓超率先指出：「匹夫匹婦」的「日用飲食之活動」，對於「一社會、一時代之共同心理、共同習慣」的形成，極具重要意義。〔註40〕爲此，他在擬定中國史提綱時，專門列入了「自初民時代以至今日」的「衣食住等狀況」、「貨幣使用、所有權之保護、救濟政策之實施」以及「人口增値遷轉之狀況」等

〔註38〕梁啓超：《中國歷史研究法》，上海：華東師範大學出版社，1995 年 12 月版，第 22 頁。注：梁氏此論最早見於清光緒二十七年（1902 年），曾名爲《中國史敘論》、《新史學——中國之舊史》、《中國史界革命案》等，幾經改易，後編入《中國歷史研究法》，第二章「過去之中國史學界」。
〔註39〕魯迅：《魯迅全集》，北京：人民文學出版社，1981 年版，第六卷第 118 頁，原文：我們從古以來，就有埋頭苦幹的人，有拼命硬幹的人，有爲民請命的人，有捨身求法的人，……雖是等於爲帝王將相作家譜的所謂「正史」，也往往掩不住他們的光耀，這就是中國的脊梁。（該文最初發表於一九三四年十月二十日《太白》半月刊第一卷第三期，署名公汗。）
〔註40〕梁啓超：《中國歷史研究法》，上海：華東師範大學出版社，1995 年 12 月版，第 3 頁。

等社會生活內容〔註41〕。梁氏的這一觀點得到了學界的廣泛贊同，史樹青在爲向秉和《歷代社會風俗事物考》所作序言中即稱：「先生讀史，認爲中國歷史皆詳於朝代興亡和政治得失。至於文物制度之記載，社會風俗之演變，事物風尚之異同，飲食起居之狀況，所謂文化生活者，多有未明，一讀古書，每多隔閡，即通人學士，偶有所詢，瞠目不能答者多矣。然一物有一物之歷史，因輯錄經史百家及晉唐以來稗官小說凡人所習焉不察，而與歷史生活有關者，解說原委，考古成篇。」〔註42〕

1911 年商務印書館出版了張亮采的《中國風俗史》一書，揭開了中國古代社會生活史研究的第一頁，標誌著對中國古代社會生活史研究的正式開始。自此而下，十餘部中國古代社會生活史專著相繼問世，大量的專題論文以及有關生活史的資料整理成果亦隨之而出。1949 年新中國成立至 70 年代末，對古代社會生活的研究經歷了一個曲折發展的時期。進入 80 年代，對社會生活的研究得到漸次恢復與發展，並於 90 年代進入其興盛時期，對社會生活的研究向縱深與廣泛發展，研究直至如今仍呈方興未艾之勢。「社會生活史研究的振興，包含著史學思想的重大變革。首先，它體現了一種『自下向上看』的歷史主張，把對普通民眾的研究放到了首位。其次，它深刻地意識到，一個民族的文化，一個歷史時期的文化，不僅是思想的精彩絕倫、文物制度的美輪美奐，而且更鮮活地植根於社會生活中。正是衣食住行一類瑣碎生活，構成了特定歷史時期或特定民族的文化樣式。」〔註43〕

對中國古代社會生活的研究亦是中國古代史研究的一項重要課題。然縱觀以往的研究，大多是從宏觀的角度對古代社會生活進行多方面的探研與分析。隨著史學研究的日趨微觀化，在堅持傳統宏觀研究的同時，對社會生活進行細緻入微的剖析，更能貼近與還原歷史眞實，更能客觀地反映當時社會政治、經濟制度，以及文化傳統流變的軌跡。可以說這種微觀化的研究方式已成爲當今史學研究的必然趨勢。

截至目前，有關中國古代社會生活的研究雖說是碩果累累，然對社會風

〔註41〕梁啓超：《中國歷史研究法》，上海：華東師範大學出版社，1995 年 12 月版，第 7 頁。

〔註42〕尚秉和：《歷代社會風俗事物考》，北京：中國書店，2001 年版（商務印書館 1938 年 4 月第 1 版）第 1 頁。

〔註43〕趙慶偉：《中國社會時尚流變》//周積明：《中國社會生活談叢》，武漢：湖北教育出版社，1999 年版，第 3 頁。

尚的研究卻始終是史學研究的薄弱環節。南北朝時期是我國古代社會發展的一個重要時段，此段歷史也歷來爲史學研究所重視。故對北朝社會風尚的梳理考察有其不可忽視的重要意義。

首先，可以更完整準確地再現北朝時期的社會生活，促進對北朝社會史的斷代研究。社會風尚是社會生活的組成部分，對於北朝社會風尚的研究是完整考察北朝社會生活的一部分，進而也是系統研究中國古代社會史的不可或缺的一個重要時期。對北朝社會風尚進行研究，追尋北朝社會人們心理、行爲、生活的軌跡，探究其對中國歷史的影響，在某種程度上可以彌補社會史研究中的某些疏漏和缺失，豐富和完滿北朝社會的斷代研究。

其次，可以推進或促動與其相鄰各代社會生活的研究。北朝在歷史上是一個承前啓後的朝代，上承漢晉，下啓隋唐，這一轉折在歷史上也是意義深遠的。南北朝時期是我國歷史上著名的民族大融合的時期，多政權、多民族下的人們在思想、行爲、習慣、風俗等方面互相影響吸納包融，形成了多姿多彩的社會生活。此一時期的社會生活直接影響了隋唐以後的中國社會。梳理研究北朝社會風尚無疑對研究隋唐以後的社會生活起著參考和借鑒作用。

此外，需要加以聲明和指出的是，本課題雖以「風尚」爲題，但並不僅僅局限於風尚。在以「風尚」爲中心展開研究的同時，連類而及，對雖然沒有在一定範圍內形成爲風尚，但在社會生活中比較典型的、有代表性的、顯著的一些社會生活現象一併加以研究和考察。

三、對北朝社會生活研究的回顧與總結

本書以社會風尚爲題，自當對此前有關北朝社會風尚研究成果作一介紹總結，然如前所述，「風尚」爲一晚起詞彙，以之立題研究者甚少。且社會風尚屬社會生活範疇，本書以北朝社會風尚爲中心展開的研究與探討皆是建立在前人時賢對北朝社會生活所做的大量研究基礎之上。故這裡擬對北朝社會生活研究作一梳理與回顧工作，以說明本書的材料基礎，同時亦論證出本書的創新之處。爲便於此工作的開展，首先需對「社會生活」這一概念的內涵與範疇作一瞭解。《中國大百科全書》中對「社會生活」有較詳盡的解釋：

> 社會生活：社會學研究的重要範疇之一，有廣義和狹義之分。廣義指人類整個社會物質的和精神的活動。狹義指社會的物質生產活動和社會組織的公共活動領域以外的社會日常生活方面。

　　在物質生活中，物質資料的生產活動是人類社會生活首要的和最根本的內容，是人類從事其他生活活動的基礎；同物質生產活動密切相連的是物質生活資料（人們在吃、穿、住、用、行等方面的生存、享受和發展資料）的消費活動，這種消費活動同樣是物質生活的重要組成部分，是使人類自身得以生存、繁衍和發展的必要條件。社會的精神生活以物質生活爲根基，內容包括科學、哲學、倫理、政治、法律、制度、語言、民俗、教育、藝術、宗教等精神產品的生產活動。社會生活的這兩個方面在許多情況下呈現互相融合和互相滲透，如飲食、衣著服飾、建築等既屬於人們的物質生活領域，又包含精神生活的內容。作爲社會生活基本單位的家庭生活，則體現了物質生活和精神生活的統一。物質的和精神的、主觀的和客觀的因素錯綜複雜的結合，構成了社會生活這個有機整體。

　　廣義的社會生活中與經濟生活、政治生活、精神生活相對應的社會生活，就是指社會日常生活。內容主要表現爲個人、家庭及其他社會群體在物質和精神方面的消費性活動，包括吃、穿、住、用、行、文娛、體育、社交、學習、戀愛、婚姻、風俗習慣、典禮儀式等廣泛領域。〔註44〕

　由上可見，社會生活是一個較廣的範疇。以下所述的中國古代社會生活，即是指廣義的社會生活。

　自20世紀初張亮采《中國風俗史》揭開中國社會生活史研究的首頁開始，迄今中國社會生活史研究已走過了將近百年的歷程。其間發展雖不無曲折，但總體趨勢是一路向前，積金累玉，成果豐碩。對中國社會生活史這一路行程，已有人進行過或總體或分期的總結與回顧工作。馮爾康《中國社會史研究綜述》〔註45〕將中國社會生活史的研究劃分爲三個階段，本書循此例將北朝社會生活的研究也分爲三個階段。

　需要指出的是，在以往的社會生活研究中，尤其是體現在論著中，對北朝社會生活的專項研究較少。而且在歷史的分期與人們的習慣中，又常把魏

〔註44〕中國大百科全書總編輯委員會《社會學》編輯委員會、中國大百科全書出版社編輯部：《中國大百科全書：社會學》，北京：中國大百科全書出版社1992年4月第1版，1998年10月第4次印刷，第320～321頁。
〔註45〕馮爾康：《中國社會史研究概述》，天津：天津教育出版社1988年版，第29～39頁。

晉南北朝作爲一個大的歷史時段。所以，對北朝社會生活的研究也就經常包含在或散見於一些通論性的或斷代性的論著與成果中。因此，本書所作的回顧，乃包括兩個範疇，一是對一些涉及北朝社會生活內容的通論性成果進行鈎沈索引；一是選取較有代表性的北朝社會生活的專題成果進行簡介評述。

（一）1911 年至 1948 年──興起

20 世紀初，在西方史學的影響下，史學開始重視大眾及其日常生活，自 1911 年商務印書館出版張亮釆《中國風俗史》後，對社會生活的研究工作相繼展開。自此而下 40 年的時間內，十餘部中國古代社會生活史專著相繼問世。在這些通論性研究成果中，多有涉及北朝社會生活內容的專著，按出版時間先後順序，列之如下。

張亮釆《中國風俗史》（商務印書館 1911 年版），陳顧遠的《中國古代婚姻史》（商務印書館 1925 年版），陳東原的《中國婦女生活史》（商務印書館 1928 年版），呂思勉《中國婚姻制度小史》（中山書局 1929 年版），呂思勉《中國宗法制度小史》（中山書局 1929 年版），郭沫若《中國古代社會研究》（聯合書店 1930 年版），陶希聖《婚姻與家族》（商務印書館 1934 年版），王書奴的《中國娼妓史》（上海生活書店 1934 年版），瞿宣穎的《中國社會史料叢鈔》（商務印書館 1937 年版），尙秉和《歷代社會風俗事物考》（商務印書館 1938 年版），呂思勉《兩晉南北朝史》（開明書店 1948 年版，其中有兩晉南北朝「人民的生活」章節）等，對於北朝婚姻締結中自由風氣的未泯，離婚與再嫁的易行，北朝婦女妒悍之風的盛行和家內的姬妾都進行了較爲深入的考察。

以上皆爲社會史研究起步階段的研究中國社會的通史性論著，搜集、整理和保存了大量的中國傳統社會生活的史料，對後世可謂影響深遠。研究中國社會史的學者，至今還在受其惠賜。其間涉及北朝社會生活內容，篇幅或長或短，內容或詳或略，雖多屬吉光片羽、一鱗半爪，但畢竟爲後來的研究提供了借鑒和參考，首役草創之功，不可沒之。

大量的專題論文亦隨之而出，研究的重點集中在婚姻、喪葬、風俗禮儀以及婦女生活方面。中國社會科學院歷史所資料室與北京大學歷史系合編的《中國史學論文索引》（1957 年 12 月版下編）中所列家族制度與宗法思想（內含婚姻制度），士紳與結社，民俗，人口統計等社會生活範疇類目統計，此時期共發表論文 500 餘篇，關乎北朝者有 20 餘篇。〔註46〕中國社會科學院歷史

〔註46〕中國科學院歷史研究所第一、二所，北京大學歷史系：《中國史學論文索引》，

研究所編《中國史學論文索引》（第二編）社會，青年、婦女，家族制度，士族與結社，民俗等社會生活範疇類目下共收論文 360 餘篇，關乎北朝者近 30 篇。〔註47〕兩者相加，則此時共發表社會生活論文近 900 篇，涉及北朝者 50 篇左右。

當然，此時期的社會史研究，由於處於初始和摸索階段，缺乏經驗和積累，不可避免地存在一些問題。如莊華峰在其《中國社會生活史》中所總結的那樣：一是研究手段粗疏。受前代學者影響，重考據，輕分析；重敘述，輕思考；重過程，輕論述。研究方法和內容就是大量搜集史料加以排比。二是缺乏理論。雖然此時期的社會生活研究取得了很多值得欣喜的成績，但對於社會生活史缺乏理論上的探討，致使社會生活史範疇界定不清。〔註48〕

（二）1949 年至 1979 年——曲折發展

1949 年新中國成立後的前三十年中，對北朝社會生活的研究同樣走過了一個曲折的歷程。

與北朝社會生活相關的通論性研究成果有董家遵的《中國收繼婚姻之史的研究》（嶺南大學西南社會經濟研究所 1950 年版）、王瑤《中古文人生活》（上海棠棣出版社 1951 年版）、李劍農《魏晉南北朝民戶大流徙》（武漢大學編譯委員會 1951 年）、王承祒《中國古代社會史試論》（上海學習生活出版社 1955 年版）、姚薇元《北朝胡姓考》（科學出版社 1958 年版）等屈指可數的幾部。

這一時期發表的社會生活史論文據彭衛在《漢代社會風尚研究》中統計只有 30 篇左右〔註49〕，屬於北朝時段的幾近於無。

（三）1980 年至今——復蘇鼎盛

二十世紀八十年代以後，隨著中國改革開放的逐步深入，觀念的更新、視野的開闊、學術自由的漸次恢復，對中國古代社會生活的研究進入了一個全新的階段，各類專著、論文疊湧而出，研究領域全面而深入。成果豐碩，局面喜人。涉及的社會生活史研究類別包括飲食、婚姻、居住、喪葬、服飾、

北京：科學出版社，1957 年 12 月第 1 版，下編第 159～179 頁。

〔註47〕 中國社會科學院歷史研究所：《中國史學論文索引》（第二編），北京：中華書局 1979 年 8 月版，下冊第 89～102 頁。

〔註48〕 莊華峰：《中國社會生活史》，合肥：合肥工業大學出版社，2003 年 10 月，第 15 頁。

〔註49〕 彭衛：《漢代社會風尚研究》，西安：三秦出版社，1998 年 8 月，第 189 頁。

風俗禮儀、社會風尚、婦女生活、階層生活、社區生活和娛樂諸方面，其中
尤以婚姻、飲食、婦女生活和風俗禮儀是研究的重點。

1、通論性成果

（1）通史或斷代史類。此時期對社會生活的研究得到重視，在歷史類著
作中也把社會生活作為歷史敘述的重要組成部分。

白壽彝主編《中國通史・魏晉南北朝卷》（上海人民出版社 1995 年版）、
高敏主編《魏晉南北朝經濟史》（上海人民出版社 1996 年版）、周遠廉主編《中
國封建王朝興亡史・三國兩晉南北朝卷》（廣西人民出版社 1996 年版），中國
魏晉南北朝史學會主編的《魏晉南北朝史論文集》（湖北人民出版社 1996 年
版），李培棟《魏晉南北朝史緣》（學林出版社 1996 年版），周一良《魏晉南
北朝史論集》（北京大學出版社 1997 年版），白翠琴《魏晉南北朝民族史》（四
川民族出版社 1996 年版），黎虎《魏晉南北朝史論》（學苑出版社 1999 年版），
侯旭東《五、六世紀北方民眾佛教信仰》（中國社會科學出版社），陳爽《世
家大族與北朝政治》（中國社會科學出版社 1998 年版），魏晉南北朝史學會主
編的《六朝文化國際學術研討會暨中國魏晉南北朝史學會第六屆年會論文集》
（《東南文化》1998 年增刊 2），袁行霈主編的《中華文明之光・秦漢魏晉南
北朝卷》（北京大學出版社 1999 年版）等。河北教育出版社 1991～1994 年陸
續出齊的十卷本《中華文明史》，在斷代各卷都闢有專章說明相應歷史時期的
社會生活狀況。百卷本《中國全史》（人民出版社 1994 年版）在各斷代也都
有《習俗史》的專卷。

（2）社會生活史的通論性著作。有關社會生活史的通論性著作大批問
世，其中多有包括涵蓋北朝社會生活者。

收入 10 餘套叢書的 130 餘種社會生活史專題研究著作在 1986 年之後相
繼出版，這些叢書主要有陝西人民出版社的《中國風俗叢書》，陝西教育出版
社的《中國社會史文庫》，浙江人民出版社的《中國社會史叢書》（至 1996 年
3 月，已出版了五批《社會史叢書》。已先後推出了《中國喪葬禮俗》、《吏與
中國傳統社會》、《中國宗族社會》、《中國的社與會》、《中國傳統社會心態》
等一批有影響的學術著作），天津人民出版社的《社會史叢書》，中國社會出
版社的《江湖文化叢書》，商務印書館的《中國古代社會生活叢書》。

1987 年，中國社會科學院歷史研究所組成「社會生活史課題組」，這是社
會生活研究領域的一件大事。該課題組討論了社會生活史的概念和研究範

圍，指出社會生活史是研究歷史人群經濟生活與文化生活的專門史。該課題組計劃撰寫十卷本的中國古代社會生活史，用四百餘萬字的篇幅展現出中國古代社會生活的畫卷。其中朱大渭主編的《魏晉南北朝社會生活史》已於 1998 年出版。中國社科院歷史所「中國古代社會生活史」項目的陸續問世，將社會史研究大大向前推進了一步。使社會生活史的研究實現了由零碎、分散到系統纂述的躍進。其中《魏晉南北朝社會生活史》一書從衣食住行用、婚喪嫁娶、節假日、娛樂、教育衛生、信仰崇拜等幾個大的方面對魏晉南北朝時期的社會生活進行了系統全面的勾勒和研究。

1988 年，天津教育出版社出版的馮爾康編著《中國社會史研究概述》，是對中國社會史研究的一次系統的總結。對中國社會史的研究對象、範疇進行了理論上的論述，對中國社會史研究的發展過程進行了分時段分類的綜述工作。尤其是對社會史研究者大有裨益的是，該書對 1986 年以前所刊登出版的論文論著進行了統計索引，極大地方便了研究者參考借鑒。

1996 年底，山西教育出版社出版了多卷本的《中國社會通史》，該書由龔書鐸主編，曹文柱、朱漢國為副主編，包括先秦、秦漢魏晉南北朝、隋唐五代、宋元、明代、清前期、晚清、民國 8 卷，總計 400 萬字。全書以社會結構、社會運行、社會變遷為主要內容，多方位、多層次地展示了五千年間中國社會發展全貌，是國內第一部從社會史角度論述社會發展變遷的通史體著述。

在學術專著大量出版的同時，一批學術性極強的普及讀物也相繼問世。商務印書館編輯出版了由李學勤、馮爾康主編的《中國古代社會生活叢書》，包括《中國古代的宗族與祠堂》、《中國古代的家》、《中國古代的祭祀》、《中國古代的婚姻》、《中國古代的師爺》、《中國古代的惡霸》、《中國古代的商人》、《中國古代的乞丐》、《中國古代的隱士》、《中國古代的工匠》、《中國古代的告狀與判案》、《中國古代的納稅與應役》、《中國古代士兵生活與征戰》、《中國古代的僧人生活》、《中國古代的婦女生活》、《中國古代的人際交往禮俗》、《中國古代的氣功與武術》、《中國古代的民間娛樂》、《中國古代的飲茶與茶館》、《中國古代的酒與飲酒》、《中國古代吸煙史話》、《中國古代旅行生活》、《中國古代的平民服裝》、《中國古代的鄉里生活》等，「這套叢書體例整齊，規模宏大。叢書以知識性和普及性為主，但作者大多是治史出身，對於各專題駕輕就熟，深入淺出，很多題目具有開拓性。」〔註50〕

〔註50〕陳爽：《1996 年社會史研究概述》，《中國史研究動態》1997 年第 5 期。

　　1996 年，《歷史研究》編輯部主編了《歷史愛好者叢書·文化與社會系列》叢書，其中與社會史有關的有《中國流民史》、《中國古代交通》、《中國宗族》、《中國救災史》、《中國歷史上的民間宗教》等。

　　南開大學承擔的國家「211 工程」建設項目隆重推出的《中國社會歷史評論》（第一卷張國剛主編，天津古籍出版社，1999 年）期刊，以每期 70 萬字，近 500 頁的巨大篇幅，展現在史學研究的園林之中。是中國社會歷史研究的新家園，是高境界、高水平的學術刊物。爲社會生活的研究提供了一塊園地。

　　2001 年，上海文藝出版社開始推出多卷本《中國風俗通史》，其中《魏晉南北朝》卷已出版。

　　莊華峰主編的《中國社會生活史》（合肥工業大學出版社 2003 年版），「立足於新世紀人才培育與社會的廣泛需求的基點上，著重闡釋歷史上具有普遍性的社會生活方式和群體事象，析其源、辨其流、敘其程、述其果，進而考述社會生活方式的嬗變與民俗傳承的互動關係，考察人們的社會生活觀念和行爲倫理的形成演變過程，從而構建起中國社會生活史的理論體系、知識框架，勾畫出社會生活史的整體面貌來。」〔註 51〕

2、專題研究成果

　　（1）飲食服飾。此方面的通論性著作主要有：林乃燊的《中國飲食文化》（上海人民出版社 1989 年版），王仁興的《中國飲食談古》（輕工業出版社 1985 年版），王明德、王子輝的《中國古代飲食》（陝西人民出版社 1988 年版），郭泮溪的《中國飲酒習俗》（陝西人民出版社 1989 年版）趙榮光的《中國飲食史論》（黑龍江科技出版社 1990 年版）等。沈從文編著的《中國古代服飾研究》（香港商務印書館 1981 年版）、周錫保《中國古代服飾史》（中國戲劇出版社 1984 年版）、周汛、高春明的《中國古代服飾風俗》（陝西人民出版社 1988 年版）。論文有姚偉鈞《三國魏晉南北朝飲食文化》（《中南民族學院學報》1994 年第 2 期），該文認爲，此時各民族間的飲食文化與烹飪技藝的交流，使飲食文化發生新的變化、呈現新的特點。孫立《魏晉南北朝飲茶與飲酒之風》（《蘇州大學學報》1996 年第 1 期）認爲魏晉南北朝時期是我國歷史上飲茶與飲酒之風盛行的時期，不僅民間種茶釀酒十分普遍，而且士人們清談成風，

〔註 51〕莊華峰：《中國社會生活史》，合肥：合肥工業大學出版社，2003 年 10 月，《序言》第 11 頁。

生活上以茶酒自娛，促進了茶酒文化的發展。呂一飛的《鮮卑帽》（《文史》1988年，總第30輯）考察的重點是北方鮮卑族的服飾。

（2）婚姻家庭。婚姻家庭一直是社會史研究中的一個重要範疇，在三、四十年代，中國古代婚姻生活研究即備受重視，80年代以後，又有多種專著和大量論文問世。現已出版的這方面著作主要有，孫曉的《中國婚姻小史》（光明日報出版社1988年版）陳鵬的《中國婚姻史稿》（中華書局1991年版），莊華峰《中國婚姻史》（黃山書社1997年版），汪玢玲《中國婚姻史》（上海人民出版社2001年版）。謝寶富的《北朝婚喪禮俗研究》（首都師範大學出版社1998年版）則從婚姻禮俗的角度探究了北朝時期守節與再嫁，後娶與妓妾等問題。薛瑞澤《嬗變中的婚姻——魏晉南北朝婚姻形態研究》（三秦出版社2000年版），是一本探討北朝婚姻較詳細的著作。是書「討論了三國婚姻的有關問題和兩晉南北朝的門閥等級內婚制，又對這一歷史時期的婚姻程序，擇偶標準，婚齡的變遷，賜婚、搶婚、財婚、事實婚、冥婚等特殊婚姻類型，離婚與再婚問題，通常以爲非正常的婚姻現象，以及婚俗的民族形式和歷史演變，夫妻關係的不同類型等等，都分別有所論列。」〔註52〕

論文方面，薛瑞澤《魏晉南北朝婚齡考》（《許昌師專學報》1993年第2期）指出社會動蕩會嚴重影響婚齡結構，魏晉南北朝戰亂頻繁的特殊歷史環境不僅使婚姻形態多種多樣，而且使這一時期的婚齡基本呈下降趨勢。施光明《北朝民族通婚研究》（《民族研究》1993年第4期）對北朝民族通婚的形式、特點和影響進行考察。楊銘《氐族的姓氏與婚姻》（《西北民族研究》1992年第1期）指出，氐族盛行的族內婚，在民族大遷徙、大融合的浪潮中受到衝擊，並走向瓦解。其婚姻形態轉向族外婚，逐漸與漢、羌等族通婚。謝寶富《北朝魏、齊、周宗室女性的通婚關係研究》（《廣西師範大學學報》1998年第1期）認爲，北朝魏、齊、周宗室女性的通婚均具有強烈的政治色彩。北魏太武以前，宗室女性與北方其他少數民族政權或部落通婚頻繁。太武以後，北魏宗室女性與南北士族的通婚逐漸頻繁。東、西魏對北方少數民族政權採取了和親政策，同時將相子弟亦是東、西魏公主重要的通婚對象。北齊、北周宗室女性的婚姻主要是與北鎮軍功集團、武川系軍功集團之間進行的，與漢姓高門通婚的很少。趙建國《論魏晉南北朝時期的家庭結構》（《許昌師

〔註52〕王子今：《讀薛瑞澤著〈魏晉南北朝婚姻形態研究〉》，《中國史研究動態》2001年第9期。

專學報》1993 年第 2 期）認爲，魏晉南北朝時期的家庭結構有尊長卑幼、夫主妻從、嫡貴庶賤的顯著特點，形成這些特點有其政治原因和經濟原因。周偉洲、賈秦明、穆景軍《新出土的四方北朝韋氏墓誌考釋》（《文博》2000 年第 2 期）通過對在長安縣北原出土韋氏墓誌所載韋氏事蹟及婚姻的考證，認爲京兆韋氏及其姻家河東柳氏均繫名門望族，反映出魏晉南北朝隋唐時期各高門大族相互聯姻的社會風氣。莊華峰《兩晉南北朝等級婚姻初探》（《史學月刊》2000 年第 5 期）認爲本時期等級婚造成奢侈鋪張、婚嫁失時，並帶來劫婚、買賣婚姻等社會流弊，也加速了士族的衰落。薛瑞澤《魏晉南北朝的財婚問題》（《文史哲》2000 年第 6 期）也認爲，整個魏晉南北朝時期婚娶重財現象比較普遍，嫁資和聘金成爲普通家庭的沉重負擔，引發社會奢侈婚俗的蔓延，一些明智的統治者屢次發詔禁止，但由於門閥等級內婚制及士族的相互攀比、庶族地主極力與士族聯姻等原因而久盛不衰。謝寶富《北朝的再婚、後娶與妾妓》（《中國社會科學院研究生院學報》2002 年第 4 期）認爲在北朝，再嫁是自由的，守節被頌爲女子的崇高品行，佛教興盛助長了此風。北朝輕賤庶出，後娶之風流行，妾的地位低，與妓的區別在於是否注入主人的家籍。魏向東《論魏晉南北朝財婚風氣及其影響》（《江海學刊》2002 年第 5 期）認爲魏晉南北朝金錢與婚姻結合形成的財婚風氣，使嚴格古板的傳統婚姻禮法受到較大的衝擊。

（3）婦女問題。婦女問題亦是社會史研究工作者關注較多的領域。汪維玲、王定祥的《中國古代婦女化妝》（陝西人民出版社 1991 年版）對以往較少涉獵的中國古代婦女美容、化妝作了全面考述，從一個重要的方面展示了中國古代婦女生活中的審美情趣。論文方面，劉振華《六朝時期南北婦女風貌之比較》（《學海》1993 年第 2 期）認爲，六朝時南方主要受吳越文化的影響，北方則是漢文化與胡文化的相互交融，從而使南北婦女生活形成差異，即南方多才女，北方婦女的社會地位高於南方。莊華峰《魏晉南北朝時期婦女的個性解放》（《中國史研究》1993 年第 1 期）強調由於鮮卑民族風俗習慣的滲入，此時婦女社交活動活躍，男女交際不拘形迹，夫妻、男女關係中出現了剛柔倒置的現象。莊華峰《北朝時代鮮卑婦女的生活風氣》（《民族研究》1994 年第 6 期）一文運用詩史互證的方法，認爲北朝鮮卑婦女的生活風氣呈現出自由豪放的特點。表現爲對愛情的大膽追求、淡薄的貞節觀念和強烈的自我意識。形成這種現象的原因除受自然環境的影響外，還與北朝鮮卑婦

的社會地位崇高有關，與古老的群婚制的殘餘形式相聯繫。劉振華《六朝時期南北婦女風貌之比較》（《學海》1993 年第 2 期）認爲，六朝時期南方主要受吳越文化的影響，北方文化與胡文化相互交融，這使當時的南北文化形成了一定的差異，從而在很大程度上影響了南北婦女的風貌。周兆望《魏晉南北朝婦女對學術文化的貢獻》（《文史哲》1993 年第 3 期）認爲，魏晉南北朝時期婦女對學術文化的發展作出了傑出的貢獻，婦女們在文學、藝術、學術諸領域中都有一席之地，並湧現了許多傑出人物。周兆望、侯永惠《魏晉南北朝婦女的服飾風貌與個性解放》（《中國史研究》1995 年第 3 期）系統闡述了魏晉南北朝時期婦女服飾風貌的變化和特色。莊華峰《北朝時代鮮卑婦女的精神風貌》（《安徽師範大學學報》2001 年第 2 期）考察了北朝婦女思想和生活狀況。張白茹《魏晉南北朝婦女與家族教育的歷史考察》（《江淮論壇》2003 年第 1 期）探討了這一時期婦女接受教育的情況。

（4）風俗禮儀。風俗禮儀歷來是社會史研究中的重要範疇。論著有高國藩《中國民俗探微》（河海大學出版社 1990 年版），山東師範大學秦永洲《中國社會風俗史》（山東人民出版社 2000 年版），「從風俗習慣與民族特性關係的角度，通過參照具體風俗，對民族特性加以品評、分析，並在這種品評、分析中把握風俗對民族個性形成的影響和作用，是研究我國古代風俗的一部力作。」〔註53〕

論文方面，朱大渭的《中古漢人由跪坐到垂腳高坐》（《中國史研究》1994 年第 4 期）分析了中古漢民族坐式的轉變過程和原因。張承宗、孫立《魏晉南北朝社會風氣及南北民俗的交流》（《江海學刊》1995 年第 6 期）概述了這一時期的社會風氣：南方逐漸由尚武轉變爲儒懦；北方少數民族入主中原後，雖吸收許多漢族文化，但尚武之風不減。南北民俗得到了充分的交流與融合發展。張承宗《魏晉南北朝醫藥與服食養生之風》（《蘇州大學學報》1996 年第 1 期）考察了魏晉南北朝醫學技術的發展，指出服食養生是當時士人的一種風尚，服食行散、尋求仙藥、煉製金丹與氣功導引普遍存在於當時的民俗之中，反映了人們對延年益壽與長生不老的追求。張承宗《魏晉南北朝風俗觀念與風俗特點》（《浙江學刊》2001 年第 4 期）闡發了魏晉南北朝社會風俗和文化的新特點，諸如社會風氣的開放性、個人追求的自由性、文化結構的多元化、鬼神文化的興盛、風俗文化呈現出顯著的地域差異。王永平《論北

〔註53〕張雪麗：《〈中國社會風俗史〉評介》，《中國史研究動態》2003 年第 2 期。

魏後期的奢侈風氣》（《學術月刊》1996 年第 6 期）略述了北魏後期統治集團奢侈生活的表現：大興土木，建宅造園；廣蓄美女，縱情聲色；「嗜味與性好酒」；「服玩精奇」與戲鬧消遣；財婚與厚葬。並論述了奢侈之風的盛行所帶來的影響與危害。劉磐修《魏晉南北朝社會上層乘坐牛車風俗述論》（《中國典籍與文化》1998 年第 4 期）歷述漢末三國初至北齊間社會上層乘坐牛車這一風俗從形成、發展到最終衰落的歷史過程。于雲瀚《魏晉南北朝時期城市風俗探論》（《社會科學輯刊》1998 年第 5 期）認爲，魏晉南北朝時期地域文化差異逐漸減弱，城市風俗呈趨同趨勢。劉錫濤《南北朝時期中原地區的生活胡風現象》（《新疆大學學報》2001 年第 1 期）對這一時期的生活習俗等作了研究。

　　喪葬是中國歷史上極富特色的一種社會生活現象，因而也受到了研究者的注意。喪葬方面的主要專著有，周蘇平的《中國古代喪葬習俗》（陝西人民出版社 1990 年版），該書篇幅雖然不大，但論述清晰。徐吉軍、賀雲翱的《中國喪葬禮俗》（浙江人民出版杜 1991 年版），全面分析了歷代喪葬觀念的流變、喪葬禮儀、葬式、葬法、居喪生活。論文有朱松林《試述中古時期的招魂葬俗》（《上海師範大學學報》2002 年第 3 期）對魏晉南北朝時期楚地的招魂葬俗流行及原因進行了探討。劉長旭《十六國、北朝游牧民族的水崇拜與投屍入河習俗稽釋》（《社會科學輯刊》2002 年第 3 期）認爲十六國、北朝游牧民族逐水而居，漁獵經濟在其生活中佔有重要地位，形成水崇拜。

　　（5）社會結構。黎虎的《客家聚族而居與魏晉北朝中原大家族制度——客家居住方式探源之一》（《北京師範大學學報》1995 年第 5 期）考察客家居住方式是一種以圍堡式大屋爲中心的聚族而居，它與魏晉北朝中原大家族制度具有直接的淵源關係。高詩敏發表了《北朝范陽盧氏形成冠冕之首的諸因素》（《首都師大學報》1997 年第 2 期）和《范陽盧氏的興衰與歷史地位》（《北朝研究》1997 年第 1 期）兩文，前文認爲盧氏能成爲一等大族，仕宦顯達並不是關鍵，其婚姻舉措才是主要因素，文化優勢也是重要因素；後文將范陽盧氏的發展分爲三個階段，並認爲范陽盧氏對文化的發展作出較大貢獻。黎虎《漢晉北朝中原大宅、塢堡與客家民居》（《文史哲》2002 年第 3 期）認爲客家民居的社會宗族共同體聚居方式來源於漢魏北朝的中原宗族共同體聚居制度和塢堡宗族聚居方式，建築方式則來源於漢晉北朝中原大宅與塢堡建築。薛瑞澤《北魏鄰里關係研究》（《中南民族大學學報》2002 年第 4 期）認爲北魏中央政府規範鄰里關係的政策是三長制，三長在鄰里關係發展中起著

重要的作用。侯旭東《北朝三長制四題》（《中國史研究》2002 年第 4 期）從
四個方面對北朝的三長制進行了探討。邵正坤《北朝時期的大家庭考論》（《許
昌學院學報》2005 年第 3 期）認爲當時的大家庭在居住方式、人際關係、家
內倫常及經濟管理等方面都形成了自己的特點。

　　總之，對北朝社會生活的研究與整個古代社會生活研究的發展相同步，
在進入 20 世紀 80 年代後，由於視野的開闊，學術的自由，而進入其恢復發
展鼎盛階段。在邁入 21 世紀後，由於學術隊伍的不斷壯大，研究範圍在不斷
擴大，深度不斷增加，使北朝社會生活的研究更呈方興未艾之勢。

四、存在的問題

　　社會生活研究學者如林，大家迭出，成果充棟。筆者不揣淺陋，談點自
己的看法。

（一）理論建設尚需加強

　　這是筆者在開展本論題研究中所強烈感受到的問題。社會生活史研究缺
乏自身的理論，已有學者指出這一缺陷，但至今卻仍鮮有人開展這方面的研
究工作。科學研究是需要審慎嚴密的，不能有一點模糊含混。缺乏理論指導
的實踐往往是盲目的無序的。「社會生活」，看似簡單易解，但也需要科學準
確的概念界定；「社會生活」範疇既大，領域既多，就應對各領域有合理的劃
分與命名。而通觀以往對社會生活的研究，卻表現出對社會生活的概念缺乏
準確明晰的理解與把握，各領域缺乏合理的域名，領域間混淆不清等問題。
對社會生活的研究作爲一種客觀的和現實的存在，迄今爲止已產生了大量的
專著與論文。但在以往和現行的分類習慣中卻鮮有這一類目。中國社會科學
院歷史所資料室與北京大學歷史系合編的《中國史學論文索引》（1957 年版）
中，沒有爲社會生活單獨立類，馮爾康在《中國社會史研究概述》中，將《中
國史學論文索引》所列類目，家族制度與宗法思想（內含婚姻制度），士紳與
結社，民俗，人口統計，宗教，民間文藝，中國地方城市沿革史，都市與貿
易，農民的生活，職工生活調查與研究，婦女生活調查與研究，中國歷代民
族遷移與移植等都歸爲社會生活範疇之下。〔註 54〕這種劃分方法是否合適也
是值得商榷的。在現行一些年度綜述性文獻或索引中雖然將「社會生活」列

〔註54〕馮爾康：《中國社會史研究概述》，天津：天津教育出版社，1988 年 1 月第 1
　　　　版，第 30～31 頁。

為一類，但或者其下所分條目不盡合理，或者所收文章論著不盡全面。社會生活的領域是廣闊的，而成果又眾多，缺少集中的園地，分散發表，如不能在年度索引中將之集中在一起，不能為研究者提供便捷的信息，這也是導致重複研究的一個原因。

（二）學科發展不均衡

社會生活涵蓋既廣，領域亦多，需要研究與探討的問題亦多。然總觀社會生活史的研究，卻明顯表現出各領域在發展上的不均衡。對有些領域研究與關注過多，甚至出現了重複；有的領域則關注甚少，甚至無人問津。一些社會生活的重要方面卻被忽略，有些問題甚少涉及，即便偶有論及也是淺嘗輒止。如對婚姻、喪葬等關注過多，而對信仰、道德等論者甚少。這種令人遺憾的情形，不僅大量地耗費著研究者的精力，造成物質資源的浪費，而且也嚴重影響了社會生活史的學術形象和學術的完整性。

（三）微觀研究仍顯薄弱

目前社會生活研究尤為顯著、令人可喜的成就，就是有多批大部頭成系列的通史性叢書紛紛出版，這些叢書都試圖盡量對中國古代社會生活進行全面的梳理與總結。對其所取得的成就當然是應該肯定的，但其中仍有缺憾和不足。這種時間跨度大、涵蓋面廣的宏觀式的梳攏整理，其結果只能是簡約、粗略的。作為普及的通俗的讀物，滿足一般讀者尚可，如作為學術研究面向專業讀者則遠不敷所用了。所以對社會生活的研究應亟需向微觀化發展，進行斷代的專題研究。

任何科學研究都是一個不斷走向和接近真理的過程。唯其看到問題，我們才能有希望不斷地走向成熟和完善。

五、本研究的思路

社會風尚僅是社會生活這個大範疇中的一個小小的方面。它在社會中風靡一時，旋即消失。不像風俗那樣沉積下來，在歷史和生活中留下顯明的印迹。但風尚在表現時代變遷方面是具有其典型意義的，是研究社會問題的一個重要視角，而且唯其對風尚進行研究，才更有利於接近歷史真實，還歷史以本來面目，使歷史更豐滿真實，更加有血有肉。

從前述對社會生活各領域各專題的研究中，我們都能從中捕捉到風尚之

蹤影。但以風尚為切入點，對社會生活加以研究，至今還所見無幾。目前為止筆者所能見到的以風尚為題的論著僅有三部，即彭衛《漢代社會風尚研究》（三秦出版社 1998 年版）、李志慧《唐代文苑風尚》（陝西人民出版社 1988 年版）、孫燕京《晚清社會風尚研究》（中國人民大學出版社 2002 年版）等，而且筆者對其中對「風尚」的理解與界定亦有不能苟同之處。雖然在進入 20 世紀 80 年代以後，社會史研究出現了蓬勃發展的新局面，也有人從風尚的角度探討古代社會生活，但從總體上看，仍是「俗」多「尚」少。

　　對風尚的專門研究雖屬薄弱，但史料中有關風尚的記載卻不在少數。只是這些材料十分零散，搜集不易。所幸隨著社會生活史研究的蓬勃發展，一批批綜合性通史論著不斷推出，新的研究方法、研究成果的不斷湧現，其中即包含了很多有關風尚的材料，為我們提供了值得借鑒的財富。

　　北朝是中國社會發展中的一個重要時段，北朝自魏道武帝拓跋珪於公元 386 年（登國元年）建國稱魏開始，至公元 589 年（開皇九年）隋文帝楊堅滅陳為止，包括北魏、東魏、西魏、北齊、北周五個朝代〔註 55〕，前後延續達二百餘年，是民族大融合的重要時期，社會生活波瀾壯闊，多姿多彩，其間社會發展崇尚流行很多。然限於材料及筆者才力等原因，本書顯然並不能勾畫出北朝社會風尚之全部。為使問題研究更加深入細緻，本書努力摘取北朝社會流行的有代表性的典型的生活表象，利用與參考前人成果，分為佛教、道教、奢華、門閥、尚武、飲酒、娛樂、性愛等八個專題，內容涉及物質生活與精神生活兩大層面。通過研究，說明社會風尚的變化以及變化的特點，努力從另一個角度再現北朝生活，從而對北朝社會生活風尚有一個更加深入明晰的理解，力圖能更生動真實地勾畫出北朝社會的生活面貌，具體而微地探尋古代社會人民生活的發展軌迹。

〔註55〕中國大百科全書總編輯委員會《中國歷史》編輯委員會，中國大百科全書出版社編輯部：《中國大百科全書·中國歷史 1》，北京：中國大百科全書出版社，1992 年 4 月第 1 版，1998 年 6 月第 3 次印刷，第 25 頁：「北朝：北朝與南朝相峙並存。一般以魏太武帝拓跋燾統一北方（439 年）算起，至楊堅建隋代周（581 年）為止，包括北魏、東魏、西魏、北齊、北周五個王朝，歷時一百四十二年。另一說，起於拓跋珪建國稱魏（386 年），止於 589 年隋文帝楊堅滅陳、統一全國。」本書採後一說法。

第一章　佛　教

　　北朝時期最為顯著的社會現象當屬佛教在全社會的廣泛傳播與流佈。對於北朝時期佛教的發展情況前人已多有論著論及且碩果累累，本章試圖在繼承吸取前人成果的基礎上，從一個新的角度勾勒敘述崇佛之風對北朝社會各階層所產生的廣泛影響。

第一節　佛教盛行之成因

　　佛教自公元前五世紀初產生於印度，兩漢之際傳入中國，魏晉時逐漸興起，為當時的中國學術文化注入了新的血液，到南北朝時達到了中國佛教發展史上的第一個高峰。此後歷經隋唐，佛教在中國得以進一步的發展，終於形成並確立了儒釋道三家為主幹的中國文化。佛教文化在中國社會中植根、繁衍、發展、演化、綿延，經歷了近二千年的漫長的歲月，成為中國歷史文化不可或缺的重要組成部分。如南懷瑾所言：

　　　　釋迦牟尼雖然有心閑邪存正，刪繁就簡，但是佛教本身，卻未能在印度本土長久植根或滋長，結果還靠中國將他的全部教法與學說，一概承受下來，並加以融會貫通，建立起一個耀古鑠今的中國佛教，實在是一件不可思議的事。〔註1〕

　　中國佛教源於印度，它既是對印度佛教的繼承，又是對印度佛教的發展。佛教在中國傳播的繁盛景況，甚至超過了它的發源地——印度；佛教在中國

〔註1〕　南懷瑾：《中國佛教發展史略》，上海：復旦大學出版社，1996 年 8 月第 1 版，第 29 頁。

傳播的結果，廣泛深入地滲透到中國社會，對中國的哲學、文學、語言、建築、藝術等都產生了積極的影響。南北朝時期佛教在我國傳播、發展盛極一時，而其中北朝佛教的發展更甚於南朝。

論及北朝佛教，首先一個不容迴避的問題就是佛教在北朝得以發展以致興盛的原因，對此前人亦多有論述。筆者在前人觀點基礎上試作分析探討。

一、社會動蕩，物質與精神的雙重壓力

北朝佛教盛行的原因，從清代學者王昶，直至近代羅振玉、梁啓超、湯用彤、宮川尙志等先賢都以「社會動亂之痛苦」作爲佛教之所以在魏晉南北朝時期暢行的原因。1949 年以後，史學研究受馬克思主義理論指導與影響，繼續沿承此說。例如卿希泰在論述宗教產生的原因時說：

> 「有苦難的地方就有宗教」。造成人民深重苦難的現實世界，就是宗教賴以滋生的氣候和土壤。「宗教是被壓迫生靈的歎息，是無情世界的感情，正像它是沒有精神的制度的精神一樣。宗教是人民的鴉片。」（《馬克思恩格斯選集》第一卷第 2 頁）一方面，廣大人民在渴望擺脫苦難而又找不到出路的時候，就常常幻想有種神靈的力量來拯救自己，把希望寄託在一種宗教的身上；另一方面，統治階級在面臨嚴重的社會危機的時候，也極力企圖利用宗教來麻痹人民，藉以消弭隨時可能發生的反抗鬥爭，同時還希望利用宗教來爲他們的統治祈求長治久安和個人的益壽延年。於是，宗教的產生，就成了客觀的社會需要。〔註2〕

此種觀點可謂是在馬克思主義思想指導指導下的一種比較有代表性的典型的觀點。

漢魏時期，佛教初入，傳播地區有限，信仰佛教的人數也不多，而且大多數是上層貴族。自永嘉之亂以後，北部中國一直戰亂頻仍，烽火連綿，人口嚴重損耗。「晉末，天下大亂，生民道盡，或死於干戈，或斃於飢饉，其幸而自存者蓋十五焉。」〔註3〕即在饑荒和戰亂中，人口的死亡率竟高達百分之五十。北魏統一中原，形成南北對峙的局面後，情況略有好轉，但緣邊諸郡

〔註2〕 卿希泰：《中國道教的產生、發展和演變》//《文史知識》編輯部：《道教與傳統文化》，北京：中華書局，1992 年 8 月，第 57～58 頁。
〔註3〕 《魏書》卷一一〇《食貨志》。

人口在雙方的戰爭中仍不免於屠滅。北魏分裂以後，繼起的東魏、北齊，西魏、北周更是相互攻伐，兵戈不息。據粗略統計，除去南北之間的戰爭以外，十六國、北朝共發生較大規模的戰爭約 354 次。〔註4〕北朝歷時近二百年，世衰時亂，是中國歷史上典型的亂世時期。戰爭頻繁，階級矛盾和民族矛盾交織在一起，社會動蕩，民不聊生。

南北對峙，王朝頻迭，兵戈不息，不僅極大地加深了下層人民群眾的苦難，即便是上層社會，各級官員，王公貴族，前程暗淡、朝不保夕之感也時常在精神上壓迫著他們。在這樣的社會大背景下，社會的各階層，都會比以往任何時候更爲迫切地需要一種精神依託。而宗教則能最好地滿足人們的這種尋求，慰藉人們苦難的抑或空虛的心靈。而佛教正是於此之時，因時乘便，崛地而起，既給水深火熱之中的廣大民眾帶來了一線希望，也爲禍福不定的某些上層人物提供了精神避難場所。

即便是和平時期，身處底層人民爲逃避賦役剝削，亦多有遁入佛門者。如北魏時「還建立了一套佛教組織管理系統，有道人統（後改爲沙門統）、都維那、維那、寺主等佛教教職，專門管理寺院沙門事務。不管南方和北方，僧尼大眾都有免除役調的權利，這也是苦於賦役剝削的農民大批地逃入佛教寺院的主要原因。北朝僧尼犯法，不受國家法律的制裁，以寺院內律處理。」〔註5〕佛教既有此優惠特權，對於社會底層不堪生活重負的人們來說，無疑具有一定的吸引力。比如在北魏後期，「正光已後，天下多虞，王役尤甚，於是所在編民，相與入道，假慕沙門，實避調役，猥濫之極，自中國之有佛法，未之有也。」〔註6〕這種情況在北朝歷代皆有，故北齊時劉晝上書稱：「佛法詭誑，避役者以爲林藪。」〔註7〕這樣，僧尼人數自然要不可避免地增多起來。

二、佛教本身的生命力

這裡所謂佛教本身的生命力是指佛教理論的魅力和佛教教徒的弘法行爲。

〔註4〕　《中國軍事史》編寫組編：《中國軍事史》附卷，《歷代戰爭年表》上，北京：解放軍出版社，1985 年版，第 420～547 頁。

〔註5〕　朱大渭：《魏晉南北朝社會生活史》，北京：中國社會科學出版社，2005 年 1 月第 1 版，第 227 頁。

〔註6〕　《魏書》卷一一四《釋老志》。

〔註7〕　《廣弘明集》卷第六《列代王臣滯惑解上・劉晝》，《大正新修大藏經》52 冊《史傳部四》。

「苦難是產生宗教的原因」的觀點，在過去相當長的時期內都被人們所接受並佔據著人們的思想，並使人們忽視了佛教得以產生並迅速流佈還存在著的其他原因。繼上世紀八十年代以後，隨著學術領域思想的解放、觀念的更新、史學研究的日趨客觀化，很多傳統的史學觀點、結論都要經受重新的審視與質疑。作爲北朝佛教發展原因的這一傳統性結論也受到了重新的考證與推敲。如侯旭東就在其《十六國北朝時期戰亂與佛教發展關係新考》一文中，以大量的史料和紮實的考察分析後得出結論：「十六國北朝時期戰亂對佛教發展的作用是局部的，不應估計過高。佛教之所以影響日盛，更主要的是其說教對民眾具有吸引力。」〔註8〕這裡即明確指出了北朝佛教得以發展，除戰亂以外，佛教自身的生命力是一重要原因。敢於質疑傳統，這種精神首先是值得肯定的，不如此，科學即無法進步。侯先生所得結論是建立在紮實的史實分析基礎上，因而也是有一定道理和可信的。

因此，我們認爲，將社會動蕩作爲北朝佛教發展的一個重要原因，這一論斷無疑是正確的，但卻不是全部的惟一的原因。傳統的觀點失之於過分誇大和絕對化。

宗教都是宣揚有神論的，佛教也是這樣。佛教理論認爲，人的生命是一個循環往復的過程，每一個體都有他的三世，即前世、今世和來世。這三世是輪迴轉生的，即生而復死，死而復生，生生死死，死死生生，輪轉不已。而每一輪轉去處的好壞，即輪迴的六道，都決定於他的現世的行爲。這種三世說和因果報應說是很容易對人的思想產生影響的，尤其是對處於社會底層的飽經苦難的普通民眾和那些不得意的知識分子，當在現世的世界裏精神無所皈依之時，他們是很樂於甚至是別無選擇的就會接受譬如佛教這種理論體系的。把佛教作爲自己繼續生存下去的精神支撐和人生希望。即便是對生活在和平安逸富貴尊榮的環境中的人們，如精神上沒有信仰依託，作爲一種聊勝於無的選擇和安慰，也會很容易接受這種理論的。這是佛教也是所有宗教在理論上的誘惑力。

再好的理論還需要有人散佈傳播，踐而行之。佛祖釋迦牟尼在創立佛教過程中所表現出的聖哲精神和超凡毅力已經令人不勝崇敬與歡服：

> 他以帝王的家業，顯赫的身世，並非因爲出身微賤，從艱難困

〔註8〕 侯旭東：《十六國北朝時期戰亂與佛教發展關係新考》，《中國史研究》1998 年第 4 期。

苦中體驗到人生的悲哀，而超然自拔於塵俗之外。與眾不同的是他在與生俱來安富尊榮的境遇中，卻翻然覺悟，不僅爲了自己，同時更發願而爲一切眾生，尋求永恒解脫之道，並且毅然決然地棄王業而不爲，以慈悲濟度眾生的宏願，爲覺行萬有的應化，終於創建了代表究竟眞理的偉大佛教。這種聖哲精神，眞是難能可貴，所以值得我們的讚歎和崇敬！〔註9〕

今天，我們剝落了傳說中的佛教教主佛陀身上的神聖的靈光，透過那些荒誕不實的神話故事，就會看到一個偉大的思想家和求道者精進努力、艱苦探索的過程。他不安於現世逸樂，不願糊裏糊塗地在生死中沉浮，從貴族家庭投身到四處流落的沙門行列。他要追尋人生的奧秘、宇宙的眞實，終於得出了在當時是獨特而傑出的結論。他從而成爲有史以來極少數以個人力量改變人類面貌的偉大人物之一。〔註10〕

佛教創立以後，在其發展與傳播過程中，一代又一代弟子踵武教主足迹，虔誠奉法，不懈弘化，其精神事蹟亦頗令人感佩。佛法在各地得以傳播、流佈乃至大興，佛教弟子在其中的摩頂放踵、排除萬難、虔敬事佛、弘化宣揚是一個重要原因。

梁代慧皎《高僧傳》在總結後趙時期佛教被北方民眾接受的原因時說，由於佛圖澄對石勒的成功勸誡，使得「凡應被誅餘殘，蒙其益者十有八九，於是中州胡晉略皆奉佛。時有病疾世莫能治者，澄爲醫療，應時療損，陰施默益者，不可勝記。」〔註11〕可見，民眾由於苦難得到佛教傳教僧人的關懷，進而接受佛法，早在南朝時期的高僧慧皎即持此觀點。

此外，所有宗教在其傳播過程中，都離不開神通秘術。佛教也是這樣，從佛祖釋迦牟尼到歷代奉法弟子，神通靈迹，見之於典籍者，數不勝數。如這些記載確屬事實，則對弘揚教旨，實爲極大助益。即以佛圖澄爲例，其在傳法過程中，神通道術即起了極大作用。《高僧傳》卷九《神異上·竺佛圖澄一》載：

〔註9〕南懷瑾：《中國佛教發展史略》，上海：復旦大學出版社，1996年8月，第32～33頁。

〔註10〕孫昌武：《中國佛教文化序說》，天津：南開大學出版社，1990年12月第1版，第11頁。

〔註11〕《高僧傳》卷第九《神異上·竺佛圖澄一》，《大正新修大藏經》50冊《史傳部二》。

時石勒屯兵葛陂，專以殺戮爲威。沙門遇害者甚眾。澄憫念蒼
生，欲以道化勒，於是杖策到軍門。勒大將軍郭黑略素奉法，澄即
投止略家，略從受五戒，崇弟子之禮。略後從勒征伐，輒預剋勝負。
勒疑而問曰：「孤不覺卿有出眾智謀，而每知行軍吉凶，何也？」略
曰：「將軍天挺神武，幽靈所助。有一沙門術智非常，云將軍當略有
區夏，已應爲師。臣前後所白，皆其言也。」勒喜曰：「天賜也。」
召澄問曰：「佛道有何靈驗？」澄知勒不達深理，正可以道術爲徵，
因而言曰：「至道雖遠，亦可以近事爲證。」即取應器盛水，燒香咒
之。須臾生青蓮花，光色曜目，勒由此信服。澄因而諫曰：「夫王者
德化洽於宇内，則四靈表瑞。政弊道消，則彗孛見於上。恒象著見，
休咎隨行。斯迺古今之常徵，天人之明誡。」勒甚悅之。

佛圖澄正是以其神通妙術，才能迅速贏得石勒之信任與器重，進而在統治集
團中取得一席之地。從而更便於其傳法活動的開展，擴大了佛教的影響。

總之，佛教在流傳過程中，佛門弟子或身體力行，慈悲濟世，或神通妙
術，證佛非虛。對佛教的普及發展起了極大的促進作用。侯旭東《五、六世
紀北方民眾佛教信仰：以造像記爲中心的考察》即認爲：「佛教作爲外來宗教，
由西晉末年影響甚微到北魏末年天下寺院 3 萬有餘，僧尼 200 萬，北齊北周
僧尼則增至 300 萬，釋風深透北土。這中間少不了朝廷的支持，官吏的襄助，
但更主要、更直接靠的是僧人的不懈的弘法宣化。」〔註12〕

三、統治者的倡導扶持

統治者有意識的大力提倡、扶持，是佛教在南北朝時期獲得空前的發展
隆盛的另一重要原因。中國自秦始皇建立統一的中央集權封建制國家以後，
兩千多年一直沿襲高度中央集權的統治制度。所謂中央集權，就是以皇帝爲
中心的專制主義統治，是一種獨裁政治。這種集權制度並不僅僅限於對政治
領域的絕對控制，以皇帝爲代表的上層統治階級甚至還可以憑自己的喜好操
縱並影響到社會生活。而且在中國，上層社會歷來被認爲是社會的中心，社
會各階層本來就對上層社會從思想到生活等各方面都有一種仰羨盲從仿傚心
理。而南北朝時期佛教發展的一個顯著的特徵就是皇室貴族崇佛，因而對整

〔註12〕侯旭東：《五、六世紀北方民眾佛教信仰：以造像記爲中心的考察》，北京：
中國社會科學出版社，1998 年 10 月，第 27 頁。

個社會產生了極大影響。

　　佛教在南方發展迅速而廣泛。南朝皇帝大都奉佛，宋武帝與宋文帝對佛教都有所支持與提倡，梁武帝、簡文帝之崇佛更爲史上著名。皇室及王公貴族信佛者亦甚眾，當時帝王權貴、世家大族信佛的事蹟，在唐釋法琳所撰《辯正論・十代奉佛》中記載較詳。上有所行，下必效焉，生活在社會底層的一般人民也往往「竭財以赴僧，破產以趨佛」。〔註13〕

　　佛教在北朝的發展，更甚於南朝。而且北朝政權多爲少數民族所建，佛教作爲外來宗教，從心理上更易於接受，所謂「佛是戎神，所應兼奉」〔註14〕。北方地區在十六國時期佛教就已得到迅速發展，名僧佛圖澄、道安、鳩摩羅什等都被割據政權統治者給予崇高禮遇。北朝的皇帝，同南朝的皇帝差不多，大都信佛。不僅皇帝崇佛，北朝的妃、主、諸王，也大都信佛。有許多廢后，往往出家爲尼。公主、郡主出家的也不少。北魏諸王在「河陰之變」（公元 528 年）中多被尒朱榮殺害，「朝士死者，其家多捨居宅，以施僧尼，京邑第舍，略爲寺矣。」〔註15〕以皇室爲中心的上層社會崇佛，無疑對佛教在全社會的傳播流佈起了推波助瀾的作用。

　　當然，佛教在北朝發展的背景原因乃是多方面因素互動合力的結果，絕非是簡單的幾種條件所能促成。以上僅是擇其要者試加闡釋。

第二節　佛教盛行之表現

　　佛教信仰在北朝時期成爲一時社會風氣，並成爲社會生活的一項主要內容，首先表現在社會各層奉法人數的眾多上。法雨普及之下，上自帝王百官，下至普通民眾，或虔敬禮佛，或投身空門。佛法面前，人人平等，超越等級尊卑界限。「當時佛學，直掩過老學。然鮮能知佛之作用者，多謂事佛可以求福。至於號取寺名，詔用佛語，人以僧名，幾若無事可以離佛。」〔註16〕這段話從一個側面反映了佛教在北朝社會的影響狀況。

〔註13〕　《弘明集》卷第九《蕭琛難范縝神滅論》，《大正新修大藏經》52 冊《史傳部四》。

〔註14〕　《晉書》卷九五《藝術・佛圖澄傳》。

〔註15〕　《魏書》卷一一四《釋老志》。

〔註16〕　張亮采：《中國風俗史》，上海：生活・讀書・新知三聯書店上海分店，1988年版，第 106 頁。

一、佛教交流

　　自佛教傳入中國始，便有中外佛教之交流。佛教經典之來華，一由於我國僧人之西行，一由於西域僧人之東來。我國古代到印度去有兩條道路：一條是陸路，一條是海路。陸路經河西走廊出玉門、陽關，經今新疆的塔里木盆地南北兩側的南道或北道，越過蔥嶺到中亞諸國和印度；也可以從天山北麓的通道及伊犁河流域西行。海路從廣州等沿海城市出發，經南洋群島，到今斯里蘭卡和印度。因爲當時交通不便，無論走哪一條路，都要經年累月地跋涉山川或漂洋過海，因此往來傳法和求法的人都是冒著生命危險的。在中外佛教交流史上，兩漢三國時期，傳法求法的著名僧人有安世高、支婁迦讖、朱士行（朱士行爲西行求法最早之一人，但他只到了當時佛教盛行的于闐即今我國新疆南部，並未親到印度。）等人。其後兩晉十六國之時，中原雖多戰亂，然隨著佛教的興起，從古印度、西域到中國內地譯經、傳教的僧人很多，從內地西行求法的僧人也不少。其中著名的有法顯、智嚴、寶雲、智猛等人。

　　北魏以降，佛教在中土日益興盛，西域僧徒來華傳道譯經者先後相望，稽其蹤迹，大抵以自西域入關中，至洛陽及鄴中者居多。北魏與西域正式關係的建立始於太武帝，《魏書》卷四《太武帝紀》記載，「太武幸河西，遣使者二十輩使西域」。而太延年中，朝貢關係大開，「魏德益以遠聞，西域龜茲、疏勒、烏孫、悅般、渴槃陁、鄯善、焉耆、車師、粟特諸國王始遣使來獻。」〔註17〕自此以後，西天竺、罽賓、烏萇、南天竺、于闐等國常有入魏朝貢者。

　　除了政治因素，這些國家遣使前來中土，有許多是爲佛教交流的原因而來。洛陽是當時政治、經濟和文化的中心，也是佛法經像集中之地，西至古羅馬帝國，南至馬來半島等許許多多國家和地區的僧徒法侶，紛紛赴洛陽而來。他們或在此處定居，或交流佛法。如文成帝和平六年（465 年），疏勒遣使獻佛袈裟；〔註18〕宣武帝景明四年（503 年），南天竺遣使來獻辟支佛牙〔註19〕。更有許多僧徒來華從事佛經翻譯者，據唐釋智昇《開元釋教錄》載，北魏時來華譯經者共十二人，皆隸籍印度，共譯經八三部，二七四卷，他們不但將梵文的佛經翻譯到中國來，並且還介紹中國高僧著作到西域去，由他

〔註17〕 《魏書》卷一〇二《西域傳》。
〔註18〕 《魏書》卷一〇二《西域傳‧疏勒國》。
〔註19〕 《魏書》卷八《宣武帝紀》。

們的來訪，更將西域的建築、美術、音樂及文學也傳遞到中原來。《魏書·釋老志》云：「魏有天下，至於禪讓，佛經流通，大集中國，凡有四百一十五部，合一千九百一十九卷。」足見當時西域僧人攜帶佛典來華弘法的盛況。

《洛陽伽藍記》對西域僧人在北魏首都洛陽弘法的狀況，也有載錄，卷四《城西·永明寺》條云：

> 時佛法經像盛於洛陽，異國沙門，咸來輻輳，負錫持經，適茲樂土。世宗故立此寺以憩之，房廡連亘，一千餘間。庭列修竹，簷拂高松，奇花異草，駢闐堦砌。百國沙門，三千餘人。西域遠者，乃至大秦國，盡天地之西垂，耕耘績紡，百姓野居，邑屋相望，衣服車馬，擬儀中國。

出於弘法的熱忱，這些僧侶不辭跋涉之苦，不避生命之險。而朝廷對這些來中原弘法者，也優禮有加，還特別立寺作為他們休憩之所，非僅庭宇寧靜，衣食住行也都安排妥善。來華沙門竟多達三千餘人，足可證當代佛法發展鼎盛，中外佛法交流之密切。

來華佛徒中，以通曉魏言隸書，致力翻譯工作而知名中土者，當數天竺國沙門菩提流支，《伽藍記》卷四《城西·融覺寺》條云：

> 流支解佛義，知名西土，諸夷號為羅漢，曉魏言及隸書，翻《十地》、《楞伽》及諸經論二十三部，雖石室之寫金言，草堂之傳真教，不能過也。

關於菩提流支，《續高僧傳》卷一亦有記載：

> 菩提流支，魏言道希，北天竺人，遍通三藏，妙入總持，志在宏法，廣流視聽，遂挾道宵征遠蒞蔥左。以魏永平之初，來遊東夏，宣武皇帝下敕引勞，供擬殷華，處之永寧大寺，四事將給，七百梵僧，敕以流支為譯經之元匠也。……先時流支奉敕，創翻十地，宣武皇帝命章一日親封筆受，然後方付沙門僧辯等，訖盡論文，佛法隆盛，英儁蔚然，相從傳授，孜孜如也。

於此可見流支受宣武帝敬重情形。至於楊衒之所言流支譯經論二十三部事，《續高僧傳》卷一云：

> 三藏流支自洛及鄴，爰至天平二十餘年，凡所出經，三十九部，一百二十七卷，即佛名楞伽法集深密等經，勝思惟大寶積，法華，涅槃等論是也。

《大唐內典錄》卷四曾詳載三十九篇篇目，文末云：

> 右三十九部，合一百二十七卷。梁武帝世，北天竺國三藏法師菩提流支，魏言道希，從魏永平二年（509 年）至天平年（534～547年），其間凡歷二十餘載，在洛及鄴譯。

二書所言，皆謂三十九部，一百二十七卷，則楊衒之所錄恐是誤載。

來華僧侶中，還有在洛陽城內修寺造像，在當朝享有盛譽的西域沙門，《伽藍記》卷四《城西‧法雲寺》條云：

> 法雲寺，西域烏場國胡沙門曇摩羅所立也。……摩羅聰慧利根，學窮釋氏。至中國，即曉魏言及隸書，凡所聞見，無不通解，是以道俗貴賤，同歸仰之。作祇洹寺一所，工制甚精。佛殿僧房，皆為胡飾，丹青炫彩，金玉垂輝，摹寫真容，似丈六之見鹿苑，神光壯麗，若金剛之在雙林。……京師沙門好胡法者，皆就摩羅受持之。戒行真苦，難可揄揚。祕呪神驗，閻浮所無。呪枯樹能生枝葉，呪人變為驢馬，見之莫不忻怖。西域所齎舍利骨及佛牙經像皆在此寺。

西域僧人曇摩羅，不僅熱心弘法，還在洛陽城中出資修造法雲寺。由於其來自西域，故所造伽藍更接近佛國。法雲寺佛殿僧房的裝飾皆仿自西域胡國；寺內佛像，也依西域佛像而製，故與佛國的丈六金剛酷似，是知曇摩羅已將西域佛教建築藝術傳入中國。

當時又有南方歌營國沙門菩提拔陀來至中土，《伽藍記》卷四《城西‧永明寺》條云：

> 南中有歌營國，去京師甚遠，風土隔絕，世不與中國交通，雖二漢及魏，亦未曾至也。今始有沙門菩提拔陀至焉。自云：「北行一月，至句稚國。北行十一日，至典孫國。從典孫國北行三十日，至扶南國。方五千里，南夷之國，最為強大。民戶殷多，出明珠金玉及水精珍異，饒檳榔。從扶南國北行一月，至林邑國。出林邑，入蕭衍國。」拔陀至揚州歲餘，隨揚州比丘法融來至京師。京師沙門問其南方風俗，拔陀云：「古有奴調國，乘四輪馬為車。斯調國出火浣布，以樹皮為之，其樹入火不燃。凡南方諸國，皆因城郭而居，多饒珍麗，民俗淳善，質直好義，亦與西域、大秦、安息、身毒諸國交通往來。或三方四方，浮浪乘風，百日便至。率奉佛教，好生

惡殺。」

歌營爲馬來半島南部古國，菩提拔陀的來華，不但開啓了自古以來歌營國人北來中土的先例，並吸取北地佛法精華，口述南方諸國風俗民情及外交文化，揭開了南國神秘帷幕，在中外文化交流史上的意義也是非常重要的。

　　由於初期佛經的原本多從西域各地間接輸入，不是經本不全，就是傳譯失眞，在學問研究上時常發生無法解決的問題。佛教盛行以後，這種情況漸漸不能滿足當時佛教徒的要求，於是希望親到西天——印度的「西行求法」運動便產生了，這種運動自三國至於唐代（3～8 世紀）約 500 年間，西行求法的人一直繼續不斷。西行求法者，或意在搜尋經典（如支法領），或旨在從天竺高僧親炙受學（如于法蘭、智嚴），或欲睹聖迹，作亡身之誓（如寶雲、智猛），或遠詣異國，尋求名師來華（如支法領）。且去者常爲有學問之僧人，能吸收印土之思想，參佛典之奧秘。西行求法者，朱士行而後，以晉末宋初爲最盛。

　　北魏西行求法最著名的便是沙門惠生及其同行者魏使宋雲。史書幾處記載：

　　　　熙平元年（516 年），詔遣沙門惠生使西域，採諸經律。正光三年（522 年）冬，還京師。所得經論一百七十部，行於世。〔註20〕

　　　　初，熙平（516～517 年）中，肅宗遣王伏子統宋雲、沙門法力等使西域，訪求佛經。時有沙門慧生者亦與俱行。正光（520～525）中還。慧生所經諸國，不能知其本末及山川里數，蓋舉其略云。〔註21〕

　　　　初，熙平中，明帝遣賸伏子統宋雲、沙門法力等使西域，訪求佛經，時有沙門慧生者，亦與俱行。正光中，還。慧生所經諸國，不能知其本末及山川裏數，蓋舉其略雲。〔註22〕

由上可見，正史所載不盡一致。《洛陽伽藍記》卷五《聞義里》條亦記有此事，且楊衒之在文末說：「衒之按：惠生行記事多不盡錄，今依《道榮傳》、《宋雲家記》，故並載之，以備缺文。」由此可知，惠生回洛後曾著有《行紀》，《隋書・經籍志》卷三十三錄有《惠生行傳》一卷，《舊唐書・經籍志》卷四十六

〔註20〕《魏書・釋老志》。
〔註21〕《魏書・西域傳》。
〔註22〕《北史・西域傳》。

及新唐書卷五十八則錄《宋雲魏國以西十一國事》一卷，然而上述諸書，藏經既未收錄，又無其他傳本，欲瞭解宋雲等人西行史實，唯有求之於《洛陽伽藍記》。宋雲惠生等人西行求法事，頗爲中外學者重視，因行紀等書已佚，故其行程，是歷來考古專家及地理學家爭議頗多的問題。據《伽藍記》所載，宋雲西行經過有十多個國家和地區，有些地區僅是片羽麟爪，瀏覽即過，有些國度如于闐、烏場、乾陀羅等國停留較久，對當地風土民情、自然環境、信仰及政治文化則敘述較爲詳細。更有大多數資料是《魏書·西域傳》所未錄者，因此具有相當重要的補佚價值。楊衒之根據《惠生行紀》、《宋雲家記》以及在惠生之前西行的沙門道榮的《傳》，所記載的惠生、宋雲赴印求法的經過和見聞，其內容應是翔實可信的。

這些中外僧侶，懷著對佛法的虔敬和將佛法弘化世間普渡眾生的熱忱，在古代極其困難的交通條件下，經歷無數險阻，傳法取經。他們足跡到達的地方，包括今天的阿富汗、巴基斯坦、印度、斯里蘭卡、尼泊爾等國家，對促進中國與這些國家間的文化交流，起了積極的作用。

二、各階層崇佛

（一）皇帝崇佛

北朝諸帝，除北魏太武帝、北周武帝排佛外，其餘諸帝基本上都信奉佛教。〔註23〕

北魏是南北朝佛教發展的鼎盛時期，北魏統治者在內遷漢化的過程中，也接受了佛教。北魏帝王從其奠基人道武帝拓跋珪起就信奉扶持佛教，《魏書》卷一一四《釋老志》：「太祖平中山，經略燕、趙，所逕郡國佛寺，見諸沙門、道士，皆致精敬，禁軍旅無有所犯。帝好黃老，頗覽佛經。但天下初定，戎車屢動，庶事草創，未建圖宇，招延僧眾也」。道武帝好黃老，也讀佛經，但天下初定之時，百廢待舉，還來不及大「建圖宇」，廣「延僧眾」，只能是對佛門弟子表示禮敬。《魏書·釋老志》又載：「先是，有沙門僧朗，

〔註23〕這裡應該指出的是，在以往甚至當下的文獻中，凡有論及帝王信佛者，多以「佞佛」稱之，如此說法可說極爲不確。佞，爲貶義詞，對帝王之超乎一般的虔信佛教以佞佛稱之，首先違背了歷史研究的客觀性原則。且「佞佛」成爲帝王的專用名詞，以其身爲國主影響大之故也，未見有稱百姓「佞佛」者。這似乎又違背了現代的人權平等的觀念。

與其徒隱於泰山之琨珸谷。帝遣使致書，以繒、素、旃罽、銀鉢爲禮。今猶號曰朗公谷焉」，《廣弘明集》卷二八《啓福篇‧北代南晉前秦前燕南燕後秦諸帝與太山朗法師書‧北代魏天子招》：

> 皇帝敬問太山朗和上：承沙聖靈，要須經略，已命元戎。上人德同海嶽，神算遐長，冀助威謀，克寧荒服。今遣使者，送素二十端，白氈五十領，銀缽二枚。到願納受。

道武帝在戎馬倥傯之際，出於政治需要，致禮僧人，與僧人保持往來。從此也可看出佛教在北方的盛傳情況，已經形成了一定勢力，引起各割據統治者的注意，成爲爭取的目標。〔註24〕與此相類，《魏書‧釋老志》還有一例：

> 初，皇始中，趙郡有沙門法果，誠行精至，開演法籍。太祖聞其名，詔以禮徵赴京師。後以爲道人統，綰攝僧徒。每與帝言，多所愜允，供施甚厚。至太宗，彌加崇敬。永興中，前後授以輔國、宜城子、忠信侯、安成公之號，皆固辭。帝常親幸其居，以門小狹，不容輿輦，更廣大之。年八十餘，泰常中卒。未殯，帝三臨其喪，追贈老壽將軍、趙胡靈公。初，法果每言太祖明叡好道，即是當今如來，沙門宜應盡禮，遂常致拜。謂人曰：「能鴻道者人主也，我非拜天子，乃是禮佛耳。」法果四十，始爲沙門。有子曰猛，詔令襲果所加爵。

此位法果僧人，得到了道武帝、明元帝兩代帝王的厚愛眷顧，且身爲僧人，卻有子嗣，被封公侯直至將軍，這在中國佛教史上概謂空前絕後也。

道武帝在政權穩固後，於天興元年（公元 398 年）命有關部門在平城一帶建立寺塔、佛像，以使出家人有禮佛之所。《魏書‧釋老志》：

> 天興元年，下詔曰：「夫佛法之興，其來遠矣。濟益之功，冥及存沒；神蹤遺軌，信可依憑。其敕有司，於京城建飾容範，修整宮舍，令信向之徒，有所居止。」是歲，始作五級佛圖、耆闍崛山及須彌山殿，加以續飾。別構講堂、禪堂及沙門座，莫不嚴具焉。

太宗明元帝拓跋嗣繼位，「遵太祖之業，亦好黃老，又崇佛法。京邑四方，建

〔註24〕除北魏道武帝之外，南晉（司馬昌明）、前秦（符堅）、前燕（慕容垂）、南燕（慕容德）、後秦（姚興）諸帝，都同這個「太山僧朗」有過書信往來和厚禮饋贈。

立圖像，仍令沙門敷導民俗。」〔註25〕明元帝對佛教也持支持態度。

文成帝時，不僅積極鼓勵人們出家爲僧，而且還在平城大興土木，修建寺塔、佛像。下令要諸州、縣各建一寺，允許平民出家。文成帝之後的孝文帝在大力提倡儒學，全面加速鮮卑族漢化的同時，也崇奉佛教。太和十八年（公元494年），北魏由平城遷都洛陽，在漢文化的廣泛影響下，佛教迅速發展，從而奠定了整個北朝佛教繁榮興盛的基礎。

孝文帝是中國歷史上以改革而聞名的皇帝，於北魏諸帝中，比較來說是最曉佛義兼奉佛法的皇帝。早於「遷京之始，宮闕未就」之時，孝文帝住在金墉城，「城西有王南寺，高祖數詣沙門論義。」〔註26〕通曉佛學與信奉佛法二者是有區別的，通曉佛學並不等於虔信佛法。歷代統治者雖多有名爲信仰佛法者，實則卻甚少慈悲之行。孝文帝通佛義奉佛法，可說是把佛法理論與實踐結合得較好。孝文帝五歲登基，由父親獻文帝自稱太上皇帝代行皇帝權力。延興六年（476年）六月，祖母馮太后毒殺獻文帝，臨朝稱制，直到太和十四年去世，做了十四年有實無名的女皇帝，孝文帝的有名無實的皇帝則共做了二十年。馮太后生前，不僅親自決定一切，有時甚至還虐待孝文帝，甚至還想將他廢掉，改立咸陽王拓跋禧（孝文帝弟）做皇帝。然而孝文帝對祖母卻並無怨尤，而且非常孝順，太后死後，「高祖酌飲不入口五日，毀慕過禮。……高祖毀瘠，絕酒肉，不內御者三年。」〔註27〕孝文帝悲痛過度，水漿不入達五天之久。爲誌哀思，斷絕酒肉，三年不與后妃同房。「至年十五，便不復殺生，射獵之事悉止。」〔註28〕《魏書·釋老志》載延興三年（473年）他曾下詔禁捕鷙鳥且不得養蓄，可見他的慈悲之心；他又頗禮遇名德高僧，當時沙門如道順、慧覺、僧意、慧紀、僧範等人皆以義行知重。他又「雅好讀書，手不釋卷。《五經》之義，覽之便講，學不師受，探其精奧。史傳百家，無不該涉。善談莊老，尤精釋義。才藻富贍，好爲文章，詩賦銘頌，任興而作。有大文筆，馬上口授，及其成也，不改一字。自太和十年已後詔冊，皆帝之文也。自餘文章，百有餘篇。愛奇好士，情如饑渴。待納朝賢，隨才輕重，常寄以布素之意。悠然玄邁，不以世務嬰心。」〔註29〕道宣《廣

〔註25〕《魏書》卷一一四《釋老志》。
〔註26〕《洛陽伽藍記原序》。
〔註27〕《魏書》卷一三《皇后列傳·文成文明皇后馮氏傳》。
〔註28〕《魏書》卷七下《高祖孝文帝紀》。
〔註29〕《魏書》卷七下《高祖孝文帝紀》。

弘明集》卷二十四《褒揚僧德詔・帝聽諸法師一月三入殿詔》載孝文帝聽諸法師一月三入殿詔云：「先朝之世，經營六合，未遑內範，遂令皇庭闕高邈之容，紫闥簡超俗之儀，于欽善之理，福田之資，良爲未足，將欲令懿德法師，時來相見，進可餐稟道味，退可飾光朝廷，其敕殿中聽一月三入。」其對佛法的欽慕重視，由此可知。當然，孝文帝作爲封建社會的、落後民族出身的帝王，其本身品行並不是絕無瑕疵的，只是他生於那個時代，能做到這些已屬可貴了，我們不能以今天的道德標準苛求古人。

孝文帝之後的世宗宣武帝也崇信佛教。除廣修佛寺外，對佛理亦有精深探討。「雅愛經史，尤長釋氏之義，每至講論，連夜忘疲。」〔註30〕「世宗篤好佛理，每年常于禁中親講經論，廣集名僧，標明義旨。沙門條錄，爲《內起居》焉。上既崇之，下彌企尚。至延昌中，天下州郡僧尼等，積有一萬三千七百二十七所，徒侶逾眾。」〔註31〕

北魏分裂後，代之而起的東魏和西魏的統治者也都大興佛教。繼承東魏的北齊帝室，也是廣興佛教。北齊的幾個皇帝，一方面昏虐殘暴縱欲，一方面又崇信佛教。如北齊文宣帝高洋，史稱其「昏邪殘暴，近世未有」〔註32〕，唐釋法琳《辯正論》卷三《十代奉佛上篇》載：

> 天保之始請稠禪師，受菩薩戒。於是又斷肉禁酒，放捨鷹鷂，去官漁網。又斷天下屠殺，月六年三勸民齋戒。諸官園及六坊公私葷菜皆悉除之，外有者不許入。大起寺塔，度僧尼滿於諸州。又以昭玄大統法上爲戒師，常布髮於地令師踐之。天保二年詔曰：「仰惟慈明緝寧四海，欲報之德正覺是憑。諸鷙鳥傷生之類，宜放之山林。」其以此地爲太皇太后經始寶塔，廢鷹師曹爲報德寺。所度僧尼八千餘人，十年之中佛法大盛。

高洋身爲帝王，親受菩薩戒，這在北朝帝王中是鮮見的。高洋曾云：「今以國儲分爲三分，謂供國自用及以三寶。」〔註33〕此處高洋所言雖不一定落到實處，但其對佛教的重視及投入程度於此可知。此後，北齊諸帝也多半好佛：

> 齊肅宗孝昭皇帝（諱演）襲樞電之徵，繼星虹之慶，光被四

〔註30〕《魏書》卷八《世宗宣武帝紀》。
〔註31〕《魏書》卷一一四《釋老志》。
〔註32〕《北齊書》卷四《文宣帝紀・史論》。
〔註33〕《續高僧傳》卷一六《習禪初・齊鄴西龍山雲門寺釋僧稠傳》，《大正新修大藏經》50冊《史傳部二》。

表，叶順三辰，體道居尊，顯仁作聖，奉崇至教，情寄玄門。奈國
法輪，尼園廣說，四諦八捷之旨，五乘十行之詮，香山巨力且日難
勝，表裏皮書猶云未備。隨世間之行業，應群生之弘誓，奉爲先皇
寫一切經，一十二藏，合三萬八千四十七卷。青首紫緣，銀繩金縷，
覆以蓮花之帳，擎以師子之臺。文與日月俱懸，功將造化同廣。凡
度僧尼三千許人。

　　齊世祖武成皇帝（諱湛）廣濟群生，應遊佛刹。芳林園內，更
興花蓋之詞。洛邑城旁，還紆璽書之頌。層臺別觀並樹伽藍，璧玉
珠璣咸充供具。躬自頂禮，每事經行。大寧元年創營寶塔，脫珍御
服並入檀財，轉大品經月盈數遍。〔註34〕

孝昭帝高演，雖然僅做了二年皇帝（560～561），但也不忘致禮佛事。武成帝
高湛做了四年皇帝（561～564），每月都要讀誦數遍《大品經》。

　　北周諸帝亦尊禮佛事。周太祖文皇帝宇文泰「於長安立追遠、陟岵、大
乘、魏國、安定、中興等六寺，度一千僧。又造天保寺，供養瑋法師及弟子
七十餘人。於安州造壽山梵雲二寺，又造大福田寺，供養國師實禪師，又於
實師墓所造福田寺。又爲大可汗大伊尼，造突厥寺。」〔註35〕閔帝宇文覺，
北周開國的年輕皇帝，16歲登基，在位僅不到一年（557年1月至9、10月
間）的時間，也曾於「周保元年大弘像化，海內名德慕義歸仁廣開解脫之門，
洞啟菩提之路，欲使天窮有頂等被慈雲，地極無邊俱蒙慧日。」〔註36〕明帝
宇文毓，在位期間（557～560），「二年奉爲先皇敬造盧舍那織成像一軀，並
二菩薩，高二丈六尺。等身檀像一十二軀，各二菩薩及金剛師子等。麗極天
成，妙同神製。」〔註37〕武帝宇文邕「武成二年爲文皇帝，造錦釋迦像，高
一丈六尺。並菩薩聖僧，金剛師子周迴寶塔二百二十軀。莫不雲圖龍氣，俄
成組織之工；水濯江波，非假操刀之製。照淨土於神光，開化佛於圓影。仍
於京下造寧國、會昌、永寧等三寺，飛閣跨中天之臺，重門承列仙之觀。雲
甍藻悅，繡柱文楣。夏戶秋窗，蓮池奈苑，處處精潔，一一妍華。見者忘歸，
覩之眩目。凡度僧尼一千八百人，所寫經論一千七百餘部。後遇張賓，始爲

〔註34〕《辯正論》卷三《十代奉佛上篇》，《大正新修大藏經》52冊《史傳部四》。
〔註35〕《辯正論》卷三《十代奉佛上篇》，《大正新修大藏經》52冊《史傳部四》。
〔註36〕同上。
〔註37〕同上。

不善。」〔註38〕宣帝宇文贇「重隆佛日，光後超前，造素像四龕一萬餘軀，寫般若經三千許部。六齋不替，八戒靡渝，永夜清晨經行誦念，立四大願志三菩提。」〔註39〕

北朝各代皇帝對佛教的虔信與支持直接推動和促進了佛教在全社會的迅速發展，影響了其他社會階層對佛教的信從與參與，使佛教發展在北朝形成高峰。

（二）皇室及上層婦女崇佛

在北朝佛教發展史上，除皇帝多有崇佛外，皇室婦女對佛教的信仰、支持以至出家的現象也是很引人注目的。據夏毅輝統計：

> 北朝自拓跋魏入主中原到隋滅亡北周，共有十七位后妃出家。
> 其中北魏見於史書的三十一位皇后中，有七位出家為尼；北齊六主，
> 立國凡二十八年，十四位后妃中，有四位削髮入庵；北周有十二位
> 皇后，因信佛遁入空門者居六，幾占一半。從這些數字可知，北朝
> 皇后出家是一種普遍現象。〔註40〕

在北朝諸信仰佛教皇后中影響較大且有代表性的當為北魏文明太后馮氏與北魏宣武帝靈太后胡氏兩位著名女性。

北魏高宗文成帝的皇后馮氏，是中國歷史上著名的女政治家，被尊為「文明太后」。在顯祖獻文帝和高祖孝文帝兩朝，先後以皇太后和太皇太后的身份，臨朝稱制。歷來稱頌的孝文帝改革，其中前半段是在馮太后手裏實施的。馮太后家族起自北燕，而北燕是北方佛教傳播較早且比較盛行的地區。馮氏家族即信仰佛教，文明太后自小便深受家庭影響。其兄馮熙為虔誠

〔註38〕同上。

〔註39〕同上。

〔註40〕夏毅輝：《北朝皇后與佛教》，《學術月刊》1994年第11期。另注：劉士聖云：「據《魏書‧后妃傳》、《北史‧后妃傳》記載，北朝自拓跋魏開始到隋朝建立之前，先後出家為尼的皇后即有15人。在北魏見於史書的23名后妃中，有六位皇后出家為尼。如北魏孝文帝廢皇后馮氏、孝文帝幽皇后馮氏；宣武皇后高氏；宣武靈皇后胡氏；恭帝皇后若干氏等。北齊有三位皇后削髮入庵為尼；如北齊後主皇后斛律氏，後主皇后胡氏、文宣皇后李氏等。北周十二位皇后中，因信佛而遁入空門為尼者幾占一半，如北周孝閔皇后元氏、武皇后李氏、宣帝后朱氏等。」（《中國古代婦女史》，青島：青島出版社，1991年6月，第180頁）二人皆對北朝出家后妃作出統計，但數字有出入。因夏文發表時間相對晚近，且為專題論文，故取之。

佛徒，「爲政不能仁厚而信佛法，自出家財，在諸州鎮建浮圖精舍，合七十二處，寫一十六部一切經。延致名德沙門，日以講論，精勤不倦，所費亦不資。」〔註41〕馮熙有兩個女兒，因文明馮太后「欲家世貴寵，乃簡熙二女，俱入掖庭」。〔註42〕這兩位即是孝文帝元宏的大小馮后，後亦曾出家爲尼。馮太后也曾「立思燕佛圖於龍城」。〔註43〕馮太后在歷史上以作風強硬著稱，其毒殺獻文帝奪權親政，執政期間多行殺戮，「自以過失，懼人議己，小有疑忌，便見誅戮。」〔註44〕太和初年，「太和初，懷州民伊祁苟初三十餘人謀反，將殺刺史。文明太后欲盡誅一城之民。」〔註45〕經大臣張白澤勸諫，滿城百姓得免。其行爲雖有與佛教教理相悖之處，然由於其身處執政者之位，其對佛教的態度對佛教發展亦產生積極影響。

孝明帝靈太后胡氏爲孝文帝以後北魏的又一著名崇佛人物。胡太后亦爲我國歷史上有名的女主之一，其臨朝期間，昏庸弄權，誅殺異己，毒死親子孝明帝，手段狠辣。然其另一方面卻又因家庭環境的關係，多受佛教薰陶，以佛教作爲自己的精神安慰與寄託。靈太后是「安定臨涇人」〔註46〕，家中世代信佛，她的父親幽州刺史胡國珍就是個異常虔誠的佛教徒，「年雖篤老，而雅敬佛法，時事齋潔，自彊禮拜」，〔註47〕「唯事齋潔，自強禮拜，書經造像，起正化寺供養百僧。」〔註48〕。靈太后的姑姑亦爲尼，「姑既爲尼，幼相依託，略得佛經大義。」〔註49〕

在北朝的皇后中，靈太后胡氏之崇佛是最爲突出的。靈太后曾專權十多年，以其崇高的政治地位，深深影響了北朝佛教的發展進程。夏毅輝將靈太后的影響歸納總結爲四個方面：（1）造寺修塔，舉行齋會。靈太后先後修建了永寧寺、秦太上君等國家大寺，其中永寧寺尤爲華麗無比（後有論及）。（2）派遣僧人西行取經。518 年 11 月，靈太后派遣使者宋雲和崇立寺僧人惠生前往西域取經，歷盡千辛萬苦，終於在 522 年返回洛陽，帶回了大乘學說，促

〔註41〕《魏書》卷八三《馮熙傳》。
〔註42〕《北史》卷一三《后妃上》。
〔註43〕《魏書》卷一三《文成文明皇后馮氏傳》。
〔註44〕《魏書》卷一三《文成文明皇后馮氏傳》。
〔註45〕《魏書》卷二四《張袞傳附白澤傳》。
〔註46〕《魏書》卷一三《皇后·宣武靈皇后胡氏傳》。
〔註47〕《魏書》卷八三下《胡國珍傳》。
〔註48〕《辯正論》卷四《十代奉佛篇下》，《大正新修大藏經》52 冊《史傳部四》。
〔註49〕《魏書》卷一三《皇后·宣武靈皇后胡氏傳》。

進了中國佛學大小乘的合流。（3）重視禪誦輕視講經。靈太后下令提倡坐禪苦修，遏制了北方的講經活動，目的在於統一思想。（4）將度僧權收歸國有。〔註50〕夏先生總結的這幾個方面，是比較全面而恰切的。靈太后對於北方佛教的發展有著相當重要的影響。

靈太后之政治行為是與佛理相悖的，其出家為尼亦非關信仰，實出無奈。「及武泰元年，尒朱榮稱兵渡河，太后盡召肅宗六宮皆令入道，太后亦自落髮。榮遣騎拘送太后及幼主於河陰。太后對榮多所陳說，榮拂衣而起。太后及幼主並沈於河。」〔註51〕胡后之出家乃意圖保命，然卻逃不過尒朱榮的毒手。

另據《魏書》卷十三《皇后列傳》，北魏皇后出家為尼居於瑤光寺可考者有孝文廢皇后馮氏，「高祖後重引后姊昭儀至洛，稍有寵，后禮愛漸衰。昭儀自以年長，且前入宮披，素見待念，輕后而不率妾禮。后雖性不妒忌，時有愧恨之色。昭儀規為內主，譖構百端。尋廢后為庶人。后貞謹有德操，遂為練行尼。後終於瑤光佛寺。」孝文幽皇后馮氏，「有姿媚，偏見愛幸。未幾疾病，文明太后乃遣還家為尼，高祖猶留念焉。」宣武帝高皇后「性妒忌，宮人希得進御。及肅宗即位，上尊號曰皇太后。尋為尼，居瑤光寺，非大節慶，不入宮中。」孝明帝皇后胡氏，「武泰初，后既入道，遂居於瑤光寺。」參之以《洛陽伽藍記》中之記載：

> 有五層浮圖一所，去地五十丈。僊掌凌虛，鐸垂雲表，作工之妙，埒美永寧。講殿尼房，五百餘間，綺疏連亘，戶牖相通，珍木香草，不可勝言。牛筋狗骨之木，雞頭鴨腳之草，亦悉備焉。椒房嬪御，學道之所，掖庭美人，並在其中。亦有名族處女，性愛道場，落髮辭親，來儀此寺。屏珍麗之飾，服修道之衣，投心八正，歸誠一乘。〔註52〕

> 胡統寺，太后從姑所立也，入道為尼，遂居此寺。在永寧南一里許。寶塔五重，金剎高聳。洞房周匝，對戶交疏，朱柱素壁，甚為佳麗。其寺諸尼，帝城名德，善於開導，工談義理，常入宮與太后說法，其資養緇流，從無比也。〔註53〕

〔註50〕 夏毅輝：《北朝皇后與佛教》，《學術月刊》1994 年第 11 期。
〔註51〕 《魏書》卷一三《皇后·宣武靈皇后胡氏傳》。
〔註52〕 《洛陽伽藍記》卷一《城內·瑤光寺》。
〔註53〕 《洛陽伽藍記》卷一《城內·胡統寺》。

由楊衒之所述可知，當時佛寺伽藍修造得恢弘壯麗，且當時以皇室婦女爲中心的上層社會婦女出家的數目龐大，因而才有「講殿尼房，五百餘間」之事。胡統寺爲胡太后父親的堂姐（妹）所建，其出家爲尼後居於此寺，其寺諸尼多爲京城之中德高望重者，亦即出身社會上層。這些佛寺與皇室保持密切關係，常承擔入宮說法之要務。胡太后幼從其姑，得近佛法。入宮之後，仍聽法不輟。這些上層社會貴族婦女，放棄繁華生活，出家爲尼，或是感慕佛法，虔心皈依；或是盲從風氣，塡補空虛；或是內部鬥爭，全身避禍。

封建帝王多壽命短促者，一旦駕崩，其后妃多以出家爲歸宿。據《北史》卷一三《后妃傳》載，北周武帝皇后李氏，北周宣帝皇后朱氏、陳氏、元氏、尉遲氏都是因爲皇帝駕崩而出家爲尼。封建帝室中，其矛盾與傾軋是殘酷無情的，皇室婦女的地位與命運是不能自主沒有保障的。北魏以後，出家爲尼的北朝皇后，多是迫於無奈的選擇，而非眞正潛心向佛。北齊後主皇后斛律氏是被廢後而爲尼，北齊後主皇后胡氏因得罪皇太后而被迫出家。在這些出家皇后中，尤以北齊文宣帝皇后李氏之出家慘烈怵目：

> 武成踐祚，逼后淫亂，云：「若不許我，當殺爾兒。」后懼，從之。后有娠，太原王紹德至閣，不得見，慍曰：「兒豈不知邪？姊姊腹大，如不見兒。」后聞之大慚，由是生女不舉。帝橫刀詬曰：「爾殺我女，我何不殺爾兒？」對后前築殺紹德。后大哭，帝愈怒，裸后亂撾撻之，號天不已。盛以絹囊，流血淋漉，投諸渠水，良久乃蘇，犢車載送妙勝尼寺。后性愛佛法，因此爲尼。齊亡，入關，隋時得還趙郡。〔註54〕

武成帝高湛之暴行不遜乃兄高洋，李氏之悲慘遭遇令人髮指。處虎狼爪下臨不測命運，佛教遂成這些皇室婦女惟一精神寄託和最後保命求生之途徑。

北齊武成帝之后胡氏，在武成死後，臨朝專政。此胡太后與北魏「胡太后」頗有相似之處，亦有崇佛之擧。《北齊書》卷九《武成胡后傳》載：「自武成崩後，數出詣佛寺，又與沙門曇獻通。布金錢於獻席下，又掛寶裝胡床於獻屋壁，武成平生之所御也。乃置百僧於內殿，託以聽講，日夜與曇獻寢處。以獻爲昭玄統。僧徒遙指太后以弄曇獻，乃至謂之爲太上者。」當然，此胡太后之崇佛，亦非眞心向佛，其意在於宣泄個人欲望，然在客觀上對佛教發展亦起推動作用。

〔註54〕《北史》卷一四《后妃下‧文宣皇后李氏》。

　　皇室以下，王妃貴婦、上層婦女亦多有出家者。如京兆王元愉，「世宗為納順皇后妹為妃，而不見禮答。愉在徐州，納妾李氏，本姓楊，東郡人，夜聞其歌，悅之，遂被寵嬖。罷州還京，欲進貴之，託右中郎將趙郡李恃顯為之養父，就之禮逆，產子寶月。順皇后召李入宮，毀擊之，彊令為尼於內，以子付妃養之。歲餘，后父于勁，以后久無所誕，乃上表勸廣嬪侍。因令后歸李於愉，舊愛更甚。」〔註55〕京兆王元愉寵妾李氏，被王妃之姊順皇后強逼出家。劉旋之「其妻許氏，二子法鳳、法武。而旋之早亡。東陽平，許氏攜二子入國，孤貧不自立，並疏薄不倫，為時人所棄。母子皆出家為尼，既而反俗。」〔註56〕劉旋之死後，其妻許氏攜二子，因貧困而受時人輕視，無奈出家。房伯玉「在南之日，放妾楊氏為尼，入國，遂令還俗，復愛幸焉。」〔註57〕高聰「有妓十餘人，有子無子皆注籍為妾，以悅其情。及病，不欲他人得之，並令燒指吞炭，出家為尼。」〔註58〕羊烈「家傳素業，閨門修飾，為世所稱，一門女不再醮。魏太和中，於兗州造一尼寺，女寡居無子者並出家為尼，咸存戒行。」〔註59〕任城王「妃盧氏賜斛斯徵，蓬首垢面，長齋不言笑。徵放之，乃為尼。」〔註60〕在這些事例中，婦女出家皆為被迫無奈之舉。佛教成為這些上層婦女人生路上的避風港和緩衝地，幫助她們度過人生中的艱難時刻。

（三）各級官員崇佛

　　「上有好者，下必有甚焉者矣。」〔註61〕皇帝及皇室婦女既已崇佛在先，樹立表率，文武百官及上層社會其他人等崇佛自不在少。檢點史籍，述之頗多。京兆王子太興請捨王爵為沙門，「表十餘上，乃見許」。〔註62〕宗室子弟元鸞「愛樂佛道，修持五戒，不飲酒食肉，積歲長齋。繕起佛寺，勸率百姓，共為土木之勞，公私費擾，頗為民患。」〔註63〕元恂於困窘之時，

〔註55〕　《魏書》卷二二《孝文五王·京兆王愉傳》。
〔註56〕　《魏書》卷四三《劉休賓傳附法鳳傳》。
〔註57〕　《魏書》卷四三《房法壽傳附房伯玉傳》。
〔註58〕　《魏書》卷六八《高聰傳》。
〔註59〕　《北齊書》卷四三《羊烈傳》。
〔註60〕　《北齊書》卷一○《高祖十一王·任城王湝傳》。
〔註61〕　《孟子》卷五《滕文公章句上》。
〔註62〕　《魏書》卷一九上《景穆十二王上·京兆王子推傳附元太興傳》。
〔註63〕　《魏書》卷一九下《景穆十二王下·城陽王長壽傳附元鸞傳》。

「頗知咎悔，恒讀佛經，禮拜歸心於善。」〔註64〕元愉「好文章，頗著詩賦。……又崇信佛道，用度常至不接。」〔註65〕「汝南王悅，好讀佛經，覽書史。」〔註66〕刁雍「篤信佛道，著教誡二十餘篇，以訓導子孫。」〔註67〕高允少時曾推財與二弟，出家爲沙門，還俗後仍「雅信佛道，時設齋講，好生惡殺。」〔註68〕崔光「崇信佛法，禮拜讀誦，老而逾甚，終日怡怡，未曾恚忿。曾於門下省晝坐讀經，有鴿飛集膝前，遂入於懷，緣臂上肩，久之乃去。道俗贊詠詩頌者數十人。每爲沙門朝貴請講《維摩》、《十地經》，聽者常數百人，即爲二經義疏三十餘卷。」〔註69〕奚康生「久爲將，及臨州尹，多所殺戮。而乃信向佛道，數捨其居宅，以立寺塔。凡歷四州，皆有建置。」〔註70〕馮亮「少博覽諸書，又篤好佛理。」〔註71〕以上事例中，元鸞、元恂、元愉、汝南王元悅等皆爲宗室，奚康生爲武將，刁雍、馮亮爲南朝士族，高允、崔光爲北方世家大族。見微知著，推一及三，由此可見佛教在宗室貴族、世家大族中之影響。〔註72〕

《洛陽伽藍記》中亦記載有通曉佛義、信奉佛法的上層人士：

> 景皓者，河州刺史陳留莊王祚之子。立性虛豁，少有大度，愛人好士，待物無遺，夙善玄言道家之業，遂捨半宅安置佛徒，演唱大乘數部。並進京師大德超、光、暹、榮四法師，三藏胡沙門菩提流支等咸預其席，諸方伎術之士，莫不歸赴。

> 時有奉朝請孟仲暉者，武威人也。父賓，金城太守。暉志性聰明，學兼釋氏，四諦之義，窮其旨歸。恒來造第，與沙門論議，時號爲「玄宗先生」。〔註73〕

〔註64〕《魏書》卷二二《孝文五王·廢太子恂傳》。
〔註65〕《魏書》卷二二《孝文五王·京兆王愉傳》。
〔註66〕《魏書》卷二二《孝文五王·汝南王悅傳》。
〔註67〕《魏書》卷三八《刁雍傳》。
〔註68〕《魏書》卷四八《高允傳》。
〔註69〕《魏書》卷六七《崔光傳》。
〔註70〕《魏書》卷七三《奚康生傳》。
〔註71〕《魏書》卷九〇《逸士·馮亮傳》。
〔註72〕據朱大渭所述：「北方的世家大族，如清河崔氏、范陽盧氏、滎陽鄭氏、隴西李氏、河間邢氏、河東柳氏，以及代北的鮮卑貴族，也多信仰佛法，」未詳其出處。見朱大渭：《魏晉南北朝社會生活史》，北京：中國社會科學出版社，2005年1月第1版，第227頁。
〔註73〕《洛陽伽藍記》卷四《城西·永明寺》。

陳留王景皓與奉朝請孟仲暉，虔心奉佛，涵泳佛義禮遇僧人，爲時人推重，形成影響。《洛陽伽藍記》以記佛寺爲主，能出資造寺者，自然皆爲上層社會之人。《洛陽伽藍記》共記佛寺 40 所，載明皇帝造者有 4 所，后妃造者 3 所，親王造者 12 所，百官造者 2 所，宦官造者 6 所，其它爲 13 所。其中值得注意的如「昭儀尼寺，閹官等所立也」，〔註74〕「龍華寺，宿衛羽林虎賁等所立也。」〔註75〕宦官身體曾遭受摧殘，心理受到傷害，其能出資造寺，自然是欲在佛法中尋得慰藉。龍華寺是在皇宮中擔任警衛的禁衛軍勇士們集資所建的。在文學作品的描述及人們的印象中，禁衛軍往往多屬赳赳武夫，好勇鬥狠之徒。他們也能心慕佛法，捐資造寺，可見佛教在當時的影響力量。

此外，《辯正論》卷四《十代奉佛下》載有北朝各代王公大臣、官僚顯貴奉佛事蹟，其中魏代（包括北魏、東魏、西魏）52 人，北齊 38 人，北周 30 人，總計 120 人。事蹟較詳，茲不贅述。

（四）民眾崇佛

北朝時期，政局動蕩，階級矛盾與民族矛盾複雜尖銳。處此社會環境下，上層社會尚且佛風彌漫，處於社會底層的廣大人民自不待言。一方面是因流風所及而皈信佛法；另一方面當他們飽受剝削壓迫、身經戰亂荼害之時，更需要到佛教裏面去尋找精神安慰和寄託。雖然在正史中對於下層人民崇佛狀況載錄甚少，但從一些官方統計的寺僧數目中，我們仍可窺見佛教對底層人民的深刻而廣泛的影響，他們才是佛教受眾的主體。

北方在十六國時期，「中州胡晉，略皆奉佛」〔註76〕，全社會已是崇佛成風。由於各族統治階級提倡佛教，加上當時中原人民在民族和階級雙重壓迫之下，生活窮困，走投無路；有的爲了逃避徭役和租調，結果紛紛出家。至北魏孝文帝太和元年（477 年），「京城內寺新舊且百所，僧尼二千餘人，四方諸寺六千四百七十八，僧尼七萬七千二百五十八人。」〔註77〕宣武帝延昌中，「天下州郡僧尼等，積有一萬三千七百二十七所，徒侶逾眾。」〔註78〕較之太和元年，三十幾年，寺院增加了一倍多。到北魏後期，正光已後「略而計

〔註74〕　《洛陽伽藍記》》卷一《城內・昭儀尼寺》。
〔註75〕　《洛陽伽藍記》卷二《城東・龍華寺》。
〔註76〕　《高僧傳》第九《神異上・竺佛圖澄一》，《大正新修大藏經》50 冊《史傳部二》。
〔註77〕　《魏書》卷一一四《釋老志》。
〔註78〕　《魏書》卷一一四《釋老志》。

之，僧尼大眾二百萬矣，其寺三萬有餘。」〔註79〕此時上距太和初元不到六十年，距延昌年間則更近。在如此短的時間內，全國僧尼、寺院總數，竟有如此的激增，其速度是令人吃驚的。

《辯正論》卷三《十代奉佛上》中，談及北魏佛寺與僧尼數目，說得比較詳細：

> 右元魏君臨一十七帝，一百七十年，國家大寺四十七所。又於北代恒安治西，旁各上下三十餘里，鐫石置龕遍羅佛像。計非可盡莊嚴弘觀，今見存焉，雖屢遭法滅斯龕不壞。其王公貴室五等諸侯寺八百三十九所，百姓造寺三萬餘所，總度僧尼二百萬人，譯經一十九人四十九部。

在北魏正光年間之後，至少在到北齊建國的 50 多年間，北方僧尼數量達到了 200 萬之眾，佛寺有 3 萬多所。史書中記載北魏延昌年間甚至「民多絕戶而為沙門」。〔註80〕而此時的北方人口，據史料統計，北魏全盛時期的戶口約有 500 餘萬戶，實際人口可能不低於 3000 萬人。〔註81〕尚永琪博士在其博士論文中曾據此作出統計：

> 我們就按這個最高值為常數來計算的話，3000 萬人中有 200 萬人是僧尼，佔了總人口的 6.7%，這個比例是相當高的。……面對占人口總數的 6.7%的出家僧尼的這個數據，面對「絕戶為僧尼」的舉動，我們不能不為 5～6 世紀的這種全社會的癲狂而感到吃驚，外來的佛教為我們的先輩到底提供了什麼？〔註82〕

北魏以後，僧尼數字沒有太大變化，仍保持在二百萬左右。「昭玄一曹純掌僧錄，令史員置五十許人，所部僧尼二百餘萬」，〔註83〕此間為名僧法上擔任大統，負責管理全國僧人。朱大渭對北魏以後的寺僧數字曾作過統計：

> 北齊、北周時，北齊境內共有寺院 3 萬所，僧尼 200 萬；（《大唐內典錄》、《歷代三寶記》）北周境內共有寺院 1 萬所，僧尼 100

〔註79〕《魏書》卷一一四《釋老志》。

〔註80〕《魏書》卷五三《李瑒傳》。

〔註81〕姜濤：《人口與歷史——中國傳統人口結構研究》，北京：人民出版社，1988 年版，第 49～50 頁。

〔註82〕尚永琪：《3～6 世紀佛教傳播背景下的北方社會群體研究》，長春：吉林大學古籍研究所，2006 年 4 月，第 191 頁。

〔註83〕《續高僧傳》卷八《齊大統合水寺釋法上傳》，《大正新修大藏經》50 冊《史傳部二》。

萬。(《據歷代三寶記》、《辨正論・十代奉佛篇》) 北齊北周全境共有
僧尼 300 萬人，爲唐代僧尼最多時期唐武宗時代全國僧尼近 30 萬人
的 10 倍。(郭朋：《隋唐佛教》，第 381 頁。按《唐會要》卷 49 載，
唐武宗會昌五年僧尼人數爲 260500 人。) 當時北方人口約爲 3000
萬，僧尼人數占總人口的十分之一。這個僧尼數與總人口數的比例，
超過了歷代僧尼人數所佔總人口數的比例，這就表明，當時佛教在
人民中傳播之廣、影響之大是空前絕後的。〔註 84〕

以上所述還僅是出家僧尼之數字，至於在家而有佛教信仰尊禮佛事者其數目
更應是遠遠超過此數。由於封建正史並沒有把平民百姓作爲記錄的主體，因
此對人民信仰佛教情況的記錄僅表現爲一些籠統的數字。但我們仍可從史料
的零星記載，尤其是考古發掘中，探知與推測一些平民信仰佛教的具體情況。

　　從已出土的大量的北朝時期的造像記中，可以考證描述出佛教在北朝底
層人民中的流傳狀況。與佛法流佈、信奉者與日俱增的同時，平城和華北地
區出現了一種以一村、一族，或一城鎮、一都邑或數邑，以在家佛教信徒爲
主和僧尼組成的、以造像活動爲主的佛教信仰組織——「邑義」。「鄉村居民
因信仰佛教而組織一種叫做邑義或法義的宗教信仰團體，以便共同修習佛教
的儀式或從事和佛教有關的社會活動。」〔註 85〕「邑義」又有「佛社」、「義
邑」和「社邑」等稱謂。邑義是分佈於城鄉的佛教民間組織，尤以鄉村最爲
普及。邑義「是中國古代重要的佛社組織。在中國古代的佛教造像中，邑義
造像佔有極爲重要的地位。特別是在北朝時期，大量的單體佛像、造像碑、
造像塔，都是出自邑義組織之手。早期的邑義幾乎就是專門從事於造佛像、
建佛塔等方面的佛事功德活動，以後邑義活動的範圍更擴展到更多的佛事活
動。」〔註 86〕邑義組織遍佈民間，它所留下的大量出土佛像使我們得窺佛教
在民間發展之盛況。民間佛教信仰者在邑義的組織下團結起來造佛像、修佛
法、寫經卷、做法事，甚至致力於修橋補路等公益活動。以邑義爲組織形式，
團結維繫了大量底層佛教信眾。

〔註 84〕 朱大渭：《魏晉南北朝社會生活史》，北京：中國社會科學出版社，2005 年 1
　　　　 月第 1 版，第 227 頁。
〔註 85〕 劉淑芬：《五至六世紀華北鄉村的佛教信仰》//《中央研究院歷史語言研究所
　　　　 集刊》，第 63 本第 3 分，1993 年版。
〔註 86〕 張總：《義橋・義井・邑義——造像碑銘中所見到的建義橋、掘義井之佛事善
　　　　 舉》，《世界宗教文化》1997 年第 4 期。

三、廣造寺像

佛教發展隆盛的另一表現爲宗教建築的營造。在信徒數量不斷激增的同時，寺院建築亦得以迅速的同步上昇增加。「朝廷上下之奉佛，仍首在建功德，求福田饒益。故造像立寺，窮土木之功，爲北朝佛法之特徵。」〔註87〕爲積功德，求福報，北朝立寺造像蔚成風氣。

雖然自有宗教產生以來，人們對宗教的出現與存在褒貶不一，但對人類歷史上出現的宗教建築，人們卻往往不能不歎爲觀止，認爲其是宗教對人類社會的一大貢獻，並給予很高評價：

> 宗教與藝術就好像是一對學生姐妹，人類歷史上遺留下來的許多藝術作品，都與宗教有著不可分割的聯繫。這是因爲在遠古時代，宗教信仰反映了人們對自然界和社會的美好願望與追求，而藝術正是古代人們對自己這種願望與追求的形象表達。後來，由於人們對神仙的無限敬畏，「於是歌頌其威靈，致美於壇廟，久而愈進，文物遂繁」（見魯迅《中國小說史略・神話與傳說》），從而造就了風格獨特的宗教藝術。〔註88〕

宗教建築一方面是爲尊法重教弘法傳教，一方面是爲表達對宗教的虔誠，以期積功德求善報。宗教建築的出現豐富了人類的文化，展現了人類的智慧與文明。

佛教建築一般包括三部分，即寺院、佛塔和佛像。佛教傳入中土後，人們對佛教的信奉，除了虔誠信仰，修身養性，廣施善緣之外，信徒更將這崇奉的力量付諸具體行動，爲紀念佛陀的立寺建塔造像風氣，便因此彌漫中土。

（一）修建寺院

中國建寺之始，以漢明帝造白馬寺爲最古最爲可信：

> 自洛中構白馬寺，盛飾佛圖，畫迹甚妙，爲四方式。凡宮塔制度，猶依天竺舊狀而重構之，從一級至三、五、七、九。世人相承，謂之「浮圖」，或云「佛圖」。晉世，洛中佛圖有四十二所矣。〔註89〕

〔註87〕湯用彤：《漢魏兩晉南北朝佛教史》，北京：中華書局1983年版，下冊，第365～366頁。

〔註88〕王宜峨：《道教的造像藝術》，《中國道教》1989年1期。

〔註89〕《魏書》卷一一四《釋老志》。

　　自明帝修白馬寺後，修寺建塔風氣漸開，所修佛寺亦漸具規模，西晉時洛陽一地佛寺已達四十二所。漢代以後直到北魏以前，修寺立塔風氣日盛。南朝時代修寺風氣亦盛，據《辯正論》卷三《十代奉佛上》記載：西晉有寺180 所，東晉有寺 1768 所，南朝宋有寺 1913 所，齊有寺 2015 所，梁有寺 2846 所，陳有寺 1232 所。《南史》卷七○《郭祖深傳》稱「都下佛寺五百餘所，窮極宏麗。僧尼十餘萬，資產豐沃。所在郡縣，不可勝言」，僅都城建康一處，佛寺已達五百餘所。

　　北魏建寺風氣尤屬空前，早在北魏始祖拓跋珪建都平城時，便已大開此風。天興元年（398 年）道武帝下詔所建佛寺為北魏第一所佛寺，已是極為華貴奢侈。此後歷代諸帝更是廣修寺院，如前所述，據《魏書‧釋老志》載，北魏孝文帝太和元年，有寺六千四百七十八所；宣武帝延昌中，有寺一萬三千七百二十七所；到北魏後期正光已後，其寺三萬有餘，歷代未有能與相比。《水經注‧濕水注》云：「京邑帝里，佛法豐盛，神圖妙塔，椾峙相望，法輪東轉，茲為上矣。」〔註90〕是為此期廣立佛寺的最好寫照。

　　《洛陽伽藍記》一書對於北魏時期寺院建築記載尤為詳盡。是書共五卷，以記佛寺為中心，分別記述北魏時期洛陽的城內、城東、城南、城西、城北較大的佛寺或有代表意義的佛寺的興建緣起，興盛情況以及有關傳說、典故。全書正面介紹的佛寺有 40 所，順便提到的有 43 所。北魏一代佛寺建築的壯偉，裝修的華麗，在書中得到珍貴的記錄與留存。茲以永寧寺為代表作一介紹。永寧寺為北魏第一大寺，楊衒之把《永寧寺》放在全書卷一首篇，亦可看出此寺之重要。此寺為靈太后於熙平元年（516 年）修建的。楊衒之在文中描述：

　　　　中有九層浮圖一所，架木為之，舉高九十丈，上有金刹，復高十丈，合去地一千尺。去京師百里，已遙見之。初掘基至黃泉下，得金像三十軀，太后以為信法之徵，是以營建過度也。刹上有金寶瓶，容二十五斛。寶瓶下有承露金盤一十一重，周匝皆垂金鐸。復有鐵鑪四道，引刹向浮圖四角，鑪上亦有金鐸。鐸大小如一石甕子。浮圖有九級，角角皆懸金鐸。合上下有一百三十鐸。浮圖有四面，面有三戶六窗，戶皆朱漆，扉上各有五行金鈴，合有五千四百枚。

〔註90〕王國維：《水經注校》，上海：上海人民出版社，1984 年 5 月版，卷十三《濕水注》，第 428 頁。

復有金環鋪首，殫土木之功，窮造形之巧。佛事精妙，不可思議。繡柱金鋪，駭人心目。至於高風永夜，寶鐸和鳴，鏗鏘之聲，聞及十餘里。〔註91〕

佛寺建築一般包括佛塔、佛像、寺院三部分，永寧寺修建得極盡華美，這三者也都臻於登峰造極。作者首先對永寧寺的佛塔進行了描寫，這座高達九層的一千尺浮圖，作者稱其爲「去京師百里，已遙見之」可見其高大。它不僅是北魏最高大的浮圖，「雖二京之盛，五都之富，利刹靈圖，未有若斯之構。」〔註92〕日本伊東忠太所著《中國建築史》中，稱其爲「中國古今最高之塔。且除古代巴比倫之祠塔外，又爲東洋第一高建築。」〔註93〕在當時生產力水平尙不夠發達的情況下，修造如此宏偉的佛塔，其高度令人咋舌。尤其是「寶鐸和鳴，鏗鏘之聲，聞及十餘里」，其氣象更令人神往。對佛像及寺院的描寫：

浮圖北有佛殿一所，形如太極殿。中有丈八金像一軀，中長金像十軀，繡珠像三軀，金織成像五軀，玉像二軀。作工奇巧，冠於當世。僧房樓觀，一千餘間，雕梁粉壁，青瑣綺疏，難得而言。桔栢椿松，扶疎簷霤；藂竹香草，布護堦墀。是以常景碑云：「須彌寶殿，兜率淨宮，莫尚於斯」也。

外國所獻經像，皆在此寺。寺院墻皆施短椽，以瓦覆之，若今宮牆也。四面各開一門。南門樓三重，通三閣道，去地二十丈，形制似今端門。圖以雲氣，畫彩仙靈，列錢青瑣，赫奕華麗。拱門有四力士、四師子，飾以金銀，加之珠玉，莊嚴煥炳，世所未聞。東西兩門亦皆如之。所可異者，唯樓兩重。北門一道，上不施屋，似鳥頭門。其四門外，皆樹以青槐，亘以綠水，京邑行人，多庇其下。路斷飛塵，不由淨雲之潤；清風送涼，豈藉合歡之發？〔註94〕

無論是佛像的雕塑裝飾，還是寺院規模氣派，都極盡奢華，令人目眩神迷，歎爲觀止。此寺裝飾完畢之後，「明帝與太后共登之。視宮中如掌內，臨京師若家庭。以其目見宮中，禁人不聽升之。」〔註95〕由於永寧浮圖的驚人高度，

〔註91〕《洛陽伽藍記》卷一《城內‧永寧寺》。

〔註92〕王國維：《水經注校》，上海：上海人民出版社，1984年5月版，卷十六《穀水注》，第542頁。

〔註93〕〔日〕伊東忠太：《中國建築史》，上海：上海書店出版社，1984年2月，第173頁。

〔註94〕《洛陽伽藍記》卷一《城內‧永寧寺》。

〔註95〕《洛陽伽藍記》卷一《城內‧永寧寺》。

可以俯視皇宮，所以禁止人任意登臨。

　　永寧寺的豪華輝煌，域外高僧亦爲之歎爲觀止。菩提達摩來遊中土，「見金盤炫目，光照雲表，寶鐸含風，響出天外，歌詠讚歎，實是神工。自云：『年一百五十歲，歷涉諸國，靡不周遍，而此寺精麗，閻浮所無也。極佛境界，亦未有此。』口唱南無，合掌連日。」〔註96〕

　　佛寺營建之奢華，非獨永寧一寺，又如《洛陽伽藍記》卷三《城南·景明寺》條：

> 　　景明寺，宣武皇帝所立也。景明年中立，因以爲名。在宣陽門外一里御道東。其寺東西南北方五百步。前望嵩山少室，却負帝城。青林垂影，綠水爲文，形勝之地，爽塏獨美。山懸堂光觀盛，一千餘間。複殿重房，交疏對霤，青臺紫閣，浮道相通。雖外有四時，而内無寒暑。房簷之外，皆是山池。松竹蘭芷，垂列階墀，含風團露，流香吐馥。
>
> 　　至正光年中，太后始造七層浮圖一所，去地百仞。是以《邢子才碑文》云：「俯聞激電，旁屬奔星。」是也。妝飾華麗，侔於永寧。金盤寶鐸，煥爛霞表。
>
> 　　寺有三池，崔蒲菱藕，水物生焉。或黃甲紫鱗，出沒於繁藻；或青鳧白雁，沉浮於綠水。礴磑春簸，皆用水功。伽藍之妙，最爲稱首。

此景明寺，規模雖不如永寧寺，但「莊飾華麗，侔於永寧」，與永寧寺相比，可謂各有千秋，互擅勝場。

　　佛寺修建的這種不惜工本，力求奢華，其原因不外有三。一是爲表向佛之虔誠；二是受當時上層社會奢華風尙之影響；三是受佛經影響。佛經中對佛教理想佛國和極樂世界描寫有過濃墨重彩的勾畫與渲染：

> 　　又彼如來所居佛土，廣博嚴淨地平如掌，皆以寶成。細滑柔軟，常有香氣。無憂苦聲離諸煩惱，亦無惡趣及女人名。處處皆有金砌浴池，香水盈滿。寶樹行列，花果滋茂。勝妙音樂，不鼓自鳴。
> 〔註97〕
>
> 　　極樂世界淨佛土中，處處皆有七重行列妙寶欄楯，七重行列寶

〔註96〕《洛陽伽藍記》卷一《城內·永寧寺》。
〔註97〕《藥師琉璃光七佛本願功德經》卷上，《大正新修大藏經》14 冊《經集部一》。

多羅樹，及有七重妙寶羅網。周匝圍繞，四寶莊嚴。金寶，銀寶，吠琉璃寶，頗胝迦寶，妙飾間綺。

極樂世界淨佛土中，處處皆有七妙寶池，八功德水彌滿其中。何等名爲八功德水，一者澄淨，二者清冷，三者甘美，四者輕軟，五者潤澤，六者安和，七者飲時除饑渴等無量過患，八者飲已定能長養諸根四大，增益種種殊勝善根，多福眾生常樂受用。是諸寶池底布金沙，四面周匝有四階道，四寶莊嚴，甚可愛樂。諸池周匝有妙寶樹，間飾行列，香氣芬馥，七寶莊嚴，甚可愛樂。言七寶者，一金，二銀，三吠琉璃，四頗胝迦，五赤眞珠，六阿濕摩揭拉婆寶，七牟娑落揭拉婆寶。是諸池中，常有種種雜色蓮華，量如車輪。青形青顯青光青影，黃形黃顯黃光黃影，赤形赤顯赤光赤影，白形白顯白光白影，四形四顯四光四影。

極樂世界淨佛土中，自然常有無量無邊眾妙伎樂，音曲和雅，甚可愛樂。諸有情類聞斯妙音，諸惡煩惱，悉皆消滅。無量善法漸次增長。速證無上正等菩提。

極樂世界淨佛土中，周遍大地眞金合成，其觸柔軟，香潔光明，無量無邊，妙寶間飾。

極樂世界淨佛土中，常有種種奇妙可愛雜色眾鳥。所謂鵝雁鶖鷺，鴻鶴孔雀，鸚鵡羯羅頻迦，命命鳥等。如是眾鳥，晝夜六時，恒共集會，出和雅聲，隨其類音，宣揚妙法。

極樂世界淨佛土中，常有妙風，吹諸寶樹及寶羅網，出微妙音。譬如百千俱胝天樂同時俱作，出微妙聲，甚可愛玩。如是彼土常有妙風，吹眾寶樹及寶羅網，擊出種種微妙音聲，説種種法。〔註98〕

無論是佛居之地還是極樂世界，都是奢麗繁華，極盡人類想像之能事。在人們的印象中，佛居之地與極樂世界是黃金鋪地四時充美祥瑞殊勝的。寺院乃人間供佛之地，佛境仙界，非人力所能企及，但卻應竭力模擬之。王公貴族爲得福報，不惜揮金，下層民眾的宗教熱情對之也當起了一定的推動與刺激作用。

（二）佛像雕塑

佛像雕塑亦通稱之「造像」。即以各種質料，以各種形式、技術製造佛

〔註98〕《稱讚淨土佛攝受經》，《大正新修大藏經》12 冊《寶積部下‧涅槃部全》。

像。在寺院建築的同時，佛像雕塑亦隨之大量湧現。「北朝法雨之普及，人民崇福之熱烈，可於造像一事見之。」〔註99〕

造像風氣產生之原因，學界已有論述。〔註100〕其中佛教經典中對造像功德的鼓勵與頌揚是一重要原因：

> 若有善男子善女人，作百千億釋提桓因大莊嚴殿，施四方僧。
> 復有善男子善女人，於佛般涅槃後，以如芥子舍利起塔，大如菴摩勒果，其剎如針，上施槃蓋如酸棗葉。若造佛形象乃至如穬麥，此功德滿足百倍不及，千倍萬倍百千萬億倍所不能及，不可稱量。阿難當知。〔註101〕

此外佛教神異傳說中亦多有宣揚塔像靈異、造像功德者，加之民間信仰中有無論生者死者，造像皆有求得福報，消彌罪過之功用，這也是民間產生大量造像的一個重要原因。

（1）佛像塑造。除了修建寺院，佛像雕塑在南北朝也極為發達。佛像雕塑按用途可分為兩部分，一是用於寺院朝聖瞻仰；二是用於私家供奉膜拜。前者顯然耗資不菲，後者則普通民家或可合力為之。北朝佛教發展既盛於南朝，造像亦更積極。清人葉昌熾《語石》云：「造像莫先於元魏」，〔註102〕造像風氣在北魏社會一時之間蔚成風氣。前述寺院大量興造，必然要伴之以數倍數量之佛像。《魏書·釋老志》即載有北魏高宗興光元年（454），「敕有司於五級大寺內，為太祖以下五帝，鑄釋迦立像五，各長一丈六尺，都用赤金二萬五千斤。」1976年3月，山東省博興縣出土一批北朝造像，計有72件。這批造像發現時大都已斷裂，造像各部位有不同程度的殘損，還有未雕完的半成品。顯然雕造工程尚未最後結束，即被毀壞埋入地下。故研究者以此推知，這批造像可能產生於北周武帝滅北齊之後，在北齊境內繼續推行滅佛政策之時，被毀並埋入地下。〔註103〕

〔註99〕 湯用彤：《漢魏兩晉南北朝佛教史》，中華書局1983年版，下冊，第367頁。
〔註100〕 如侯旭東：《論南北朝時期造像風氣產生的原因》，《文史哲》1997年第5期；劉淑芬：《五至六世紀華北鄉村的佛教信仰》，《史語所集刊》63本三分，1993年7月，第501～506頁；谷響：《談造像》，《現代佛學》1956年第8期。
〔註101〕 《佛說未曾有經》，《大正新修大藏經》16冊《經集部三》。
〔註102〕 葉昌熾撰，王其褘校點：《語石》，瀋陽：遼寧教育出版社，1998年12月版，卷五，第126頁。
〔註103〕 常敘政、李少南：《山東省博興縣出土一批北朝造像》，《文物》1983年第7期。

《辯正論》卷三《十代奉佛上篇》載隋文帝時，「修治故像一百五十萬八千九百四十許軀。」這些故像應主要為南北朝時期所造，由此可窺見當時造像之盛況。

政府造像以外，民間造像行為更為普遍。湯用彤在《漢魏兩晉南北朝佛教史》中曾指出：

> 其時人民立塔造像，風尚普遍。……其宗旨自在求福田利益：或願證菩提，希能成佛；或冀生安樂土，崇拜彌陀；或求生兜率，得見慈氏。或於事先預求饒益；或於事後還報前願。或願生者富貴；或願出征平安；或願病患除滅；……或一人發心，獨建功德；或多人共同營造，於是題名，有自數人至數十人，乃至三百餘人。〔註104〕

侯旭東在其《北朝村民的生活世界——朝廷、州縣與村裏》一書中對民間造像情況亦有描述：

> 北朝間佛教彌漫北土，民眾或以個人名義，或以家庭、寺院為單位，或聚集若干信眾組成邑義、法義來造像興福。他們出資雇匠雕造或購買製成之佛像。佛像小者盈寸，大者丈餘，置於室內，或街衢、村邊、寺院內外，亦有就山崖雕刻如雲岡、龍門者。佛像雕訖、購入後，出資者多刻長短不等文字於像座、像背或龕側，述興造原由、時間、誓願，並鐫出資者姓名，是為造像記。〔註105〕

民間造像主要要兩種形式，一為邑義組織造像，一為個人家庭造像。早期邑義組織目的即為造像，後家庭造像亦大量出現。民間在造像之後，還要刊刻造像記。這些造像記是「造像者造像活動的產物，真實記錄了他們的信仰、願望、追求及觀念。記文長短不一，短者數字、數十字，長者千言；粗看千篇一律，細究千差萬別。內容涉及造像時間、造像者、像的題材、發願文，較複雜的造像記還述及造像理由、對佛法的理解、造像經過等，不少記文刻有造像者的姓名。」〔註106〕尤其是從家庭造像中反映出當時舉家奉佛的情況，如東魏興和二年成明月造像記：

〔註104〕湯用彤：《漢魏兩晉南北朝佛教史》，北京：中華書局 1983 年版，下冊，第367頁。

〔註105〕侯旭東：《北朝村民的生活世界——朝廷、州縣與村裏》，北京：商務印書館 2005 年，第267頁。

〔註106〕侯旭東：《造像記與北朝社會史研究的回顧與展望》，《中國史研究動態》1999年第1期。

興和二年正月六日弟子成明月爲亡父母敬造像一區，闔家人口
供養。〔註107〕

張天恩造像記：

大齊天保五年十二月廿一日，佛弟子張天恩爲亡父母敬造觀世
音玉像一區，闔家大小二十六口一心供養。〔註108〕

王氏女五娘造像題記：

大象二年六月十五日，王氏女五娘爲亡父母敬造像一區，眷屬
闔家供養。〔註109〕

造像記的刊刻爲我們瞭解北朝佛教發展情況提供了大量的生動而形象的
實物資料。「現在我們發現的北朝造像記大約在 1800 種以上（其中很多尚未
見於著錄），這些造像記的時間多爲 6 世紀，分佈地點遍及北方各地，造像者
的身份也包括各個階層，並且很多都是官民共造或整村整堡的人員共同參
與；從性別上看，大批女性參與其中並且成爲主要角色。這種情形，很生動
地向我們說明了，在 5〜6 世紀的北方社會中，佛教的擴張已經深入到社會的
各個角落。」〔註110〕

（2）石窟雕造。石窟雕造亦屬造像，是佛教建築之一部分，與佛教一樣
起源於印度。東漢時期隨著佛教傳入我國，這一藝術形式也傳了進來。「石窟
作爲佛教活動的場所，在佛教產生之初就出現了。據佛教典籍記載，最早的
石窟只是作爲僧侶們修行的一種場所，並且都是零星地分佈在深山之中，一
般是一處洞窟供一位僧人修行。到後來，慢慢擴大到在某一地區開鑿供多人
修行的石窟群，或在一個大窟之中開鑿若干小窟同時供數人修行。由於後一
種情況的出現，使石窟由一般的洞窟而逐漸成爲有一定規模的佛教建築，窟
內雕塑佛像、繪製壁畫以表現佛教的教義，石窟的型制由單一的僧房發展爲
多種多樣的廟堂，其功能遠遠超出了修行之外而成爲寺院式的佛教各種活動
的場所；窟址也由人迹罕至的窮山僻壤移到距離繁華的鬧市和交通要道最近

〔註107〕陸增祥：《八瓊室金石補正》，北京：文物出版社，1985 年版，卷十九，第 110
頁。

〔註108〕陸增祥：《八瓊室金石補正》，北京：文物出版社，1985 年版，卷二十，第 119
頁。

〔註109〕陸增祥：《八瓊室金石補正》，北京：文物出版社，1985 年版，卷二十三，第
147 頁。

〔註110〕侯旭東：《造像記與北朝社會史研究的回顧與展望》，《中國史研究動態》1999
年第 1 期。

的地方。」〔註 111〕

南北朝時佛教盛行，石窟藝術亦有大發展。除了在都城內大規模地塑造金、石、土等質料的佛像外，還依山背壁，開鑿石窟。北朝各代位於中國北方，所處地理位置峭壁千仞，巨石嶙峋，有良好的開窟造像條件。為了擴大佛教的影響，統治者除了興建佛寺、鑄造佛像外，還役使數以萬計的工匠劈山削崖，開鑿石窟。北朝石窟寺的造像，堪稱是空前偉大的製作，中國著名的石窟建築皆產生發軔於此時。

北朝時期開鑿的石窟有云岡（山西大同）石窟、龍門（洛陽）石窟、敦煌莫高窟、天龍山石窟、天水麥積山石窟等。

雲岡石窟位於山西省大同市西十六公里武州峽谷的北岸、雲岡堡之北山，東西綿延約一公里。雲岡石窟之開鑿，據《魏書·釋老志》載：「曇曜白帝，於京城西武州塞，鑿山石壁，開窟五所，鐫建佛像各一。高者七十尺，次六十尺，雕飾奇偉，冠於一世。」沙門統曇曜奏請文成帝，於京師平城西鑿山開窟，鑄建佛像，是為大同雲岡石窟開鑿之始。〔註 112〕孝文帝遷都洛陽（493）以後，又繼續開鑿了許多中小型窟。〔註 113〕

龍門石窟位於今河南洛陽市南郊龍門山麓，前濱伊水，其地距東漢迄北朝洛陽故城 20 公里。開鑿於北魏世宗宣武帝元恪時期：

> 景明初，世宗詔大長秋卿白整準代京靈巖寺石窟，於洛南伊闕山，為高祖、文昭皇太后營石窟二所。初建之始，窟頂去地三百一十尺。至正始二年中，始出斬山二十三丈。至大長秋卿王質，謂斬山太高，費功難就，奏求下移就平，去地一百尺，南北一百四十尺。永平中，中尹劉騰奏為世宗復造石窟一，凡為三所，從景明元年至正光四年六月已前，用功八十萬二千三百六十六。〔註 114〕

宣武帝於景明初年在洛陽城南龍門山的斷岩開鑿石窟。諸窟開鑿先後歷時 23 年，人工 802366 個。其規模的宏偉，技巧的精工，可與雲岡石窟並稱。雲岡

〔註 111〕馬德：《敦煌莫高窟史研究》，蘭州：甘肅教育出版社 1996 年 12 月第 1 版，1997 年 8 月第 2 次印刷，第 25～26 頁。

〔註 112〕據閻文儒考證，大同雲岡石窟開鑿時間始於北魏文成帝興安二年（453 年），見閻文儒：《中國石窟藝術總論》，天津：天津古籍出版社，1987 年版，第 29～31 頁。

〔註 113〕雲岡石窟於盛唐後期和金皇統間（1143～1147）續有雕造，終成中國三大石窟之一。

〔註 114〕《魏書》卷一一四《釋老志》。

與龍門兩處石窟，皆傾國家之力，慘淡經營而爲，爲北朝造像規模最大者。尤其龍門石窟，可謂聞名中外。龍門石窟是山西雲岡石窟的繼續，北魏以後，東魏、西魏、北齊、北周均續有雕造。〔註115〕

　　敦煌莫高窟，又稱「千佛洞」。位於中國西北，北緯40°、東經94°處，甘肅省的最西端與新疆維吾爾自治區交界。因此區域有著名的三危山，所以歷史上曾稱這一地區爲「三危」。這裡是著名的河西走廊的西端，歷來是連接東西的要道。關於莫高窟的雕鑿歷史，史籍記載甚少，然從窟內碑刻題記中可尋繹出其歷史沿革。莫高窟營造開始時間較早，公元 4 世紀十六國時期即已開始，北魏、西魏、北周皆有雕造。參與莫高窟營造的有敦煌各個時期的統治集團、官宦、高僧、大族、僧侶集團、庶民百姓、過往行客等各個階層的各類人物。這裡的塑像是泥塑，不同於雲岡和龍門的石像。這主要是因爲三危山石質較粗，不能鑿成佛像，所以才用泥塑。工匠們在艱苦的工作條件下，憑著簡單的工具，用自己熟練的技巧和豐富的想像力，創作出不同風格的彩塑。「莫高窟是我國、也是世界上現存規模最大、內容最豐富、延續時間最長的佛教藝術和歷史文化寶庫。」〔註116〕

　　天龍山石窟位於今山西省太原市西南約 40 公里的天龍山，與雲岡、龍門齊名，亦爲北朝時所造。其創鑿年代史籍缺載，考古學者根據洞窟形制、題材內容和造像特點等方面考古類型學的排比，推測石窟始鑿於北魏末至東魏時期，歷經北齊、隋和唐諸朝。〔註117〕其中北齊所鑿，史籍有載：

> 鑿晉陽西山爲大佛像，一夜然油萬盆，光照宮內。又爲胡昭儀
> 起大慈寺，未成，改爲穆皇后大寶林寺，窮極工巧，運石填泉，勞
> 費億計，人牛死者不可勝紀。〔註118〕

〔註115〕隋、唐、五代和北宋諸朝，龍門石窟仍繼續雕造，前後相繼大規模營造達五百多年之久，其中以北魏和唐代爲最高潮。龍門石窟現存窟 1352 個，其中北朝洞窟 23 座。參見，龍門石窟研究所：《龍門石窟研究論文選》，上海：上海人民美術出版社 1993 年 8 月第 1 版，第 5 頁；宿白：《中國石窟寺研究》，北京：文物出版社 1996 年 8 月第 1 版，第 153 頁。

〔註116〕馬德：《敦煌莫高窟史研究》，蘭州：甘肅教育出版社 1996 年 12 月第 1 版，1997 年 8 月第 2 次印刷，第 26 頁。另注：敦煌莫高窟開始於公元 4 世紀十六國時期，歷經北魏、西魏、北周、隋、唐、五代、宋、西夏以及元等十多個朝代一千餘年的創建和發展的營造歷史。莫高窟現存洞窟 600 左右，屬於北朝時期的有近 55 座。

〔註117〕李裕群：《天龍山石窟調查報告》，《文物》1991 年第 1 期。

〔註118〕《北齊書》卷八《後主帝紀》。

北齊後主高緯是歷史上有名之荒淫天子，其在位期間奢侈享樂無度，在全社會佛風彌漫的環境下，不惜人力物力，開鑿石窟，亦是當然之舉。〔註119〕

天水麥積山石窟，位於甘肅天水城東南約四十五公里秦嶺山脈西端。開鑿於十六國後秦時期，經北魏、西魏、北周，其中北魏洞窟八十九個，北周洞窟四十二個，西魏三十多個。其中屬於北魏時代的洞窟「幾乎占全部窟龕的二分之一。無論就其窟龕數目的眾多，造像形式的多樣和造型技巧的精美，都冠於其它各代之上。不僅在麥積山石窟的各代造像中，佔有十分突出的地位，就是在全國各主要石窟的北魏造像中，也別樹一幟而耀眼奪目。」〔註120〕

四、神異傳說流行

伴隨著佛教在全社會的推廣普及，還產生了大量的神異傳說，這些傳說以各種形式在當時社會廣為流傳。

任何宗教在傳播過程中，除具備系統的教理教義外，神通靈迹也是一個重要的部分。這些神異傳說一方面是為吸引徒眾，一方面是以堅徒眾向教之心。因為對一般平民而言，他們所能接受的宗教，倒並不是經過歸納分析所推衍而來的宗教教義與哲理，反而是那些報應輪迴、神怪幻化之事更容易接受和更具有說服力。佛教在傳入中土過程中，自然也伴隨和產生了大量的這樣的神異傳說。這些傳說在史書和其他典籍中多有收載。

（一）史書所錄

我國史書中對各類怪異之事歷來多有記載，正史裏的《靈徵志》、《五行志》就是專記各種神說異迹的，其中多有與佛教有關之事。早期的這類佛教神異傳說中當屬佛圖澄的事蹟。《晉書》卷九十五《藝術·佛圖澄傳》云：

> 佛圖澄，天竺人也。本姓帛氏。少學道，妙通玄術。永嘉四年，

〔註119〕天龍山石窟現存 25 窟，屬北朝時期的有 5 座。歷來對天龍山石窟評價較高，被推為「中國古代石窟藝術中的一顆璀璨明珠，在世界石窟藝術史上佔有重要的地位。在全國眾多的以佛教內容為題材的石雕造像中，天龍山石窟以技巧嫻熟、表現細膩和具有濃厚的生活氣息著稱於世，反映了我國北朝至隋唐各個時期石窟藝術的不同風格和卓越成就，展示了我國石刻造像演進的過程，被譽為‘東方雕塑藝術寶庫’。見武新華：《天龍山石窟研究概述》，《文物世界》2004 年第 6 期，第 16 頁。

〔註120〕閻文儒：《麥積山石窟》，蘭州：甘肅人民出版社 1984 年 10 月第 1 版，第 60 頁。另注：北朝以後，麥積山石窟又經歷隋、唐、五代、宋、元、明、清各代開鑿或修繕，現存窟龕一九四個。

來適洛陽，自云百有餘歲，常服氣自養，能積日不食。善誦神咒，
能役使鬼神。腹旁有一孔，常以絮塞之，每夜讀書，則拔絮，孔中
出光，照於一室。又嘗齋時，平旦至流水側，從腹旁孔中引出五藏
六腑洗之，訖，還內腹中。又能聽鈴音以言吉凶，莫不懸驗。

關於佛圖澄的這些神通道術古文獻中記載還有很多，任繼愈主編的《中國佛
教史》從唯物主義的觀點出發，將佛圖澄的這些神通論之爲「佛圖澄所耍弄
的是一種魔術」〔註121〕，「佛圖澄爲了取信於後趙的統治者，不得不經常玩
弄一些魔術，故弄玄虛或宣揚、編造一些佛教神通的故事。經過其弟子或信
徒的誇張宣傳，他在人們的心目中便成爲一個『神僧』，而關於他的神秘傳
聞也就越來越多了。在當時科學文化十分落後，人們在自然界和社會的盲目
勢力面前還感到無能爲力的時候，佛圖澄的傳教方法確曾收到很大的效果。」
〔註122〕對佛圖澄神奇的預知本領則歸之爲「佛圖澄年逾百歲，知識淵博，
老於世故，他對當時南北分立，群雄割據的政治形勢以及後趙內部的情況十
分清楚，又擁有眾多的弟子和信徒，可以從不同渠道及時瞭解各種消息。因
此，他可以對某些重大問題作出正確判斷和預言。」〔註123〕此論未免有主
觀臆測之嫌。石勒、石虎等爲亂世豪雄，兇殘成性，視人命如草芥，用魔術
一類障眼法是很難矇騙過去的。而且我國自古史官就有「秉筆直書」、「直錄
無隱」等優良傳統，對捕風捉影、故弄玄虛、牽強附會、道聽途說等事情不
見得會輕易採入史籍的。對古籍中的類似載錄既不可輕易否之，當然亦不可
一概信之。惟令人不解的是，宗教本爲出世之學，佛圖澄如此高僧大德應隱
居深山，結廬自修，或混迹民間，以弘佛法。依附於石勒、石虎等兇殘暴虐
虎狼之徒，似有違佛理。或果如前人所說：「憫念蒼生，欲以道化勒」〔註124〕，
以減其殺伐亦未可知。

　　北朝時期，朝廷上下都籠罩在對佛法的虔信氛圍中，佛教的靈異傳說自
然也應時應運而生。史書中常有載錄，如《魏書・釋老志》所載兩條：

〔註121〕任繼愈：《中國佛教史》，北京：中國社會科學出版社，1985 年 11 月第 1 版，
　　　　第二卷，第 136 頁。
〔註122〕任繼愈：《中國佛教史》，北京：中國社會科學出版社，1985 年 11 月第 1 版，
　　　　第二卷，第 137 頁。
〔註123〕任繼愈：《中國佛教史》，北京：中國社會科學出版社，1985 年 11 月第 1 版，
　　　　第二卷，第 142 頁。
〔註124〕《高僧傳》卷九《神異上・竺佛圖澄一》，《大正新修大藏經》50 冊《史傳部
　　　　二》。

世祖初平赫連昌，得沙門惠始，姓張。家本清河，聞羅什出新
經，遂詣長安見之，觀習經典。坐禪於白渠北，晝則入城聽講，夕
則還處靜坐，三輔有識多宗之。劉裕滅姚泓，留子義眞鎮長安，義
眞及僚佐皆敬重焉。義眞之去長安也，赫連屈丐追敗之，道俗少長
咸見坑戮。惠始身被白刃，而體不傷。眾大怪異，言於屈丐。屈丐
大怒，召惠始於前，以所持寶劍擊之，又不能害，乃懼而謝罪。統
萬平，惠始到京都，多所訓導，時人莫測其迹。世祖甚重之，每加
禮敬。始自習禪，至於沒世，稱五十餘年，未嘗寢臥。或時跣行，
雖履泥塵，初不污足，色愈鮮白，世號之曰白腳師。太延中，臨終
於八角寺，齊潔端坐，僧徒滿側，凝泊而絕。停屍十餘日，坐既不
改，容色如一，舉世神異之。遂瘞寺內。至眞君六年，制城內不得
留瘞，乃葬於南郊之外。始死十年矣，開殯儼然，初不傾壞。送葬
者六千餘人，莫不感慟。中書監高允爲其傳，頌其德迹。惠始冢上，
立石精舍，圖其形象。經毀法時，猶自全立。

九年秋，有司奏，上谷郡比丘尼惠香，在北山松樹下死，屍形
不壞。爾來三年，士女觀者有千百。於時人皆異之。

前位惠始僧人，同佛圖澄一樣，顯亦具有神通道術，其特立獨行之舉，舉世
所異，皇帝亦對之禮敬有加。第二例比丘尼惠香，以圓寂後三年肉身不壞而
吸引了大批時人前往觀瞻，歎爲靈異。

此外，《魏書》還專列《靈徵志》，載錄奇怪幻惑之事，當是受當時社會
環境影響，與佛教之發展不無關係，爲歷來史書中所少見。但其中所記僅是
條列舉出，數語帶過，讀者無法知其詳細。

楊衒之生當北魏時期，且身經數朝，對當時全社會崇佛風氣親歷身受，
對這些奇情怪事當聞知不少。所以在寫《洛陽伽藍記》時，對當代的神像顯
靈、奇人佚事、鬼魅狐怪等事蹟也載錄了許多，且詳述其因果本末，有如撰
述一篇篇的小說。如卷一《城內·永寧寺》條記載：

初，掘基至黃泉下，得金像三十軀，太后以爲信法之徵，是以
營建過度也。

掘地得金像，自證佛法不虛，且爲吉祥之徵兆，以此胡太后大興土木，營建
永寧寺塔達千尺之高。另卷一《城內·昭儀尼寺》條云：

池西南有願會寺，中書侍郎王翊捨宅所立也。佛堂前生桑樹一

株，直上五尺，枝條橫繞，柯葉旁布，形如羽蓋。復高五尺，又然。
凡爲五重，每重葉橢各異。京師道俗謂之神桑。觀者成市，布施者
甚眾。帝聞而惡之，以爲惑眾。命給事黃門侍郎元紀伐殺之。其日
雲霧晦暝，下斧之處，血流至地，見者莫不悲泣。

　　寺南有宜壽里，内有苞信縣令段暉宅。地下常聞有鐘聲，時見
五色光明照於堂宇。暉甚異之，遂掘光所，得金像一軀，可高三尺，
並有二菩薩。趺座上銘云：「晉泰始二年五月十五日侍中中書監荀勖
造」。暉遂捨宅爲光明寺。時人咸云此是荀勖故宅。其後盜者欲竊此
像，像與菩薩合聲喝賊，盜者驚怖，應即殞倒。眾僧聞像叫聲，遂
來捉得賊。

佛寺前生有神桑，爲出帝所惡，下旨殺伐，以致天象感應，神樹流血，確令
人駭異。掘地得佛像與前舉《永寧寺》例有所不同，前像不知何人所造，可
能是神佛所賜。此像則確知爲荀勖所造，上有神靈附之，時顯神通。在民間
的印象和傳說裏，神像既爲人類對神表示皈依和虔敬的禮獻，神則不孚民望
享用之，因此民間常傳播著神像顯靈之事。如《魏書‧靈徵志》云：「太和十
九年六月，徐州表言丈八銅像汗流於地」。《洛陽伽藍記》中尤多佛像流汗而
國生驟變的記載，如卷二《城東‧平等寺》條云：

　　寺門外有金像一軀，高二丈八尺，相好端嚴，常有神驗，國之
吉凶，先炳祥異。孝昌三年十二月中，此像面有悲容，兩目垂淚，
遍體皆濕，時人號曰佛汗。京師士女空市里往而觀之。有比丘以淨
綿拭其淚，須臾之間，綿濕都盡，更換以它綿，俄然復濕，如此三
日乃止。明年四月，尒朱榮入洛陽，誅戮百官，死亡塗地。

　　永安二年三月，此像復汗，京邑士庶復往觀之。五月，北海王
入洛，莊帝北巡。七月，北海大敗，所將江淮子弟五千盡被俘虜，
無一得還。

　　永安三年七月，此像悲泣如初。每經神驗，朝野惶懼，禁人不
聽觀之。至十二月，尒朱兆入洛陽，擒莊帝，帝崩於晉陽。

佛像生汗流淚，國有凶變，且屢有神驗，故每當佛像呈變，朝野惶懼。

　　《洛陽伽藍記》中所記先知先覺、死人復活、奇能異術等事還有很多，
楊衒之所記，只是隨手拾取，至於北魏時類似傳說，應絕不止此。至於散見
於當時各類文獻中的怪異傳說就更多不勝數了。

（二）佛教志怪

記載這些佛教神異傳說的另一形式爲佛教志怪。南北朝時期，伴隨道教與佛教的發展，還產生了大量專門記載各類靈異之事的志怪書籍，在當時社會廣爲流傳。所謂「魏晉好長生，故多靈變之說；齊梁弘釋典，故多因果之談。」〔註125〕這些書籍或記怪異，或傳道，或宣佛，統稱爲志怪小說。其中宣傳佛教思想的被稱作「傳聞」、「宣佛小說」、「釋氏輔教之書」等。如魯迅在《中國小說史略》中云：

> 釋氏輔教之書，《隋志》著錄九家，在子部及史部，今惟顏之推《冤魂志》存，引經史以證報應，已開混合儒釋之端矣，而餘則俱佚。遺文之可考見者，有宋劉義慶《宣驗記》，齊王琰《冥祥記》，隋顏之推《集靈記》，侯白《旌異記》四種，大抵記經像之顯效，明應驗之實有，以震聳世俗，使生敬信之心，顧後世則或視爲小說。〔註126〕

魯迅以後，論者遂多以「釋氏輔教之書」稱之。然筆者卻以爲，如此稱之似有不妥。既稱「釋氏輔教」，顧名思義，其作者理所當然應爲釋門中人，然考其作者，則卻不然：

> 中古「鬼神志怪之書」中，後來居上的主要是一大批「釋氏輔教之書」，即宣佛類志怪小說。嚴懋垣《魏晉南北朝志怪小說書錄附考證》計有：《甄異傳》、《感應傳》、《冥祥記》、《靈鬼志》、《拾遺記》、《搜神後記》、《陰德傳》、《宣驗記》、《幽明錄》、《異苑》、《金樓子》、《續齊諧記》、《還冤記》、《旌異記》等。王國良說：「今總計魏晉南北朝撰佛教應驗錄者，約有十餘人，朱君臺、王延秀、王琰、王曼穎、劉泳等，事迹稍晦；謝敷、傅亮、張演、范晏、陸杲、顏之推，並爲世族出身；若劉義慶、蕭子良，則貴爲帝王子孫也。」〔註127〕

以上對魏晉南北朝時段所產生之「釋氏輔教之書」及作者作了扼要介紹，從

〔註125〕〔明〕胡應麟：《少室山房筆叢》，北京：中華書局，1958年版，《九流緒論下》，第375頁。

〔註126〕魯迅：《中國小說史略》，北京：東方出版社，1996年3月第1版，2003年8月第2次印刷，第33頁。

〔註127〕張二平：《論釋氏講唱與中古小說的關係——以釋氏輔教之書的興起爲中心》，《重慶社會科學》2007年第12期。

中可看出，這些「輔教之書」的作者，有的事蹟不明，有的爲世家大族，有的爲帝室貴冑。從整體上看，作者大部分是封建士大夫，甚至有的貴爲君主與藩王。或有人以這些作者多有佛教信仰，故所作之書應稱「輔教之書」，〔註 128〕這種說法也是不準確的。雖可能有佛教信仰或傾向，但最多只能算在家居士，與佛門中人還是有本質區別的。對這類小說名之以「佛教志怪」還是較爲合適的。

　　關於「佛教志怪」作者的寫作動機，歷來存在寫實說與創作說兩種說法。一部分學者認爲作者是以記述事實的動機來編撰的，「志怪中的許多故事，並非完全按照作者主觀的意圖編造的，大部分乃是搜輯而來，或錄自古書，或來自民間。而民間傳說往往集中反映人民大眾的思想感情，志怪小說作者對這類口頭創作不過是進行了一番記錄、整理、加工。」〔註 129〕另一部分學者則強調是文學創作的產物，「魏晉南北朝時期宣佛小說的內容，多是根據佛教的佛法無邊、因果報應、精神不滅、生死輪迴等教義，虛構、編造出來的。」〔註 130〕但不管其是搜輯抑或編造，其爲佛教宣傳造勢這一目的是無疑的。

　　南北朝時期的佛教志怪據李劍國考證，屬於北朝者只有八種左右。〔註 131〕

〔註 128〕劉惠卿：《釋氏輔教之書：六朝志怪小說的敘事新風》，《西南民族大學學報》（人文社科版）2005 年第 10 期。

〔註 129〕談榮開：《宗教與魏晉南北朝志怪小說》，《咸寧師專學報》1991 年第 2 期。持此觀點的還有：魯迅《中國小說的歷史的變遷》，《魯迅全集》第八卷，第 323 頁。袁珂《中國神話史》，第 170 頁，1988 年；李昌集《中國早期小說觀的歷史衍變》，《文學遺產》1988 年第 3 期；孫昌武《關於王琰「冥祥記」的補充意見》，《文學遺產》1992 年第 5 期；石昌渝《中國小說源流論》，第 121 頁，1994 年 2 月三聯書店出版。

〔註 130〕鄭欣：《魏晉南北朝時期的宣佛小說》，《文史哲》1992 年第 2 期。持類似觀點的還有：（注釋：王啓忠《試論六朝小說創作的自覺意識》，《社會科學輯刊》1988 年第 3 期，第 117 頁；張先堂《佛教義理與小說藝術聯姻的產兒——論敦煌寫本佛教靈驗記》，《甘肅社會科學》1990 年第 5 期，第 84 頁。

〔註 131〕李劍國：《論南北朝的「釋氏輔教之書」》，《天津師範大學學報》（社會科學版）1985 年第 3 期。注：李文考證爲：劉宋有五種，傅亮《應驗記》、劉義慶《宣驗記》、王延秀《感應傳》、朱君臺《徵應傳》、張演《觀世音應驗記》；蕭齊一種，爲蕭子良《冥驗記》；蕭梁四種，王琰《冥祥記》、王曼穎《補續冥祥記》、陸杲《係應驗記》、無名氏《祥異記》；北魏一種，爲曇永《搜神論》；隋計七種，侯白《旌異記》、顏之推《冤魂志》、王邵《舍利感應記》、彥琮《鬼神錄》、淨辯《感應傳》、無名氏《觀世音感應傳》和《益部集異記》。（此外，晉陶淵明《搜神後記》，南朝宋劉義慶《幽明錄》、《靈鬼志》亦應計之在內。）

雖遠不如南朝數量多，但南北朝時期爲我國民族與文化的重要的融合與交流時期，南朝著述，在北方必有流傳，且南朝所敘志怪中，亦有北朝之事。如《旌異記》〔註132〕載：

> 魏高祖太和初年，北代京閣官，自慨形殘，不逮餘人，旋奏乞入山修道，出敕許之。乃齎一部華嚴，晝夜讀誦，禮悔匪懈。夏首歸山，至六月末。髭鬚盡生；陰相復現，丈夫相狀，宛然復舊。具狀奏聞，高祖增信，內宮驚訝。於是北代之國，華嚴轉盛。〔註133〕

> 元魏天平中，定州募士孫敬德防於北陲造觀音金像，年滿將還，常加禮事。後爲劫賊橫引，禁於京獄，不勝拷掠，遂妄承罪。並斷死刑。明旦行決，其夜，禮拜懺悔，淚下如雨。啓曰：「今身被枉，當是過去枉他，願償債畢，誓不重作。」又發大願云云。言已，少時，依稀如夢：見一沙門，教誦觀世音救生經。經有佛名，令誦千遍，得度苦難。敬德欻覺，起坐緣之，了無參錯，比至平明，已滿一百遍。右司執縛向市，且行且誦，臨欲加刑，誦滿千遍。執刀下斫，折爲三段，不損皮肉，易刀又折。凡經三換，刀折如初。監當官人，莫不驚異，具狀聞奏。承相高歡表請其事，遂得免死。敕寫此經傳之，今所謂高王觀世音是也。敬德放還，設齋報願，出在防像，乃見項上有三刀痕，鄉郭同睹，歎其通感。〔註134〕

上引兩條，一條云宦官因信佛誦《華嚴經》，從而恢復男人之身；一條敘臨難抱佛腳，誦《觀世音救生經》，得脫殺身之禍。這些志怪小說，無論是記當地當朝之事，還是記異地異朝異代之事，無疑對廣大佛教受眾產生很大影

筆者注：對佛教志怪的歸類有不妥之處，如顏之推《冤魂志》爲純記志怪，與佛教並無關係。李劍國也云：「觀其文，不類弘佛之作。」且李劍國所考，或有遺漏。有學者認爲，南朝宋劉義慶之《幽明錄》亦屬佛教志怪。「《搜神後記》《幽明錄》《靈鬼志》等混有較多一般迷信傳說和道教、巫術傳說的佛教志怪。這類志怪內容複雜，其宗教背景不易確定。但我們仍然認爲應該把它們歸入佛教志怪，因爲這些書中都有一些表現佛法勝於道巫，宣揚信佛者福，不信者禍的內容。」（吳維中：《志怪與魏晉南北朝宗教》，《蘭州大學學報》（社會科學版）1990 年第 2 期）。

〔註132〕《旌異記》已佚，《古小說鉤沈》輯十條，其中有七條爲記北朝事。

〔註133〕魯迅：《古小說鉤沈》，北京：人民文學出版社，1951 年 10 月版，下冊，第 540 頁。

〔註134〕魯迅：《古小說鉤沈》，北京：人民文學出版社，1951 年 10 月版，下冊，第 541～542 頁。

響，爲佛教的推廣起了重要作用。

（三）輔教專書

佛教志怪的另一記載形式爲佛家輔教專書。輔教之書乃僧人爲闡教護教而作，其中自然多有佛家神通靈迹。與前所述相類，這些輔教專書雖乏北朝之作〔註135〕，但其書當流傳至北朝，且所記事蹟或有涉北朝，可推知當先產生流傳於民間，後被當時乃至後代僧人收入論著。這些書籍對北朝廣大奉佛之徒亦自當產生相當影響，如《高僧傳》卷九《神異上·竺佛調三》載：

> 竺佛調者，未詳氏族，或云天竺人。事佛圖澄爲師，住常山寺積年。業尚純樸，不表飾言，時咸以此高之。常山有奉法者，兄弟二人，居去寺百里。兄婦疾篤，載至寺側，以近醫藥。兄既奉調爲師，朝畫常在寺中咨詢行道。異日調忽往其家，弟具問嫂所苦，並審兄安否。調曰：「病者粗可，卿兄如常」。調去後，弟亦策馬繼往。言及調旦來，兄驚曰：「和上旦初不出寺，汝何容見？」兄弟爭以問調，調笑而不答，咸共異焉。調或獨入山一年半歲，齋乾飯數升，還恒有餘。有人嘗隨調山行數十里，天暮大雪，調入石穴虎窟中宿，虎還共臥窟前，調調虎曰：「我奪汝處，有愧如何？」虎迺弭耳下山，從者駭懼。調後自剋亡日，遠近皆至，悉與語曰：「天地長久，尚有崩壞，豈況人物，而求永存。若能蕩除三垢，專心眞淨，形數雖乖，而必同契」。眾咸流涕固請，調曰：「死生命也，其可請乎？」調迺還房端坐，以衣蒙頭，奄然而卒。後數年，調白衣弟子八人入西山伐木，忽見調在高巖上，衣服鮮明，姿儀暢悅，皆驚喜作禮：「和上尚在耶？」調曰：「吾常在耳」。具問知舊可否，良久乃去。八人便捨事還家，向諸同法者說，眾無以驗之，共發冢開棺，不復見屍，唯衣履在焉。

此竺佛調爲北朝僧人，名僧佛圖澄弟子。其分身有術、生存有道、預知生死、死後尸解等事蹟，確是令人歎異。

此外，北齊著名僧人僧稠亦有事蹟流傳，據《續高僧傳》卷一六《習禪初·齊鄴西龍山雲門寺釋僧稠傳》載：

〔註135〕南北朝時期的輔教之書計有梁代釋寶唱《名僧傳》、《比丘尼傳》，南朝梁代僧祐（445～518）所撰《出三藏記集》、《弘明集》，梁釋慧皎《高僧傳》，這些正可謂之「釋家輔教專書」。

時或讒稠於宣帝以倨傲無敬者，帝大怒自來加害，稠冥知之。生來不至僧廚，忽無何而到云：「明有大客至，多作供設」。至夜五更先備牛輿，獨往谷口。去寺二十餘里，孤立道側。須臾帝至，怪問其故，稠曰：「恐身血不淨穢污伽藍在此候耳」。帝下馬拜伏，愧悔無已。謂尚書令楊遵彥曰：「如此真人何可譏謗也」。乃躬負稠身往寺，稠磬折不受。帝曰：「弟子負師，遍天下未足謝怒（云云）」。因謂曰：「弟子前身曾作何等？」答曰：「作羅剎王，是以今猶好殺。」即咒盆水令帝自視，見其影如羅剎像焉。每年元日常問一歲吉凶，後至天保十年云：「今年不能好。」文宣不悅。帝問師復何如，答云：「貧道亦不久。」至十月帝崩，明年夏首稠喪，驗之果矣。嘗以暇日帝謂曰：「弟子未見佛之靈異，頗得睹不。」稠曰：「此非沙門所宜。」帝強之。乃投袈裟於地，帝使數十人舉之不能動。稠命沙彌取之，初無重焉。因爾篤信兼常，寺宇僧供勞賜優渥。〔註136〕

如何正確看待和認識這些現代科學所難以解釋的怪異傳說事蹟，過去從唯物論的角度以其難證而一概斥之爲愚妄迷信、異端邪說，筆者卻以爲這樣做未免失之簡單武斷。科學既不能證明其存在，也不能證明其不存在。正確的客觀的做法應是姑且存之，既不能輕易信之，亦不能輕易否之。這就涉及到對宗教的評價問題，恩格斯在論及基督教時曾指出：「對於一種征服羅馬世界帝國、統治文明人類的絕大多數達一千八百年之久的宗教，簡單地說它是騙子手湊集而成的無稽之談，是不能解決問題的。」〔註137〕宗教爲人類勾畫的世界純屬虛幻，古往今來眾多創道者布道者都是在對人類進行欺騙？這一結論也是人類所不願不能接受和承認的。

從文學的角度看這些神異傳說故事，這些志怪小說的出現，對中國文學的發展是起了積極的影響的。中國在上古時代神話思維相當發達，但由於中國史家對神話的改造，神話的歷史化，使神話的流傳在戰國以後至兩漢這一時期出現了斷裂，直至魏晉南北朝時期，由於佛經中各種神怪故事的刺激，中國神話小說化的歷史斷裂「才宣告結束，其重要標誌乃是具有獨立審美格

〔註136〕僧稠之事迹未見於當時著作，唐釋道宣《續高僧傳》與唐釋道世《法苑珠林》及唐張鷟《朝野僉載》中都有收錄，或是當時流傳，後人整理入傳。
〔註137〕恩格斯：《布魯諾·威鮑爾和早期基督教》//中共中央馬克思恩格斯列寧斯大林著作編譯局：《馬克思恩格斯全集》，北京：人民出版社，1979年7月第1版，第19卷，第328頁。

局、有其特定故事結構和文體形式的志怪故事的旁逸而出」。〔註138〕

五、「反佛」、「滅佛」，難阻其勢

北朝時期佛風彌漫，法雨普及，崇佛熱烈，但佛教的發展自然也不是一帆風順暢行無阻的，也受過阻遏打擊。反佛之論時有所出，更有甚者，「二武滅佛」，給佛教帶來實質性的打擊。但這些都難阻佛教蓬勃發展的總趨勢。

（一）反佛之論

佛教發展帶給現世社會的直接影響是人口與資源的流失耗費。大批人口遁入佛門，減少了國家的財政收入；佛教建築的大量修建和奢華裝飾，需要耗費大量的社會資源。佛教的高度發展擴張勢必要與封建國家的利益發生牴觸和影響，並帶來一些社會矛盾和社會問題。而且，儒家思想向為中國傳統文化的主流思想，佛教這一外來思想的進入與發展不可避免地要與儒家思想產生牴牾與衝突。儒家知識分子向以積極入世、匡時濟世為己任，佛教的繁盛給國家和社會帶來弊端時，他們便會挺身而出，力斥佛教之非。《魏書》卷六九《裴延儁傳》載：

> 時世宗專心釋典，不事墳籍。延儁上疏諫曰：「臣聞有堯文思，欽明稽古；媯舜體道，慎典作聖；漢光神叡，軍中讀書；魏武英規，馬上玩籍。先帝天縱多能，克文克武，營遷謀伐，手不釋卷。良以經史義深，補益處廣，雖則劬勞，不可暫輟。斯乃前王之美實，後王之水鏡，善足以遵，惡足以誡也。陛下道悟自深，淵鑒獨得，升法座於宸闈，釋覺善於日宇，凡在聽矚，塵蔽俱開。然《五經》治世之模，六籍軌俗之本，蓋以訓物有漸，應時匪妙，必須先粗後精，乘近即遠。伏願經書玄覽，孔釋兼存，則內外俱周，眞俗斯暢。」

統治者棄儒尊佛，世宗宣武帝元恪專心釋典，放棄了對儒家經典的研習，裴延儁直接上疏，以儒學的原始教義來批評佛教，強調儒家經典才是治國的根本，企以拯救社會。

靈太后時，北魏佛教達一時之盛，多有大臣上書諫言。《魏書》卷五三《李孝伯傳附李瑒傳》載：

〔註138〕劉明琪：《中國小說的歷史空白》，《陝西師範大學學報》（哲學社會科學版）1998 年 3 月第 27 卷第 1 期。

－77－

　　于時民多絕戶而爲沙門，瑒上言：「禮以教世，法導將來，跡用既殊，區流亦別。故三千之罪，莫大不孝，不孝之大，無過於絕祀。然則絕祀之罪，重莫甚焉。安得輕縱背禮之情，而肆其向法之意也？正使佛道，亦不應然，假令聽然，猶須裁之以禮。一身親老，棄家絕養，既非人理，尤乖禮情，堙滅大倫，且闕王貫。交缺當世之禮，而求將來之益，孔子云『未知生，焉知死』，斯言之至，亦爲備矣。安有棄堂堂之政，而從鬼教乎！又今南服未靜，衆役仍煩，百姓之情，方多避役。若復聽之，恐捐棄孝慈，比屋而是。」沙門都統僧暹等忿瑒鬼教之言，以瑒爲謗毀佛法，泣訴靈太后，太后責之。瑒自理曰：「竊欲清明佛法，使道俗兼通，非敢排棄眞學，妄爲訾毀。且鬼神之名，皆通靈達稱，自百代正典，敘三皇五帝，皆號爲鬼。天地曰神祇，人死曰鬼。《易》曰『知鬼神之情狀』，周公自美，亦云『能事鬼神』，《禮》曰『明則有禮樂，幽則有鬼神』。是以明者爲堂堂，幽者爲鬼教。佛非天非地，本出於人，應世導俗，其道幽隱，名之爲鬼，愚謂非謗。且心無不善，以佛道爲教者，正可未達衆妙之門耳。」靈太后雖知瑒言爲允，然不免暹等之意，猶罰瑒金一兩。

李瑒出身漢族儒學世家，以儒家之義理，駁佛教之悖禮、鬼神之虛妄。

　　佛教的極度發展不僅漢族士人起而非之，宗室諸王亦有上書諫止者。《魏書·釋老志》載，神龜元年（518）冬，司空公、尚書令、任城王澄曾有表奏：

　　　自遷都已來，年踰二紀，寺奪民居，三分且一。高祖立制，非徒欲使緇素殊途，抑亦防微深慮。世宗述之，亦不錮禁營福，當在杜塞未萌。今之僧寺，無處不有。或比滿城邑之中，或連溢屠沽之肆，或三五少僧，共爲一寺。梵唱屠音，連簷接響，像塔纏於腥臊，性靈沒於嗜慾，眞僞混居，往來紛雜。下司因習而莫非，僧曹對制而不問。其於汙染眞行，塵穢練僧，薰蕕同器，不亦甚歟！往在北代，有法秀之謀；近日冀州，遭大乘之變。皆初假神教，以惑衆心，終設姦詭，用逞私悖。太和之制，因法秀而杜遠；景明之禁，慮大乘之將亂。始知祖宗叡聖，防過處深。履霜堅冰，不可不愼。

　　　昔如來闡教，多依山林，今此僧徒，戀著城邑。豈湫隘是經行所宜，浮諠必栖禪之宅，當由利引其心，莫能自止。處者既失其眞，造者或損其福，乃釋氏之糟糠，法中之社鼠，內戒所不容，王典所

應棄矣。非但京邑如此，天下州、鎮僧寺亦然。侵奪細民，廣占田宅，有傷慈矜，用長嗟苦。且人心不同，善惡亦異。或有栖心眞趣，道業清遠者；或外假法服，內懷悖德者。如此之徒，宜辨涇渭。若雷同一貫，何以勸善。然覩法贊善，凡人所知；矯俗避嫌，物情同趣。臣獨何爲，孤議獨發。誠以國典一廢，追理至難，法網暫失，條綱將亂。是以冒陳愚見，兩願其益。

任城王元澄乃朝中重臣，眼見「靈太后銳於繕興，在京師則起永寧、太上公等佛寺，功費不少，外州各造五級佛圖。又數爲一切齋會，施物動至萬計。百姓疲於土木之功，金銀之價爲之踊上，削奪百官事力，費損庫藏，兼曲賚左右，日有數千」〔註139〕，爲國家利益計，故有此表，指陳佛教之弊陋，冀申中國法以規約。

肅宗孝明帝元詡時，大臣張普惠因「肅宗不親視朝，過崇佛法，郊廟之事，多委有司」，亦有上疏：

> 臣聞明德卹祀，成湯光六百之祚；嚴父配天，孔子稱周公其人也。故能馨香上聞，福傳遐世。伏惟陛下重暉纂統，欽明文思，天地屬心，百神佇望，故宜敦崇祀禮，咸秩無文。而告朔朝廟，不親於明堂；嘗禘郊社，多委於有司。觀射遊苑，躍馬騁中，危而非典，豈清蹕之意。殖不思之冥業，損巨費於生民。減祿削力，近供無事之僧；崇飾雲殿，遠邀未然之報。昧爽之臣，稽首於外；玄寂之眾，遨遊於內。怨禮忤時，人靈未穆。愚謂從朝夕之因，求祇劫之果，未若先萬國之忻心，以事其親，使天下和平，災害不生者也。伏願淑愼威儀，萬邦作式，躬致郊廟之虔，親紆朔望之禮，釋奠成均，竭心千畝，明發不寐，潔誠禋祼。孝悌可以通神明，德教可以光四海，則一人有喜，兆民賴之。然後精進三寶，信心如來。道由禮深，故諸漏可盡；法隨禮積，故彼岸可登。量撤僧寺不急之華，還復百官久折之秩。已興之構，務從簡成；將來之造，權令停息。仍舊亦可，何必改作。庶節用愛人，法俗俱賴。臣學不經遠，言多孟浪，忝職其憂，不敢默爾。〔註140〕

仍從佛法虛妄、損耗民力出發進行勸諫。不獨朝中有反佛之音，民間自然亦

〔註139〕《魏書》卷一九《景穆十二王・任城王雲傳附元澄傳》。
〔註140〕《魏書》卷七八《張普惠傳》。

有同此論者。北齊顏之推曾對當時的反佛言論進行歸納總結：

> 俗之謗者，大抵有五：其一，以世界外事及神化無方爲迂誕也，其二，以吉凶禍福或未報應爲欺誑也，其三，以僧尼行業多不精純爲奸慝也，其四，以糜費金寶減耗課役爲損國也，其五，以縱有因緣如報善惡，安能辛苦今日之甲，利益後世之乙乎？我異人也。〔註141〕

然而，北朝時期佛教已呈蔓延燎原之勢，尤其是作爲最高統治者的帝王大多崇佛，更決定和助長了佛教的迅速發展。雖有人非難指斥，其呼聲畢竟微弱，很快即被淹沒。於佛教發展是難以構成任何實質影響的。

（二）「二武滅佛」

對佛教發展構成事實影響的是「二武滅佛」。北朝二武滅佛是佛教史上的著名事件，被稱之爲「法難」。一發生於北魏太武帝拓跋燾時期，一發生於北周武帝宇文邕之時。

佛教的發展首先必須符合國家政治、軍事、經濟的需要，當與政府利益相矛盾、衝突之時，即會受到統治者的壓制與打擊。北朝兩次「滅佛」的原因，即是佛教發展與世俗政權利益相違背的結果。

魏太武帝世祖拓跋燾繼位之初，尚尊禮佛教。「世祖初即位，亦遵太祖、太宗之業，每引高德沙門，與其談論。於四月八日，輿諸佛像，行於廣衢，帝親御門樓，臨觀散花，以致禮敬。」〔註142〕然太武帝畢竟要以「大業」爲主，「富於春秋。既而銳志武功，每以平定禍亂爲先。雖歸宗佛法，敬重沙門，而未存覽經教，深求緣報之意。」〔註143〕太武帝在精神上並沒有眞正接受佛教，而是一切以國家利益爲先的。因此在太延四年（438），就曾「罷沙門年五十已下」〔註144〕，以解決戰爭所需人力問題。太平眞君五年（444）正月，又下詔書曰：「愚民無識，信惑妖邪，私養師巫，挾藏讖記、陰陽、圖緯、方伎之書。又沙門之徒，假西戎虛誕，生致妖孽。非所以壹齊政化，布淳德於天下也。自王公已下至於庶人，有私養沙門、師巫及金銀工巧之人在其家者，皆遣詣官曹，不得容匿。限今年二月十五日，過期不出，師巫、

〔註141〕《顏氏家訓‧歸心》
〔註142〕《魏書》卷一一四《釋老志》。
〔註143〕《魏書》卷一一四《釋老志》。
〔註144〕《魏書》卷四上《世祖太武帝紀》。

沙門身死，主人門誅。明相宣告，咸使聞知。」〔註145〕對佛教進一步加以限制，以加強政治集權。太平眞君七年（446）三月，因懷疑僧侶參與謀反，加之聽信大臣崔浩之言，「詔諸州坑沙門，毀諸佛像」〔註146〕，發出更爲嚴厲的滅佛詔，將滅佛推向高潮。然此次廢佛，由於事先「時恭宗爲太子監國，素敬佛道。頻上表，陳：『刑殺沙門之濫，又非圖像之罪。今罷其道，杜諸寺門，世不修奉，土木丹青，自然毀滅。』如是再三，不許。」〔註147〕太子諫止雖終不獲許，但詔書得以緩宣，遠近皆得消息，「四方沙門，多亡匿獲免，在京邑者，亦蒙全濟。金銀寶像及諸經論，大得秘藏。而土木宮塔，聲教所及，莫不畢毀矣。」〔註148〕

然而，太武帝拓跋燾時期，佛教畢竟已經初具規模。太武帝排斥佛教，焚毀佛經佛像之舉僅使佛教在形式上受到一定打擊。而且六年後，文成帝拓跋濬即位，宣佈復佛，又重興佛教。重新修復寺塔和佛像。佛教旋即在魏境恢復並發展。

北周武帝宇文邕滅佛同樣是出於國家政治、經濟之需要。北周時佛教發展已至鼎盛，寺院經濟發展，僧尼數字激增，這些都直接影響了封建國家的兵源和稅收。周武帝銳意滅佛，幾次召集百官、僧、道討論是否滅佛，然屢無結果。終於於建德三年（574）五月十五日，下詔「初斷佛、道二教，經像悉毀，罷沙門、道士，並令還民。並禁諸淫祀，禮典所不載者，盡除之。」〔註149〕北周境內遂「融佛焚經驅僧破塔聖教靈迹削地靡遺，寶剎伽藍皆爲俗宅，沙門釋種悉作白衣。」〔註150〕

建德六年（577），周武帝滅北齊，續將滅佛政策推於北齊境內。召集僧人，陳敍滅佛理由。其與僧人慧遠的一段對話爲人所稱：

> 遠抗聲曰：「陛下今恃王力自在破滅三寶，是邪見人，阿鼻地獄不簡貴賤，陛下何得不怖？」帝勃然作色大怒，直視於遠曰：「但令百姓得樂，朕亦不辭地獄諸苦。」遠曰：「陛下以邪法化人，現種苦業，當共陛下同趣阿鼻，何處有樂可得？」〔註151〕

〔註145〕《魏書》卷四下《世祖太武帝紀》。
〔註146〕《魏書》卷四下《世祖太武帝紀》。
〔註147〕《魏書》卷一一四《釋老志》。
〔註148〕《魏書》卷一一四《釋老志》。
〔註149〕《周書》卷五《武帝紀上》。
〔註150〕《歷代三寶紀》卷十二《眾經法式》，《大正新修大藏經》49冊《史傳部一》。
〔註151〕《廣弘明集》卷十《周祖平齊召僧敍廢立抗拒事》，《大正新修大藏經》52冊

慧遠為虔誠佛徒，挺身護法，其勇可敬。武帝為俗世帝王，秉持唯物，但令國富民豐，甘受地獄之苦，其語亦令人感佩。

武帝滅佛以後，「關隴佛法誅除略盡。既克齊境還准毀之，爾時魏齊東川佛法崇盛，見成寺廟出四十千，並賜王公充為第宅。五眾釋門減三百萬，皆復軍民還歸編戶。融刮佛像焚燒經教，三寶福財簿錄入官，登即賞賜分散蕩盡。」〔註152〕武帝滅佛時間較長，且涉及範圍廣，對佛教打擊較大。

因此，北朝時期發生的兩次滅佛事件，只有北周武帝滅佛對佛教打擊較大。綜觀北朝佛教發展，由於大多數統治者都重視利用佛教，扶植佛教，佛教在北朝已有廣泛而深厚的社會基礎。而且，信仰的力量是無窮的，一種理念一旦被接受，是有其頑強的生命力與影響力的。北魏太武帝、北周武帝的或以武力、或以行政的手段「滅佛」，也只是暫時的從形式上「消滅」佛教。佛教思想在廣大受眾頭腦中是根深蒂固難能剗除淨盡的，一遇機緣，佛教便會很快復興。

第三節　佛教盛行之影響

佛教傳入中土以後，其教義首先影響了中國人的思想，進而更深深地影響了中國人的生活。北朝時期佛教的發展，更是極大地推動了佛教在中國的廣泛傳播，形成了佛教文化，給中國文化增添了新的內容。佛教對中國社會的影響是多方面的，對中國的哲學、語言、文學、藝術等都產生了影響，學界已多有成論。這裡僅就佛教對當時社會最顯著最直接的影響作一陳述。

一、為底層平民提供了精神依託，帶來了實際的溫情與救助

底層平民是社會的主體，也是佛教受眾的主體。佛教作為一種理論體系、一種精神信仰，首先是對平民的精神產生了深深的影響，並進而給其生活帶來直接的影響。然而以往由於將宗教斥為「精神鴉片」，從而否認或忽視了宗教給平民所帶來的積極影響。

佛教為人類勾畫了一個無與倫比的美好的彼岸世界，並為人們指出了通

　　　　《史傳部四》。

〔註152〕《廣弘明集》卷十《周祖平齊召僧敘廢立抗拒事》，《大正新修大藏經》52 冊《史傳部四》。

往此一世界的途徑與方法。雖然這一世界是不可知的甚或是虛擬的，但無疑會對人類有一定的吸引力，尤其是生活在社會底層的廣大平民。北朝時期，世亂時艱，兵戈塗炭，生活的苦難具有普遍意義，廣大平民自不待言。佛教的出現不啻如黑夜中的燈塔，給人們帶來一線光明、溫暖、希望、慰藉。成為人們的精神支柱，支撐著人們繼續跋涉於人生之路。佛教「眾生平等」的理念，更是對中國傳統禮法等級森嚴社會的一個絕大衝擊，成為下層平民在心理上與上層社會相抗衡的理論根據。尚永琪在《3～6 世紀佛教傳播背景下的北方社會群體研究》一文中有一節題為「婦女參與佛事的苦難背景與歡樂意義」，〔註 153〕正是看到了佛教之於底層平民這一積極影響。

宗教是勸人為善的。佛教所構建的理論體系還作為一種道德範疇規範與影響了底層平民的行為與生活。452 年，文成帝即位，立改太武帝政策，下詔恢復佛教。詔書中強調佛教「助王政之禁律，益仁智之善性，排斥群邪，開演正覺」。〔註 154〕此即說明文成帝亦認識到了佛教所具的道德教化作用，因此而接受扶持佛教，把教化群眾的任務交給佛教僧侶，使佛教成為國家宗教。以往皆認為這是統治階級欺騙愚弄麻痺人民之舉，其意乃在緩和階級矛盾，穩固統治。然佛教的這種導人向善、穩定社會秩序，對平民、對社會都是有益無害的。

佛教既以救世渡世為宗旨，因此廣行善事亦是佛教僧侶生活中一項重要內容。佛教也因此而吸引、「度化」了大批信眾，這也是佛教魅力之所在。此類事例在佛教典籍中比比皆是，如《續高僧傳》載：

> 耶舍每於宣譯之暇，時陳神咒，冥救顯助，立功多矣。未幾授昭玄都，俄轉為統。所獲供祿，不專自資。好起慈惠，樂興福業。設供飯僧，施諸貧乏。獄囚繫畜，咸將濟之。市廛闤所，多造義井，親自漉水津給眾生。又於汲郡西山建立三寺，依泉旁谷制極山美。又收養癘疾男女別坊，四事供承務令周給。〔註 155〕

那連提黎耶舍為天竺僧人，於北齊天保七年至北齊鄴都，時年四十，受文宣帝高洋禮遇。曾任昭玄統，所得供祿，多行善事。

〔註 153〕尚永琪：《3～6 世紀佛教傳播背景下的北方社會群體研究》，長春：吉林大學古籍研究所，2006 年 4 月，第 130～136 頁。

〔註 154〕《魏書》卷一一四《釋老志》。

〔註 155〕《續高僧傳》卷第二《譯經篇・隋西京大興善寺北天竺沙門那連耶舍傳一》，《大正新修大藏經》50 冊《史傳部二》。

佛教徒以身作則，以身弘法，自然亦影響了其下的廣大信徒。佛教邑義組織所進行的各類善舉，就是這樣產生的。「邑義」本以造佛像做佛事為目的，但在其發展過程中，共同的信仰追求又很自然的使他們團結起來，成為互幫互助的群體。這種互相幫助擴展開來，進而他們又從事一些規模較大的修橋、鋪路、掘井等公益活動。如東魏興和四年（542）李顯族造像碑文：

> 於村中造寺一區僧坊四周講堂已就寶塔凌雲……。復於村南二里大河北萬路交過水陸俱要滄繁之賓攸攸伊洛之客亦居遲春溫之／苦渴涉夏暑之炎奧愍慈行流故於路旁造石井一口種樹兩十根以息渴乏由斯建立。〔註156〕

類似事例在造像記中隨處可見，於此我們不難想像遍及城鄉的邑義組織，以佛教精神為感召，團結互助，與人為善，給生活在困苦中的人們以實際的關懷。

二、佛教節日慶典豐富了平民生活

佛教節日很多，如佛誕日、佛成道日、佛涅槃日、觀音聖誕、燃燈佛聖誕、達摩祖師聖誕等等。遇到這些節日，出家的僧人需按教規在有關佛殿做法事、放生、念佛號等，在家的信徒大眾亦舉行一些相應的慶祝活動，而這些佛教的節日慶典又往往超出奉佛的範圍，發展演變成為百姓歡慶娛樂的重要日子，從而豐富了平民生活。如《洛陽伽藍記》卷一《城內‧長秋寺》：

> 中有三層浮圖一所，金盤靈剎，曜諸城內，作六牙白象，負釋迦在虛空中。莊嚴佛事，悉用金玉，作工之異，難可具陳。四月四日，此像常出，避邪師子，導引其前，吞刀吐火，騰驤一面；緣幢上索，詭譎不常，奇伎異服，冠於都市。像停之處，觀者如堵，迭相踐躍，常有死人。

四月八日為佛誕之日，不僅對佛徒而言，是最重大的日子，同時也是民間遊藝娛樂的重要日子。在四月四日這天，長秋寺內的釋迦像就被擡行於街衢，前有由人化妝的避邪與獅子做前導，民間遊藝活動也同時在街頭展開，百姓完全投進了歡樂氣氛當中。以致「觀者如堵，迭相踐躍，常有死人」之悲劇發生。《洛陽伽藍記》卷三《城南‧景明寺》亦記有此節日之盛況：「時世好

〔註156〕新鄉市博物館：《新鄉北朝、隋唐石造像碑》，《文物資料叢刊》5，北京：文物出版社，1981年。

崇福，四月七日，京師諸像皆來此寺。尙書祠部曹錄像凡有一千餘軀。至八日，以次入宣陽門，向閶闔宮前受皇帝散花。于時金花映日，寶蓋浮雲，旛幢若林，香煙似霧。梵樂法音，聒動天地。百戲騰驤，所在駢比。名僧德眾，負錫爲群；信徒法侶，持花成藪。車騎塡咽，繁衍相傾。時有西域胡沙門見此，唱言佛國。」佛誕節日，慶典活動之隆重、壯觀、熱烈，連西域僧人都驚歎好像到了「佛國」。

又《洛陽伽藍記》卷一《城內‧景樂寺》所載：

> 有佛殿一所，像輦在焉。雕刻巧妙，冠絕一時。堂廡周環，曲房連接，輕條拂戶，花藥被庭。至於六齋，常設女樂，歌聲繞梁，舞袖徐轉，絲管寥亮，諧妙入神。以是尼寺，丈夫不得入。得往觀者，以爲至天堂。及文獻王薨，寺禁稍寬，百姓出入，無復限礙。

> 後汝南王悅復修之。悅是文獻之弟。召諸音樂，逞伎寺內。奇禽怪獸，舞忭殿庭，飛空幻惑，世所未觀。異端奇術，總萃其中。剝驢投井，植棗種瓜，須臾之間，皆得食之。士女觀者，目亂精迷。

> 自建義已後，京師頻有大兵，此戲遂隱也。

景樂寺修造得清幽精麗，每當六齋之日，常請女伎在寺內歌舞。六齋即每月的初八、十四、十五、二十三、二十九、三十日，佛教認爲這六個日子是惡日，應持齋修福，請女伎歌舞大概也是爲了攘惡祈福。其始男人不得入內，後寺禁稍寬，百姓亦可往觀。後汝南王元悅整修此寺，寺規愈寬。各種藝人，招致寺內，歌舞技藝，不一而足，想必亦觀者如堵矣。化外淨土，翻爲世俗樂園，雖有失佛教精神，然亦可見出佛教對當時平民文化娛樂之影響。

這些慶典活動並不僅僅是純粹的民間活動，有時還得到官府的扶持與幫助。在六齋及行像（即四月四、七等日）之日，朝廷並常派遣制內官員前往寺廟協助處理慶典事宜，如《洛陽伽藍記》卷三《城南‧大統寺》條云：「至於六齋，常有中黃門一人，監護僧舍。」卷二《城東‧景興尼寺》條亦云：「像出之日，常詔羽林一百人舉此像，絲竹雜伎，皆由旨給。」

這些慶典活動，在民間長期保有留存，成爲民俗的一部分，對平民生活產生了深遠而悠久的影響。

除此而外，北朝佛寺還是士民休閒遊覽的園林。這是由於佛寺修造得奢華堂皇，加之又有很多佛寺爲官宅改建，當時上層社會生活奢華，官宅府第亦修造得富麗宏偉，所以改建之寺，益增園林風光。所以這些佛寺不僅於節

日慶典之時要接待大批善男信女，官員庶民於閒暇時日，晴好天氣，往往亦來佛寺，既能朝聖膜拜，兼而遊覽賞玩。如《洛陽伽藍記》卷四《寶光寺》條記載：「京邑士子，至於良辰美日，休沐告歸，徵友命朋，來遊此寺。雷車接軫，羽蓋成陰。或置酒林泉，題詩花囿，折藕浮瓜，以爲興適。」於良辰美日之時，邀友攜朋，乘車共往，羽蓋相接，賞觀美景，飲酒賦詩，人生之樂，莫過如此。又卷五《凝玄寺》條：「地形高顯，下臨城闕，房廡精麗，竹柏成林，實是淨行息心之所也。王公卿士來遊觀爲五言者，不可勝數。」佛門淨地，成了王孫公子、文人學士相攜遊賞，激揚詩興的絕佳場所。

三、佛教建築奢華鋪張，消耗了大量社會資源與財富，加重了平民負擔

佛教建築的極盡奢華前已述及，修造大批富麗堂皇之寺，其對物質資源的耗費自不待言，劈山開石，開鑿石窟，更要消耗大量人力，非傾國家之力或有敵國之富的上層顯貴所不能爲。對於北朝造寺之奢華及消耗物力之巨，尚永琪博士在其論文中亦有論述：

> 爲佛教信仰而一擲千金、名震宇內的王公大臣，北魏有 52 人，北齊 37 人，北周 32 人。其實這僅僅是就那些最有名氣的上層信仰者而言，真正致力於佛教信仰並大肆捐獻財物造像修寺的上層官員遠不止於此數。並且，他們參與的佛事活動，耗費錢物的數目都非常巨大。……王公大巨們投入到佛事活動中的錢物決不是一個小數，北魏琅耶王誦「俸祿所資多入經像」，北魏幽州刺史胡國珍「起正化寺，供養百僧」，北魏建昌公寶略「造靈山法雲二寺，供養二百許僧」，北齊晉昌王唐邕「於陽平造大寧國寺，……又鑄彌勒金像一軀，合光七尺，白石丈八像二軀，並一切經三千餘卷，修治故像一萬許軀」（釋法琳：《辯正論》卷四《十代奉佛篇》）這樣的例子實在是不勝枚舉。〔註157〕

以上還僅是就上層社會修寺造像而論，其規模與數字已令人瞠目咋舌。尚有未進入載籍的民間奉佛造像行爲，從已出土的造像記中可蠡測推知其數量更爲龐大。下層平民，其物質生活本就不甚充足，有的甚至還生存維艱。爲造

〔註157〕尚永琪：《3～6 世紀佛教傳播背景下的北方社會群體研究》，長春：吉林大學古籍研究所，2006 年 4 月，第 82～83 頁。

像祈福，他們節衣縮食，將辛苦積攢的那一點極爲有限的財富用於製造木石塑像，更有癡狂者乃至燒頂灼臂以明心迹。積少成多，聚土成山，下層平民用於佛事的物質投入必不在少。

全社會各階層這種不吝財力、模擬佛國，廣造寶刹金身，極大地消耗了社會物質資源。而且這種消耗，都是來自底層平民的艱辛勞動，都將變成沉重的經濟負擔轉嫁於底層平民身上。如此做法與影響當是違背佛教本旨的。

四、產生了以僧官寺院爲中心的新的剝削階層

「僧」本應爲方外之人，無意於世俗財富，然最高統治者的尊禮佛事，使少數上層僧侶地位尊崇，坐擁大量財富。北魏沙門統曇曜，「帝後奉以師禮」〔註158〕。北齊時曇獻，「爲皇太后所幸，賞賜隆厚，車服過度。又乞爲沙門統，後主意不許，但太后欲之，遂得居任，然後主常憾焉。因有僧尼以他事訴競者，辭引曇獻。上令有司推劾。孝琰案其受納貨賄，致於極法，因搜索其家，大獲珍異，悉以沒官。」〔註159〕此爲在朝之僧官。地方之僧官同樣亦可積有大量財富，「道人研爲濟州沙門統，資產巨富，在郡多有出息，常得郡縣爲徵。」〔註160〕這些上層僧官所掌握之財富無疑是對底層平民的一種間接變相的剝削。

佛教理論宗旨本爲慈悲濟世的，但在發展過程中也難免偏離原旨，泥沙俱下。另一個較典型的表現就是產生了以寺院爲中心的新剝削階層。《魏書·釋老志》載：

> 和平初，……曇曜奏：平齊戶及諸民，有能歲輸穀六十斛入僧曹者，即爲「僧祇戶」，粟爲「僧祇粟」，至於儉歲，賑給飢民。又請民犯重罪及官奴以爲「佛圖戶」，以供諸寺掃洒，歲兼營田輸粟。
>
> 高宗並許之。於是僧祇戶、粟及寺戶，遍於州鎮矣。〔註161〕

從文成帝和平初年開始，由於沙門統曇曜的建議，北魏開始設立「僧祇戶」和「佛圖戶」。爲滿足廣大平民的向教熱情，農戶如果有能力給本地僧曹上交60 斛穀子，則會被「榮幸」地列爲「僧祇戶」，其粟爲「僧祇粟」，災荒年景賑給饑民。這應當是一善舉，同時亦會給寺院帶來收益。然其發展卻偏離原

〔註158〕《魏書》卷一一四《釋老志》。

〔註159〕《北齊書》卷二一《封隆之傳》。

〔註160〕《北齊書》卷四六《循吏·蘇瓊傳》。

〔註161〕《魏書》卷一一四《釋老志》。

旨，成爲寺院盤剝取利的重要途徑。而且這種情況業已引起朝廷注意，永平四年，世宗宣武帝元恪下詔加以清查規正，詔曰：「僧祇之粟，本期濟施，儉年出貸，豐則收入。山林僧尼，隨以給施；民有窘弊，亦即賑之。但主司冒利，規取贏息，及其徵責，不計水旱。或償利過本，或翻改券契，侵蠹貧下，莫知紀極。細民嗟毒，歲月滋深。非所以矜此窮乏，宗尙慈拯之本意也。自今已後，不得專委維那、都尉，可令刺史共加監括。尚書檢諸有僧祇穀之處，州別列其元數，出入贏息，賑給多少，並貸償歲月，見在未收，上臺錄記。若收利過本，及翻改初券，依律免之，勿復徵責。或有私債，轉施償僧，即以丐民，不聽收檢。後有出貸，先盡貧窮，徵債之科，一準舊格。富有之家，不聽輒貸。脫仍冒濫，依治治罪。」〔註162〕於此可見，一旦成爲「僧祇戶」，不問豐歉，每年均須交納「僧祇粟」。僧官寺院濫用此「粟」，以謀高利。然更有甚者，僧祇戶竟有被逼走投無路者，《魏書‧釋老志》又載：

> 又尚書令高肇奏言：「謹案：故沙門統曇曜，昔於承明元年，奏涼州軍戶趙苟子等二百家爲僧祇戶，立課積粟，擬濟飢年，不限道俗，皆以拯施。又依內律，僧祇戶不得別屬一寺。而都維那僧暹、僧頻等，進違成旨，退乖內法，肆意任情，奏求逼召，致使吁嗟之怨，盈於行道，棄子傷生，自縊溺死，五十餘人。豈是仰贊聖明慈育之意，深失陛下歸依之心。遂令此等，行號巷哭，叫訴無所，至乃白羽貫耳，列訟宮闕。悠悠之人，尚爲哀痛，況慈悲之士，而可安之。請聽苟子等還鄉課輸，儉乏之年，周給貧寡，若有不虞，以擬邊捍。其暹等違旨背律，謬奏之愆，請付昭玄，依僧律推處。」
>
> 詔曰：「暹等特可原之，餘如奏。」

僧官寺院如此行徑已完全背離了佛教精神，與世俗酷吏無異。宣武帝對趙苟子等雖加安置，對僧暹等卻無處置。

「佛圖戶」由犯了重罪的一般老百姓和官奴隸來充當，是寺院的雜役奴隸。完全爲寺院服務，這就純屬剝削了。此外，大批人口的遁入佛門，在一定程度上也脫離了生產勞動，成爲寄生階級。歷代皇帝、皇后及王公大臣對寺院的賞賜捐助，普通民眾對寺院的捐糧助錢，也是寺院財富的另一重要來源。

因此，綜觀北朝時期佛教發展極度膨脹之結果，就是產生了數量龐大

〔註162〕《魏書》卷一一四《釋老志》。

的僧官僧侶階層。由於這一階層所獲的特殊待遇、不勞而食及對「僧祇戶」、「佛圖戶」的佔有剝削，使其成爲了新的社會財富佔有集團，成爲新的剝削階層。

第二章　道　教

　　道教是中國的傳統宗教，在中國土生土長，起源甚早，淵源於古老的民間巫術方士，具有鮮明的中國特色，有廣泛而紮實的民間基礎。東漢末佛教傳入中國並迅速流佈開來，道教也在與外來宗教的相互影響作用下，得到迅速的發展和成熟，成為能與佛教相頡頏的第二大宗教。北朝時期佛風彌漫，佔據和影響了相當數量人群的精神生活。與之相較，道教亦不遑多讓。對人們的生活也發揮了重要影響。

　　道教產生於東漢後期，它以神仙不死之說為中心，神化老子及其關於「道」的學說，吸收陰陽五行家、道家、墨家、儒家包括讖緯學的一些思想，在中國古代社會的宗教信仰基礎上，由方仙道和黃老道演變而來。與佛教由上而下的傳播方式恰恰相反，道教的傳播方式為由下而上。早期道教主要在民間流傳，成為農民起義的一種工具，因此多遭政府鎮壓。魏晉以後，經上層士人葛洪、寇謙之、陸修靜、陶弘景等人從理論上的發展、豐富和改造，道教始為統治者所接受和扶植，因而得以繼續存在並發展，成為我國歷史較久、影響較大的國產宗教。道教在其長期發展的過程中，與儒學和各種外來的宗教尤其是佛教既互相排斥、互相鬥爭，又互相滲透、互相融合，對我國封建時代的政治、經濟、哲學、文學藝術、自然科學以及社會生活、民族關係、農民運動等各個方面，都曾產生過極為深刻的影響，並積累下大量的經籍文獻，成為我國古代文化遺產的一個重要組成部分。

　　按學術界對道教發展的分期是：從張道陵創教時起至魏晉南北朝為道教的開創期，隋唐到北宋為道教的興盛和發展時期，南宋以後至明代中葉為道教的宗派紛起和繼續發展時期，明中葉以後為道教的逐漸衰落時期。從歷史的宏觀角度看，南北朝時期道教並未達到它的鼎盛時期，但從歷史的微觀角

度看，南北朝時期畢竟是道教發展的一個重要時期，考諸歷史文獻，此時期道教雖不如佛教，但對社會生活亦產生了較大影響。北朝諸帝，亦多有崇道者，所謂上行下效，上之所好，其下甚焉，不能不造就出一時的風尚。本章即旨在尋繹考索出道教在北朝時期在社會生活中所發生的影響。

第一節　道教之興起及發展

　　道教在東漢末幾經鎮壓、打擊，已經處於衰落低靡狀態。然進入魏晉，以葛洪為代表的上層士人進入參與道教，重新構建較為嚴密的理論體系，使道教從理論上發生質的變化，其思想歸本於奉神求永生之宗教，符合各階層的思想利益。從而使道教獲得長期的生存與發展的可能和條件，為道教的發展注入了新的活力與生命力。

一、道教在北朝興起、傳播的背景原因

　　道教在北朝興起的原因與佛教大體相仿，所不同的是，道教為中國國產宗教，佛教的湧入發展，對其又有刺激、借鑒、學習等作用。

（一）上層士人的參與和統治者的扶持

　　任何宗教，如無上層社會乃至統治者的接納與認可，是難以長期生存發展下去的，上層士人的參與和統治者的扶持是北朝道教得以發展的重要原因。

　　道教產生於東漢末年，肇始於下層民間，因而在理論上簡單粗糙，牽強拼湊。且極易與農民起義合流，被利用為組織發動起義的工具。起義遭到鎮壓、失敗，道教也隨之受到打擊、重創，並且因而引起統治者對道教的警惕、限制與歧視。道教在東漢末期幾經鎮壓、打擊、分解、排斥，已經處於衰落低靡難以為繼的狀態。然進入魏晉南北朝，知識階層和上層社會進入參與道教，將他們的思想帶入到道教中來，重新構建較為嚴密的理論體系，使道教從理論上發生質的變化，其思想歸本於奉神求永生之宗教，符合各階層的思想利益。從而使道教能獲得長期的生存與發展的可能與條件，為道教的發展注入了新的活力與生命力，遂使道教得以振起，蓬蓬勃勃地發展起來。

　　上層士人參與道教，從改造整頓道教組織和建設理論開始著手，使道教從理論上逐漸趨向完備成熟，打下了作為宗教所不可或缺的理論基礎。西晉

葛洪「對戰國以來的神仙方術思想作了系統的總結，爲道教構造了種種修煉成仙的方法，提出了以神仙養生爲內、儒術應世爲外的主張，將道教的神仙方術與儒家的綱常名教相結合，建立了一套長生成仙的理論體系，使道教的神仙信仰理論化，豐富了道教的思想內容，爲上層士族道教奠定了理論基礎，並對後世道教的發展產生了較大的影響。因此，葛洪在中國道教史上的地位是十分重要的，可說是道教史上的一個承前啓後的人物。」[註1] 繼葛洪之後，北魏寇謙之爲道教的發展亦作出了傑出的貢獻。寇謙之進一步發展完善了道教的理論體系，改組重建了道教的組織機構。使道教由民間走向上層社會，由不清楚的教規教理而逐漸完成其教團組織與教義體系建設。理論上的完備建構還需有統治者的倡導扶持，北朝時期新天師道與關隴樓觀道的興盛發展，無不是上層士人與統治者密切合作的結果。

（二）社會動蕩，佛教及南朝道教影響

　　與前章佛教發展原因相同，「社會動亂之痛苦」同樣是北朝道教發展興盛的一個重要原因。同時，佛教的大肆湧入、風靡更對道教這一本土事物產生一種刺激、推動作用，爲道教提供了可資學習、參考的借鑒。南朝陸修靜、陶弘景在對道教進行理論建設上都吸收了佛教的思想，陶弘景甚至還被看成是佛道兼修的人物。

　　南朝爲中原正統文化集聚之地，其道教發展顯然要更勝北朝，具有更多的有利條件。在寇謙之在北方改造天師道之前，南方於東晉後期出現了《洞神》、《靈寶》、《上清》等新經典，同時形成了靈寶、上清二派。南朝道教開始從民間宗教向神仙道教演變。在寇謙之在北方改造天師道之後，江南陸修靜、陶弘景也對南朝舊道教進行了改造。陸修靜爲道教的一代宗師，對道教的貢獻，一是整理道書，首創三洞四輔十二類的分類體系；二是制定和完善齋醮儀範；三是整頓道教組織。其後陶弘景創立茅山道團，修道館教弟子，撰寫《眞誥》、《登眞隱訣》等宣揚上清道法，另作《眞靈位業圖》，爲道教諸神排了座次，使神仙信仰系統化。經過陶弘景的努力，道教有組織完備的教團，而活動修行的場所基本固定，信仰世界基本上已系統化。經過從葛洪到陸修靜、陶弘景的努力，東晉南朝的道教改造得以完成，南朝道教亦得以迅速發展。而南朝道教的發展勢必與北朝道教發生交流、融合，從而進一步地推動北朝道教的發展。

〔註1〕 卿希泰：《道教史》，南京：江蘇人民出版社2006年1月第1版，第49～50頁。

二、北朝道教發展簡述

北朝道教以寇謙之改革和樓觀道出現、發展為波峰，從而提掖振起了整個北朝道教的蓬勃鼎興。

（一）寇謙之與北魏道教

寇謙之（公元365～448年）是中國道教史上繼葛洪而後的又一重要人物，是南北朝時期北方的道教領袖。據《魏書·釋老志》記載，寇謙之出身於世奉天師道的豪家大族，早年即愛好仙道，修張魯之術，然歷年無效。後遇仙人成公興，與之一同入嵩山修道。成公興尸解後，獨自在山繼續修道，屢有奇遇，聲名漸著。時遷徙到北方的五斗米道在張魯去世後，組織渙散，科戒廢馳，亟需整頓改造。始光初（424～428），寇謙之修成下山，獻書太武，初未被重用，依於權臣崔浩，浩亦出身天師道世家，二人甚洽。後經崔浩薦舉，「世祖欣然，乃使謁者奉玉帛牲牢，祭嵩嶽，迎致其餘弟子在山中者。於是崇奉天師，顯揚新法，宣佈天下，道業大行。」〔註2〕這裡所說的新法，就是經寇謙之改造後的新天師道。

新天師道主要內容為：禁絕利用天師道犯上作亂行為；廢除三張時期的租米錢稅制度；整頓組織，加強科律；增訂戒律和齋醮儀範；清理神仙譜系。天師道的原始民間性質減少了，既具有了明確的信仰譜系和成熟的科律齋儀，也符合社會禮度，天師道至此成熟。一般史家為區分它和舊天師道的區別，稱寇謙之改革後的天師道為北天師道或新天師道。新天師道實現了道教與政權的結合，使道教從民間宗教變為了官方宗教，第一次成為了國教，將道教的發展推到了一個高峰。「寇謙之的道教改革，不僅充實豐富了道教的教義，而且對北朝後期道教的發展產生了深遠的影響。」〔註3〕

真君九年（448年），寇謙之去世。二年後（450年），崔浩被誅。又過了兩年，太武帝被弒。自此以後，新天師道雖尚能維持官方宗教的地位，但繁盛的景象已一去不返。至北齊天寶六年（555年），道教在與佛教論較中失敗，齊文宣帝高洋下詔廢道。新天師道遭到比佛教更為沉重的打擊，自此便告散亡。繼之則是北朝後期起於關中終南山北的樓觀道登上歷史舞臺。

〔註2〕《魏書》卷一一四《釋老志》。
〔註3〕湯其領：《寇謙之與北朝道教》，《北朝史研究——中國魏晉南北朝史國際學術研討會論文集》，北京：商務印書館2004年7月第1版，第315頁。

（二）樓觀道

「樓觀道是以陝西終南山北麓的古樓觀臺爲祖庭，以崇奉老子與關令尹喜爲教祖，形成於魏晉，興盛於北朝晚期的一個融南北方道教爲一體的北方道派。」〔註4〕該派是與北魏寇謙之的新天師道同時並存，在北方興起的另一道派。該派以尹喜爲祖師，以陝西周至縣樓觀爲其活動中心，在北周時發展達於頂峰。樓觀道的起源與發展，據湯其領述：

> 樓觀道有較爲可靠的傳承，大概始於魏晉之際，據載，魏晉之際，道士梁堪曾於魏元帝咸熙初年至樓觀師事鄭法師，修道有年，後稱太和眞人尹軌降臨樓觀，授梁練氣隱形之法，水石還丹之術。至晉元帝大興元年（公元318年），梁堪告別弟子王子年，飛升而去，其時樓觀神仙道團開始產生。後經王嘉、孫徹、馬儉傳承，至十六國前、後秦時，倍受關中統治者的關注。

> 北魏初期，寇謙之改革道教，得到魏太武帝的推崇，新天師道風行北方，此時樓觀道也日顯於關中。時有道士尹通赴樓觀師事馬儉，太武帝聞其名，曾遣使致香燭，俾立建齋行道，由是四方請謁不絕。尹通與侄尹法興、弟子牛文侯等四十餘人，敷弘道化，朝野欽奉，使「仙風眞教，自此復彰。」

> 北魏中後期，樓觀道在以終南爲中心，包括華山及京城長安在內的關隴一帶廣爲傳播。並受到歷代統治者的崇奉，成爲繼寇謙之新天師道後興於北方的道教大宗。〔註5〕

北魏中後期，樓觀道開始興起。高道輩出，名顯宮廷；教義融通南北，收集纂述道經；興建道館，設立道署。於北周時達於鼎盛，歷隋至唐初，一直是北方最大的道派。極大地推動了道教在北方社會的發展和影響。

第二節　北朝道教信仰狀況

道教是本土民間宗教，因此易被利用爲農民起義，在漢末受到鎮壓與打擊。入晉後經過葛洪等上層士人的改造建設，爲上層社會所接受認可，並得到最高統治者的支持，方才能得到蓬勃發展。

〔註4〕　湯其領：《北朝道教論略》，《洛陽工學院學報》（社會科學版）2001年12月第
　　　　19卷第4期。
〔註5〕　同上。

一、北朝諸帝與道教

與佛教一樣，道教在北朝獲得發展亦需得到政府的允可與支持。北朝統治者亦多有與道教過從密切者。

北魏太武帝拓跋燾是第一位對道教給予重要支持的帝王。「不依國主，則法事難立」，〔註6〕寇謙之欲對道教進行清整改造，非借政府之力是難以實踐推行的。《魏書》卷一一四《釋老志》載寇謙之攜書下山投奔太武帝之事：

> 始光初，奉其書而獻之，世祖乃令謙之止於張曜之所，供其食物。時朝野聞之，若存若亡，未全信也。崔浩獨異其言，因師事之，受其法術。於是上疏，讚明其事曰：「臣聞聖王受命，則有大應。而《河圖》、《洛書》，皆寄言於蟲獸之文。未若今日人神接對，手筆粲然，辭旨深妙，自古無比。昔漢高雖復英聖，四皓猶或恥之，不爲屈節。今清德隱仙，不召自至。斯誠陛下侔蹤軒黃，應天之符也。豈可以世俗常談，而忽上靈之命！臣竊懼之。」世祖欣然，乃使謁者奉玉帛牲牢，祭嵩岳，迎致其餘弟子在山中者。於是崇奉天師，顯揚新法，宣布天下，道業大行。浩事天師，拜禮甚謹。人或譏之，浩聞之曰：「昔張釋之爲王生結襪。吾雖才非賢哲，今奉天師，足以不愧於古人矣。」及嵩高道士四十餘人至，遂起天師道場於京城之東南，重壇五層，遵其新經之制。給道士百二十人衣食，齊肅祈請，六時禮拜，月設廚會數千人。

寇謙之攜書下山投奔太武帝，得到太武帝的尊崇資助，並在魏都平城之東南部，特建天師道場，供寇謙之及其弟子們作宗教活動之用。「新天師道」遂在北魏境內興盛起來。太延六年（440），太武帝又在寇謙之的建議下，改元太平眞君。其後：

> 眞君三年，謙之奏曰：「今陛下以眞君御世，建靜輪天宮之法，開古以來，未之有也。應登受符書，以彰聖德。」世祖從之。於是親至道壇，受符錄。備法駕，旗幟盡青，以從道家之色也。自後諸帝，每即位皆如之。」〔註7〕

〔註6〕 《高僧傳》卷五《釋道安傳》，《大正新修大藏經》50冊《史傳部》二。

〔註7〕 《魏書》卷一一四《釋老志》。

以此爲始，後來北魏歷代皇帝即位，都要至道壇親受符籙，如此做法亦有接受中原文化及標榜己身正統之意。太武帝既尊謙之，視之如神，待之如國師，常咨之以軍國大事。及至太武滅佛，更是道教一家獨尊。所以新道教在北魏太武帝時達於鼎盛，打下良好基礎。

此後，獻文帝亦慕道教，「雅薄時務，常有遺世之心」，〔註8〕因此對道教亦有扶持。歷代北魏帝王即位之時於道壇受籙，也在表明道教之國教地位。綜觀北魏一代，與佛教相比，道教的發展可說是順風順水、暢然無阻。

北齊和北周的統治者都對道教加以支持和扶植。「在高歡把持東魏朝政及北齊立國之初，道教曾得到高洋的支持，他網羅了不少方士充當幕僚，這些方士雖不一定就是道士，但確實帶有道士的色彩。」〔註9〕高洋於立國之初，也招攬一些道士：

> 又有張遠遊者，顯祖時令與諸術士合九轉金丹。及成，顯祖
> 置之玉匣，云：「我貪世間作樂，不能即飛上天，待臨死時取服。」
> 〔註10〕

此處高洋棄金丹而不服，可見其對道教也並未盡信。這也是道教在理論上的一大缺陷，爲招徠徒眾，宣揚及身成仙，肉身不滅，經不起實證檢驗，因而欲速不達。而佛教則講靈魂不滅，高者亦可肉身成佛，難以檢驗。此佛教高於道教之處。故高洋在佛道二教發展直接影響政府財政收入，面臨抉擇之時，選擇放棄道教。天保六年（555），下令禁絕道教。《資治通鑑》卷一六六載：

〔註8〕 《魏書》卷六《顯祖獻文帝弘帝紀》。按：湯用彤《漢魏兩晉南北朝佛教史》下冊 360～361 頁云：（北魏）獻文帝在位六年而禪位於太子宏。詔書自謂希心玄古，志存澹泊。移居於北苑崇光宮，覽習玄籍。建鹿野佛圖於苑中之西山，去崇光右十里。岩房禪堂，禪僧居其中。（《釋老志》）按獻文於天安元年親受道籙。（《通鑑》云：太平眞君以後，魏帝均受道籙。）高允《鹿苑賦》（載《廣弘明集》）敘帝之志願，有云：「資聖王之遠圖，豈尋常以明教，希縉雲之上昇，羨頂生之高蹈。」帝蓋希求鼎湖仙去，故爾棄位，其所信並不專在佛教。但因信道而至於禪位，則其對宗教之熱情，似又非南朝帝王愛好玄理者所可比也。湯氏將獻文帝之慕道、禪位歸於其對道教的虔誠熱情，似有不妥，斷章取義，與史實相違。獻文帝之慕道，或與馮后用事，宮廷內爭有關，其禪位更屬被迫之舉，而絕不是慕道之結果。

〔註9〕 卿希泰、唐大潮：《道教史》，南京：江蘇人民出版社 2006 年 1 月第 1 版，第64 頁。

〔註10〕 《北齊書》卷四九《方伎傳》。

（天保六年）八月……齊主還鄴，以佛、道二教不同，欲去其一，集二家論難於前，遂敕道士皆剃髮爲沙門；有不從者，殺四人，乃奉命。於是齊境皆無道士。

以上爲道教在北齊發展情況，初期順利，後遭重創。

西魏北周政權，以長安爲都城，此爲樓觀道活動範圍。如前述，北魏中後期，樓觀道已經在以終南爲中心，包括華山及長安在內的關隴一帶蔚成聲勢，並受到歷代統治者的追捧。西魏時，樓觀高道陳寶熾，爲西魏文帝所欽異，召入延英殿問道，時太師定安公（宇文泰）及朝野大夫亦從而師之，死後詔諡「貞懿先生」。及至北周，樓觀道更得到當朝統治者的重視、資助與扶持。「後周承魏，崇奉道法，每帝受籙，如魏之舊。」〔註11〕北周諸帝中，崇奉道教者以武帝宇文邕爲最。武帝是道教的熱心支持者，禮待樓觀道徒。建德（572～577）中期，武帝廢佛。雖然繼之在佛教徒的強烈抗議下也廢除道教，於「建德三年，歲在甲午五月十七日，初斷佛、道兩教，沙門、道士並令還俗。三寶福財，散給臣下，寺觀塔廟，賜給王公」。〔註12〕但旋即於六月下詔：

至道弘深，混成無際，體包空有，理極幽玄。但歧路既分，派源逾遠，淳離朴散，形氣斯乖。遂使三墨八儒，朱紫交競；九流七略，異說相騰。道隱小成，其來舊矣。不有會歸，爭驅靡息。今可立通道觀，聖哲微言，先賢典訓，金科玉篆，秘蹟玄文，所以濟養黎元，扶成教義者，並宜弘闡，一以貫之。俾夫翫培塿者，識嵩岱之崇崛；守磧礫者，悟渤澥之泓澄，不亦可乎？〔註13〕

武帝於詔書中令置通道觀，「雖滅二教意存李術，便更置通道觀學士三百人。並選佛道兩宗奇才俊邁者充之。」〔註14〕選著名道士、僧人入通道觀學習《老》、《莊》、《周易》，名爲通道觀學士，想通過儒、道來改造佛教。

北周於建德六年（577）滅北齊，武帝以爲是滅佛所賜，更把廢佛政策推行到齊境。下令將齊境四萬多所寺廟賜給王公作宅第，一切經像皆焚毀之；寺院所有財物，簿錄入官；寺院奴婢，一律釋放；僧尼將近三百萬全部還俗

〔註11〕《隋書》卷三五《經籍志》。
〔註12〕《廣弘明集》卷八《周武帝集道俗議滅佛法事》，《大正新修大藏經》52冊《史傳部四》。
〔註13〕《周書》卷五《武帝紀》。
〔註14〕《續高僧傳》卷一一《釋普曠傳》，《大正新修大藏經》50冊《史傳部二》。

為民。除此而外，武帝還主持編修了一部長達百卷的《無上秘要》。是書仿照佛經的編寫體例，把以往各派道教經典按內容分為不同的義類品目，分別摘錄排列，共分 49 義類 288 品。對道教神學理論、修煉方術、符籙齋醮、戒律規範、神仙系譜、神仙傳記等，無所不包。摘錄引用道書多達 170 多卷，體現了整個魏晉南北朝在教理教義和宗教實踐等各個方面的發展規模，也體現了原來道教各派開始走向整合統一的願望和歷史趨勢。〔註 15〕

　　正是在北周統治者的支持下，道教在北方取得了較大發展，進入鼎盛，直入隋唐，其勢不衰。

二、其他階層與道教

　　與佛教不同，北朝道教在民間信仰流傳情況，典籍記載甚少。我們僅能從留下的片言隻語、一鱗半爪去探知、推測道教在各階層中的信仰情況。

　　首先，道教在上層社會當有一定影響。帝王既有所好，臣下必多有和者。如周武帝之異母兄弟滕聞王宇文逌亦虔信道教，他在所撰《道教實花序》中，用了洋洋灑灑數千言，對老子的道，道教的經書、神仙等給予熱情頌揚：

> 混成元胎，先天地而生，玄妙自然，在開辟之外。可道非道，因金籙以詮言，上德不德，寄玉京而闡說。高不可揆，深不可源，闔之而彰三光，舒之而綿六合。廣矣大矣，於得儘其鈎深；恍兮惚兮，安可窮其象物？十善之戒，四極之科，金簡玉字之音，瓊笈銀題之旨。升玄內教，靈寶上清，五老赤書之篇，七聖紫文之記。故以暉諸篆籀，煥彼圖牒，玄經秘籍，可得而談者焉。若乃包含天地，陶育乾坤，無大不大，無小不小，隨之而不包其後，迎之而不見其前，周流六虛，希微三氣。無上大道，遊於空洞之上，梵形天尊，見於龍漢之劫。日在丁卯，拜東華之青童，辰次庚寅，虔臺山之靜默。〔註 16〕

　　道教起於漢末民間，經晉葛洪改造後為上層社會所接受。很多世家大族皆有道教信仰，且世代相襲。崔浩、寇謙之皆出身於天師道世家。崔浩「因欲修服食養性之術，而寇謙之有《神中錄圖新經》，浩因師之。」〔註 17〕北朝的世家大族、官僚士大夫多有持道教信仰者。

〔註 15〕金正耀：《中國的道教》，北京：商務印書館 1996 年版，第 64 頁。
〔註 16〕徐堅：《初學記》，北京：中華書局 1962 年版，第 549 頁。
〔註 17〕《魏書》卷三五《崔浩傳》。

其次，道教在民間亦有深厚根基。與佛教相較，統治集團中奉佛甚於奉道，在民間道教的勢力亦弱於佛教。如《魏書‧釋老志》云：「略而計之，僧尼大眾二百萬矣，其寺三萬有餘。」而在《釋老志》中，道觀、道士則無數字可計。從太和十五年下詔，「自有漢以後，置立壇祠，先朝以其至順可歸，用立寺宇。昔京城之內，居舍尚希；今者里宅櫛比，人神猥湊。非所以祗崇至法，清敬神道。可移於都南桑乾之陰，岳山之陽，永置其所。給戶五十，以供齋祀之用，仍名為崇虛寺。可召諸州隱士，員滿九十人」〔註18〕，准許在都城南為道教立「寺」招員，與「京城表裏凡有一千餘寺」〔註19〕相對照，佛、道的規模十分懸殊。但道教是在中國民間固有信仰的基礎上形成的，其生命力與影響是不容忽視的。

道教既起源發軔於民間，在民間自然有一個漫長的含茹孕育過程，魏晉時期道教分化，一支轉入上層，一支留存民間。經過上層士人改造後的道教，理論更完備嚴密，轉而返回民間，對普通民眾更具吸引力與說服力。到北朝時道教在民間已形成廣泛而深厚的基礎，更深深地影響到人們的生活。如在北齊時，已出現了「館舍盈於山藪，伽藍遍於州郡。……緇衣之眾，參半於平俗。黃服之徒，數過於正戶」〔註20〕的局面。在這裡，館舍，指道教觀宇；黃服，指道教徒；伽藍，指佛教寺院；緇衣，指佛教徒。佛教寺院，各州郡都有，佛教徒的人數，相當於一般平民人數；而道教的觀宇把山野都占滿了，道教徒的人數比納稅正戶還要多。而且未正式出家的在家信眾，其人數還必然要遠遠超過出家教徒。

三、神異傳說

與佛教一樣，道教在流傳中亦產生了大量的神異傳說。而且由於道教本植根民間，這些傳說在民間更有廣泛影響。

（一）正史收載

道教這些傳說故事於正史中常有記載，且尤以《方伎列傳》中為多，俯拾即是，信手可拈。隨舉兩例：

> 謙之守志嵩岳，精專不懈，以神瑞二年十月乙卯，忽遇大神，

〔註18〕《魏書》卷一一四《釋老志》。
〔註19〕《洛陽伽藍記原序》。
〔註20〕《廣弘明集》卷二四，《大正新修大藏經》第52冊《史傳部四》。

乘雲駕龍，導從百靈，仙人玉女，左右侍衛，集止山頂，稱太上老君。謂謙之曰：「往辛亥年，嵩岳鎮靈集仙宮主，表天曹，稱自天師張陵去世巳來，地上曠誠，修善之人，無所師授。嵩岳道士上谷寇謙之，立身直理，行合自然，才任軌範，首處師位。吾故來觀汝，授汝天師之位，賜汝《雲中音誦新科之誡》二十卷。號曰『並進』。」言：「吾此經誡，自天地開闢巳來，不傳於世，今運數應出。汝宣吾《新科》，清整道教，除去三張偽法，租米錢稅，及男女合氣之術。大道清虛，豈有斯事。專以禮度爲首，而加之以服食閉練。」使王九疑人長客之等十二人，授謙之服氣導引口訣之法。遂得辟穀，氣盛體輕，顏色殊麗。弟子十餘人，皆得其術。〔註21〕

此述謙之修道嵩山，遇老君顯化，授以經書秘術，依法修煉，頓收顯效。《北齊書》卷四九《方伎傳》：

　　由吾道榮，琅邪人。少好道法，與其同類相求入長白、太山潛隱，具聞道術。仍遊鄒、魯之間，習儒業。晉陽人某，大明法術，乃尋之，是人爲人家庸力，無識之者，久乃訪知。其人道家符水、呪禁、陰陽歷數、天文、藥性無不通解，以道榮好尚，乃悉授之。是人謂道榮云：「我本恒岳仙人，有少罪過，爲天官所謫。今限滿將歸，卿宜送吾至汾水。」及河，值水暴長，橋壞，船渡艱難。是人乃臨水禹步，以一符投水中，流便絕。俄頃水積將至天，是人徐自沙石上渡。唯道榮見其如是，傍人咸云水如此長，此人遂能浮過，共驚異之。道榮仍歸本部，隱於琅邪山，辟穀，餌松朮茯苓，求長生之祕。尋爲顯祖追往晉陽。至遼陽山中，有猛獸去馬十步，所追人驚怖將走。道榮以杖畫地成火坑，猛獸遽走。俄值國慶，道榮歸周。隋初乃卒。

此述道士由吾道榮，少好道法，入山尋訪，初習道術。後遇奇人，得聞至道，由是道術大進。

（二）志怪專書

除正史所載外，道教的傳說故事更多的保存在道教志怪、專書裏。「魏晉南北朝是道教、佛教興盛的時代。原本存在於中國民間的鬼神迷信起著爲

〔註21〕《魏書》卷一一四《釋老志》。

宗教鋪路的作用；宗教的興起，又促進了鬼神迷信的盛行。這一時期鬼神迷信盛行的情形，集中表現在大量出現的張皇鬼神、稱道靈異的志怪書中。一個鬼怪傳說往往可以在其產生地點周圍造成神秘、敬畏的氣氛，形成一個影響一定範圍的信仰中心，而志怪書可以起到更廣泛的宣傳宗教迷信的作用，從而推動宗教思想的流傳和宗教活動的開展。」〔註22〕且不論將宗教傳說故事一概斥爲迷信是否合適，這段話畢竟道出了道教志怪在當時產生發展的實況。

神異故事與道教發展相表裏，志怪小說繼之隨時應運而生。有學者認爲，「魏晉南北朝時期創作的宣佛小說數量很多，在它的帶動下，有些方士也通過撰寫小說來宣揚道教，如王浮撰《神異記》、王嘉撰《拾遺記》；顏之推則撰《冤魂志》，引經史以證報應，『開儒釋混合之端』。」〔註23〕將道教志怪的產生發展歸爲受佛教志怪之帶動影響，此論不確。道教之原始胚胎孕於民間，道教志怪或源於遠古神話。魏晉南北朝時期大量道教志怪得以產生，應該是有與佛教志怪互相影響的因素與結果。

魏晉南北朝時期在文學史上是我國第一個小說高峰期，其中就產生了大量的道教志怪小說。這些小說按類別大概可分爲如下幾類：

神仙類：晉葛洪《神仙傳》、晉曹毗《杜蘭香傳》、晉王嘉《拾遺記》、梁陶弘景《冥通記》、梁江祿《列仙傳》、梁劉之遴《神錄》、梁元帝蕭繹《研神記》、梁顏協《晉仙傳》等8種。

記怪類：魏曹丕《列異傳》、晉王浮《神異記》、晉陸機之子《異林》、晉干寶《搜神記》、晉孔約《志怪》、晉曹毗《志怪》、晉祖臺之《志怪》、晉戴祚《甄異傳》、宋劉敬叔《異苑》、宋東陽無疑《齊諧記》、齊祖沖之《述異記》、梁吳均《續齊諧記》、梁無名氏《錄異傳》、梁無名氏《續異記》、北齊顏之推《冤魂志》及《集靈記》等16種。

博物類：晉張華《博物志》、晉郭璞《玄中記》、梁任昉《述異記》等 3種。

以上這些志怪小說，有的有明顯的宣道傾向，有的則並無宣道表象，爲純粹之志怪。如魯迅所云，「中國本信巫，秦漢以來，神仙之說盛行，漢末又大暢巫風，而鬼道愈熾，會小乘佛教亦入中土，漸見流傳。凡此，皆張皇鬼

〔註22〕吳維中：《志怪與魏晉南北朝宗教》，《蘭州大學學報》（社會科學版）1990年第2期。

〔註23〕鄭欣：《魏晉南北朝時期的宣佛小說》，《文史哲》1992年第2期。

神，稱道靈異，故自晉迄隋，特多鬼神志怪之書。」〔註24〕因爲道教與民間有著這種千絲萬縷的聯繫，故把這些統歸爲道教志怪。這些志怪中，亦有後來上昇收入道教經書者。雖然由於文化等原因，在這些志怪中，屬於北朝者甚至絕無僅有，但是從當時南北朝道教發展的盛況，我們不難推知這些書籍、傳說在民間流傳的情形。而且這些神異傳說在北朝亦多有產生，且載入典籍。例：

> 魏成陽王元徽，初爲孝莊帝畫計，殺爾朱榮。及爾朱兆入洛害孝莊，而徽懼，走投洛陽令寇祖仁。祖仁父叔兄弟三人爲刺史，皆徽之力也。既而爾朱兆購徽萬戶侯。祖仁遂斬徽送之，並匿其金百斤，馬五十疋。及兆得徽首，亦不賞侯。兆乃夢徽曰：我金二百斤，馬百疋，在祖仁家，卿可取也。兆覺曰：成陽家本巨富，昨令收捕，全無金銀，此夢或實。至曉即令收祖仁。祖仁入見徽曰：足得相報矣。祖仁款得金百斤，馬五十疋。兆不信之。祖仁私斂戚屬得金三十斤，馬三十疋，輸兆，猶不充數。兆乃發怒，懸頭於樹，以石碓其足，鞭捶殺之。〔註25〕

此述尒朱兆進入洛陽殺孝莊帝，城陽王元徽亡命奔寇祖仁，遭出賣殞命，財物被匿。其魂魄訴與尒朱兆，終爲己復仇。雖無明顯宣道傾向，然諭示靈魂不滅，有益於世人向道。

> 王延字子玄，扶風始平人也。九歲從師，西魏大統三年丁巳入道，依貞懿先生陳君寶熾，時年十八，居於樓觀，與眞人李順興特相友善。又師華山眞人焦曠，共止石室中，餐松飲泉，絕粒幽處。後周武帝欽其高道，遣使訪之。焦君謂曰：「世道陵夷，佇師拯援，可應詔出，以弘大法，吾自此逝矣。」延來至都下，久之，請還西嶽，居雲臺觀。周武詔修所居觀宇，以山高無土，運取爲勞，延默告玄眞，願有靈貺。忽於觀側巖間涌土，取之不竭。又山上無油，延置一寶爲貯燈油之器，一夕自滿，累歲然燈，用之不減。既居山頂，杜絕人寰，每有人來，賓客將至，即有二青鳥先來報之。其鳥

〔註24〕魯迅：《中國小說史略》，北京：東方出版社，1996年3月第1版，2003年8月第2次印刷，第25頁。

〔註25〕〔唐〕釋道世撰，周叔迦、蘇晉仁校注：《法苑珠林校注》卷六七，北京：中華書局，2003年12月第1版，第2008頁。《洛陽伽藍記》卷四《城西·宣忠寺》亦記此事。

> 如鳥，常飛左右。延每登仙掌蓮峰，攝衣前行，如履平地，常有猛
> 獸馴衛所止。〔註26〕

此述樓觀高道王延，傳道人間，種種奇能異術，神通靈蹟，令人欽仰。

第三節　道觀與造像

道教發展既隆，亦必伴之以相應之道教建築及造像等。然而有關道教建築及造像在典籍中記載甚少，這不能不說是一個遺憾和缺失，也爲後來的研究帶來了一定困難。但從古籍片斷、零星的記載和考古發掘材料中，我們仍然可以窺知推想出其時發展狀況，爲其勾畫出一個大致輪廓。

一、道觀建築

如佛教一樣，道教亦需有教徒修道、祀神和舉行宗教儀式的場所，同時也是其日常生活起居的地方。道教的這些場所最早稱爲「治」，山居修道居於山洞，張道陵設「治」，多在山中。在道教產生發展的早期，五斗米道的道官和道民家中有專用於自責悔過等宗教活動的屋子，叫靜室，又叫靖室，或單叫靖，意思是潔淨、安靜。一定級別的道官在家中設的靜室，一般叫治，意思大概跟道官治理道民有關。這些建築一般都是些茅屋或瓦屋建築。到了晉代，除稱治外，又稱廬、靖或館，它們的建築皆很簡陋，多以茅草結頂，並遠離市鎮。一些道士在山中修道，也依洞修築居所，他們稱之爲館，也有叫精舍的。名氣大的道士被皇帝恭請下山，爲他們在都邑修建居住和修行的處所，多半叫做館，有把他們當作賓客相待的意思。隨著道教的發展，逐漸地有人開始建館於都邑，數量也多了起來，規模也大了起來。道館的興起，是道教從民間秘密狀態走向社會公開化和官方化的重要標誌。南北朝時，南朝有招眞館、九眞館、華陽上下館等；北朝則已有道觀的稱謂。至於宮觀的稱謂則是隋唐以後方出現的。

關於道觀建築的記載於典籍中僅見幾處：

> 重壇五層，遵其新經之制。給道士百二十人衣食，齋肅祈請，
> 六時禮拜，月設廚會數千人。〔註27〕

〔註26〕張君房：《雲笈七籤》卷八五《尸解部》，北京：中華書局，2003 年 12 月第 1 版，第四冊，第 1922～1923 頁。

〔註27〕《魏書》卷一一四《釋老志》。

這是北魏太武帝爲寇謙之在平城東南起天師道場，這座天師道場已具相當規模，是道觀的雛形。

> 戊戌，移道壇於桑乾之陰，改曰崇盧寺。〔註28〕

> 太和十五年秋，詔曰：「夫至道無形，虛寂爲主。自有漢以後，置立壇祠，先朝以其至順可歸，用立寺宇。昔京城之內，居舍尚希。今者里宅櫛比，人神猥湊，非所以祗崇至法，清敬神道。可移於都南桑乾之陰，岳山之陽，永置其所。給戶五十，以供齋祀之用，仍名爲崇盧寺。可召諸州隱士，員滿九十人。」〔註29〕

上述兩條當是記同一件事。孝文帝太和十五年，將京城內之道場移於京城之南，名爲「崇盧寺」。由皇帝下詔設立，政府給予支持的道教組織場所。並擁有其自己的經濟來源——「給戶五十」，固定有 50 戶的租稅收入，道士限額爲 90 人，可以稱得上是一個眞正的道觀。另外，在人們的心目中「寺」本是佛教建築的專稱，此處將道教建築亦名爲「寺」，也是道教宮觀之稱「寺」的惟一特例。從這種名稱的不確定性中亦可見出道觀建築尚處於形成階段。

北魏孝文帝太和年間有一高道王道義，因聽聞終南山有尹喜修道之所，遂率弟子七人來樓觀，並率樓觀道衆及工役之人百餘大興土木，修建觀宇。周武帝詔立通道觀，命樓觀道士王延、嚴達主事，以及詔選樓觀高道十人爲通道觀學士，主觀建於長安。〔註30〕

此外，前已述及，北齊時，已出現了「館舍盈於山藪，伽藍遍於州郡。」〔註31〕的局面。在這裡，館舍，指道教觀宇。道教的觀宇把山野都占滿了，可見出當時道觀修建的盛況。

二、造　像

道教亦需供奉神像。然道教與佛教不同，佛教及其造像藝術源於印度，照搬模仿即可。而道教產於中國本土，故造像需要一個逐步發展完善的過程。「早期道教並無神像，祭祀時僅供神主。道教供奉神像約始於魏晉南北朝時期，這是由於在一定程度上受佛教『以像設教』影響的結果。唐釋法琳《辯

〔註28〕《魏書》卷七下《高祖孝文帝紀下》。
〔註29〕《魏書》卷一一四《釋老志》。
〔註30〕王士偉：《樓觀道源流考》，西安：陝西人民出版社，1993 年版，第 80 頁。
〔註31〕《廣弘明集》卷二四，《大正新修大藏經》第 52 冊《史傳部四》。

正論》引王淳《三教論》云：『近世道士，取活無方，欲人歸信，乃學佛家製作形象，假號天尊及左右二眞人，置之道堂。』有記載道教造像的創始者爲南朝道士陸修靜、宋文明，內容爲三清、眞人、仙宮、玉女等。《隋書・經籍志》也說：北魏太武帝召寇謙之『於代都東南起壇宇，……刻天尊及諸仙之像而供養焉。』這些都是正史中關於道教造像的最早記載。」〔註32〕

　　北朝時期道教造像保存流傳下來的不多，但從現存造像及考古發掘中我們仍然可以推想出道教在北朝社會的發展情況。

　　與佛教的民間造像情況相類，北朝時期亦存在大量的民間造像行爲。這些造像或爲信仰，或爲祈福。如北魏太和二十年（496年）姚伯多造皇先君文石像，銘記題「太和二十年九月四日姚伯多、伯龍、定君兄弟爲七祖眷屬敬造皇先君文石像一區」。〔註33〕隆緒元年王阿善造像，在刻文中題「隆緒元年十一月廿五日，女官王阿善造像二軀，願母子莫爲善居」。〔註34〕據丁明夷先生1986年統計，現存北朝時期道教造像15例。〔註35〕據李淞先生1997年統計，僅陝西一帶就發現北朝時期道教造像碑石共三十餘例，其中絕大部分皆爲民間造像。〔註36〕在以上發現的這些道教造像中，常能看到道教造像受佛家造像影響的痕跡，而且有時道教神像和佛像還同設一處。這都表明了佛、道二教在民間發展過程中的相互影響和相互融合，反映了人們對佛教道教的包容心態及雙重信仰的存在。

　　北朝道教亦有開鑿石窟，即開鑿於北魏永平三年（公元510年），甘肅涇川王母宮石窟，共有神像一百餘軀。〔註37〕

〔註32〕納光舜：《道教造像的藝術特色》，《中國道教》1998年第2期。
〔註33〕李淞：《北魏姚伯多道教造像碑主尊之名考辨》，《中國道教》1995年第3期。
〔註34〕石夫：《介紹兩件北朝道教石造像》，《文物》1961年第12期。
〔註35〕丁明夷：《從強獨樂周文王佛道造像碑看北朝道教造像》，《文物》1986年第3期。
〔註36〕李淞：《關中一帶北朝道教造像的幾點基本問題》，《新美術》1997年第4期。
〔註37〕甘肅省博物館：《甘肅涇川王母宮石窟調查報告》，《考古》1984年第7期。

第三章　奢　華 [註1]

　　北魏中期以後，以上層社會爲中心的生活奢華現象在歷史上是很引人注目的。這種奢華見諸於日常生活的方方面面，對社會生活亦產生了深刻之影響。

第一節　社會上層奢華成因分析 [註2]

　　歷史上各個時代奢華現象不勝枚舉。如春秋戰國時，「臨淄之中七萬

[註1] 本章以「奢華」爲題，旨在探討梳理北朝時期社會出現的追逐享樂之風。以往人們對此類現象的稱謂很多，如奢侈、奢靡、奢汰、奢忕、奢泰、淫靡、荒淫、腐朽、糜爛等等。但這些稱謂顯然都多少含有貶義，已不適合當今的歷史研究。爲確保史學研究的客觀公正，還歷史以本來面目，在研究中使用中性的、不含褒貶的詞彙。故取「奢華」以名之。

　　清代學者黃宗羲《明夷待訪錄・財計三》曾對奢侈提出了「三甚」的標準：「其甚者，倡優也，酒肆也，機坊也。倡優之費，一夕而中人之產；酒肆之費，一頓而終年之食；機坊之費，一衣而十夫之暖。」

　　田久川：畸形奢侈——鬥富比闊，《東北之窗》2007 年第 8 期：奢侈，即揮霍浪費，一般是指在衣食住行日常生活和操辦某些活動過程中過度耗費物質財富。

　　中國社會科學院語言研究所詞典編輯室編：《現代漢語詞典》，北京：商務印書館 1996 年 7 月修訂第 3 版，第 1113 頁：奢華：花費大量錢財擺門面：陳設～。

　　「奢華」一詞見於《現代漢語詞典》，當屬晚近詞彙。筆者以爲尚屬客觀，不含褒貶，故取之。

[註2] 對歷史上不時出現的奢華現象之原因，多有人分析論及。如劉愛文在《雲夢學刊》1995 年第 4 期《論魏晉南北朝地主階級奢侈縱欲的社會根源》一文中將奢侈的原因歸結爲「門閥士族富貴『非軌道之所得』」和「思想與道德的空檔」，筆者以爲不確切，不全面。

戶……甚富而實，其民無不吹竽鼓瑟，彈琴擊筑，鬥雞走狗，六博踏鞠者。臨淄之途，車轂擊，人肩摩，連衽成帷，舉袂成幕，揮汗成雨，家殷人足，志高氣揚。〔註3〕西漢長安「闉城溢郭，傍流百廛。紅塵四合，煙雲相連。於是既庶且富，娛樂無疆。都人士女，殊異乎五方，遊士擬於公侯，列肆侈於姬、姜」。〔註4〕東漢時「君臣宣淫，上下同惡。目極角觝之觀，耳窮鄭、衛之音。入則耽於婦人，出則馳於田獵」〔註5〕。奢華風尚的產生與出現，每個時代都有其具體而微的原因。北朝時期的奢華風尚也有其產生的特殊的環境與土壤。

一、物質上的豐足集中為奢華之基礎

奢華的前提必須以物質為基礎。從歷史的宏觀上看，北朝社會朝代更替，戰亂頻繁，似乎缺乏昇平奢華的條件；然從歷史的微觀上考察分析，畢竟又存在一定時期的穩定局面，政府亦採取了一些有利於生產的措施，當社會物質生產經過休養生息進而迅速發展，創造並積累下一定的物質財富時，就為少數人的奢華提供了物質條件。

北魏統一北方，結束了延綿130餘年之久的十六國的割據混戰局面，安定的社會環境有利於社會生產。北魏太武帝拓跋燾時，已開始吸取漢族統治階級的傳統政策，勸課農桑，崇尚節儉。「拓跋族原是草原游牧部落，對農業生產方式較為陌生，入主中原後，面臨的是以農耕為主的社會經濟。隨著拓跋族完成對北方的統一，也越來越認識到農業生產的重要性，拓跋燾統治時期，採取了一系列措施以勸課農桑。而且拓跋燾本人以身作則，率先垂範，崇尚節儉。「拓跋燾在生活上是比較節制的，衣食車馬，取給而已，不好珍麗，食不二味。不僅自己如此，對後宮嬪妃也要求如此。當群臣建議大修平城宮室時，拓跋燾明確表示：財者軍國之本，不應輕費，國家興衰在德不在城，拒絕了大臣們的建議。由於統治階級崇尚節儉，使平民的賦役負擔相應減輕，也有助於經濟的恢復和發展。」〔註6〕拓跋燾作為一個落後的少數民族的皇帝，有此卓識也是難能可貴的。

〔註3〕 《史記》卷六九《蘇秦列傳》。
〔註4〕 《後漢書》卷四十《班固傳》。
〔註5〕 《後漢書》卷四九《仲長統傳》。
〔註6〕 黎虎：《中古時代・三國兩晉南北朝時期（下冊）》//白壽彝：《中國通史》第五卷，上海：上海人民出版社，1995年12月，第637頁。

因此，在拓跋燾統治時期，北魏政府中出現了不少勤於職守的地方官吏，黃河流域的農業生產也逐步得到了恢復。」〔註7〕

文明馮太后在位時，勵精圖治，打擊貪官污吏，規定貪贓滿一匹者處以死罪。《魏書》卷一九下《景穆十二王下・南安王楨傳》載：

> 太后令曰：「汝陰王天賜、南安王楨不順法度，鬻貨聚斂，依犯論坐，將至不測。卿等爲當存親以毀令，爲欲滅親以明法？」群臣咸以二王託體先皇，宜蒙矜恕。太后不答。高祖乃詔曰：「南安王楨以懿戚之貴，作鎮關右，不能潔己奉公，助宣皇度，方肆貪欲，殖貨私庭，放縱姦凶，壅絕訴訟，貨遺諸使，邀求虛稱，二三之狀，皆犯刑書。昔魏武翦髮以齊眾，叔向戮弟以明法，克己忍親，以率天下。夫豈不懷，有爲而然耳。今者所犯，事重疇日，循古推刑，實在難恕。皇太后天慈寬篤，恩矜國屬，每一尋惟高宗孔懷之近，發言哽塞，悲慟于懷，且以南安王孝養之名，聞於內外；特一原恕，削除封爵，以庶人歸第，禁錮終身。」

太和十三年（489），雍州刺史、南安王拓跋楨和懷朔鎮大將、汝陰王拓跋天賜因貪污受賄受到彈劾，許多王公大臣以二人是先王之後而替他們說情。馮太后嚴詞斥之。後來二王雖沒有被處死，但也受到削除官爵、禁錮終身的處罰。馮太后此舉，對朝野上下當起到震懾整肅作用。

不僅如此，馮太后本人在生活上亦屬行節儉，「性儉素，不好華飾，躬御縵繒而已。宰人上膳，案裁徑尺，羞膳滋味減於故事十分之八。」〔註8〕馮太后雖然對臣下獎賞時出手闊綽大方（「王睿出入臥內，數年便爲宰輔，賞賚財帛以千萬億計，金書鐵券，許以不死之詔。李沖雖以器能受任，亦由見寵帷幄，密加錫賚，不可勝數。」〔註9〕），然乃出於政治需要。自己生活極樸素，不喜歡金銀飾物，穿的衣服，用的被褥都是一些素色的繒帛而已。她吃飯的小桌子，只有一尺寬，飯菜數量比過去制度少了十分之八。她生前預先對自己的喪葬作了安排，一切從儉，墳墓不過三十步，內室一丈見方，棺槨很普通，不用隨葬器物，甚至一般的素帳、陶瓷也不要。

孝文帝親政以後，繼承祖母遺風，愛惜民力，生活儉樸。《魏書》卷七下

〔註7〕　黎虎：《中古時代・三國兩晉南北朝時期（下冊）》//白壽彝：《中國通史》第五卷，上海：上海人民出版社，1995年12月，第636頁。

〔註8〕　《魏書》卷一三《皇后・文成文明皇后馮氏傳》。

〔註9〕　《魏書》卷一三《皇后・文成文明皇后馮氏傳》。

《高祖孝文帝紀》載：

> 南北征巡，有司奏請治道，帝曰：「粗修橋梁，通輿馬便止，
> 不須去草剗令平也。」凡所修造，不得已而爲之，不爲不急之事損
> 民力也。巡幸淮南，如在内地，軍事須伐民樹者，必留絹以酬其直，
> 民稻粟無所傷踐。諸有禁忌禳厭之方，非典籍所載者，一皆除
> 罷。……性儉素，常服浣濯之衣，鞍勒鐵木而已。

孝文帝每次外出巡遊及用兵，修路簡單。禁止士卒踏傷粟稻，有時砍伐百姓
樹木以供軍用，也要留下絹布償還。衣服破舊了，洗補以後又重新穿上，所
用鞍勒僅鐵木而已。作爲封建社會的帝王，在物質生活上能如此約束要求自
己，其胸襟識見令人敬佩。以人主之尊行此表率，作則在先，亦當對臣屬有
一定的影響作用。

著名的孝文帝改革，採取了一系列有利於社會生產和民族融合的措施，
更促進了社會經濟的發展，使北方民戶大增，經濟實力不斷加強，奠定了北
強南弱的基本格局。經濟的發展自然爲以上層社會爲中心的少數人提供了聚
斂並享用、揮霍財富的機會。

「魏累世強盛，東夷、西域貢獻不絕，又立互市以致南貨，至是府庫盈
溢。」〔註10〕正是由於幾代帝王的屬行節儉，發展了社會經濟，積攢了社會
財富，才爲後人奢華創造了必不可少的物質條件。北魏奢華之風起自孝文以
後，公元 499 年（太和 23 年），魏孝文帝逝世，後繼者生活腐朽，政治黑暗。
公元 534 年，北魏分裂爲東魏和西魏。550 年高洋廢東魏孝靜帝自立，建立北
齊。556 年宇文覺廢西魏恭帝自立，建北周。

北魏分裂後，東魏地區經濟發達，人口眾多。高歡扶植高澄，試圖對不
法權貴稍加約束。高澄對不法權貴加以打擊，處死、黜免一大批貪贓枉法的
貴族官僚。一時滿朝肅然，頗有成效。高歡又多次清查戶籍，搜括人口，以
增加政府賦稅收入。

西魏宇文泰在經濟上積極勸課農桑，獎勵耕植。其衡量地方官吏政績的
標準之一就是勸課農桑，因此地方官吏大都重視農桑生產，經濟逐漸發展，
到宇文泰死之前，已經出現了一個倉廩充實的小康局面。〔註11〕

〔註10〕《資治通鑑》卷一四九《梁紀五》「天監十八年」條。
〔註11〕黎虎：《中古時代‧三國兩晉南北朝時期》//白壽彝：《中國通史》第五卷，上
　　　　海：上海人民出版社，1995 年 12 月，下冊，第 762 頁。

北周武帝一生致力改革，在父親宇文泰勵精圖治的基礎上，實行了一系列的改革措施。「所有這些改革措施，順應了歷史發展的要求，促進了生產力的解放，對當時經濟的恢復，社會的安定，起了積極的作用。」〔註12〕

所以，綜觀北朝這一歷史時段，雖然戰亂給社會生產與經濟帶來一定程度的破壞，但所幸各代均有明君英主，厲行節儉，整飭吏治，恢復與發展了社會經濟，爲社會積累了一定的物質財富，從而爲少數人奢享縱樂提供了一定的便利條件。這裡需要指出的是，奢華之風是不以全社會經濟快速增長、生活水平普遍提高爲前提和必要條件的。以皇帝爲中心的各層統治者、世家大族等，往往可以利用其政治、經濟上的特權聚斂、搜刮社會財富。其他商賈之徒、遊末之業，亦可通過投機經營，積攢致富。少數人積聚集中了大量的社會財富，自然就具備了享樂的必要條件。

二、對享樂縱欲的辯護

人生有限，安逸享樂，人多所願。自古以來即不乏爲享樂縱欲辯護者。「飲食男女，人之大欲存焉。」〔註13〕「食不厭精，膾不厭細。」〔註14〕「富與貴，是人之所欲也。」〔註15〕「食色性也。」〔註16〕「夫天下之所尊者，富貴壽善也；所樂者，身安、厚味、美服、好色、音聲也；所下者，貧賤、夭惡也，所苦者，身不得安逸，口不得厚味，形不得美服，目不得好色，耳不得音聲。」〔註17〕「虞夏以來，耳目欲極聲色之好，口欲窮芻豢之味，身安逸樂，而心誇矜執能之榮使。俗之漸民久矣，雖戶說以眇論，終不能化。」〔註18〕先秦道家的代表之一楊朱所作的論述尤具有總結性和代表性：

> 百年，壽之大齊。得百年者千無一焉。設有一者，孩抱以逮昏老，幾居其半矣。夜眠之所弭，晝覺之所遺，又幾居其半矣。痛疾哀苦，亡失憂懼，又幾居其半矣。量十數年之中，逌然而自得亡介焉之慮者，亦亡一時之中爾。則人之生也奚爲哉？奚樂哉？爲美厚

〔註12〕黎虎：《中古時代・三國兩晉南北朝時期》//白壽彝：《中國通史》第五卷，上海：上海人民出版社，1995年12月，下冊，第776頁。
〔註13〕《禮記・禮運》。
〔註14〕《論語》卷五《鄉黨》。
〔註15〕《論語・里仁》。
〔註16〕《孟子・告子上》。
〔註17〕《莊子・至樂》。
〔註18〕《史記》卷一二九《貨殖列傳》。

爾，爲聲色爾。而美厚復不可常厭足，聲色不可常翫聞。乃復爲刑
賞之所禁勸，名法之所進退；遑遑爾競一時之虛譽，規死後之餘榮；
偊偊爾順耳目之觀聽，惜身意之是非；徒失當年之至樂，不能自肆
於一時。重囚纍桔，何以 哉？太古之人知生之暫來，知死之暫往；
故從心而動，不違自然所好；當身之娛非所去也，故不爲名所勸。
從性而游，不逆萬物所好；死後之名非所取也，故不爲刑所及。名
譽先後，年命多少，非所量也。

萬物所異者生也，所同者死也。生則有賢愚、貴賤，是所異也；
死則有臭腐、消滅，是所同也。雖然，賢愚、貴賤非所能也，臭腐、
消滅亦非所能也。故生非所生，死非所死；賢非所賢，愚非所愚，
貴非所貴，賤非所賤。然而萬物齊生齊死，齊賢齊愚，齊貴齊賤。
十年亦死，百年亦死。仁聖亦死，凶愚亦死。生則堯舜，死則腐骨；
生則桀紂，死則腐骨。腐骨一矣，孰知其異？且趣當生，奚遑死後？

……

太古之事滅矣，孰誌之哉？三皇之事若存若亡，五帝之事若覺
若夢，三王之事或隱或顯，億不識一。當身之事或聞或見，萬不識
一。目前之事或存或廢，千不識一。太古至于今日，年數固不可勝
紀。但伏羲已來三十餘萬歲，賢愚、好醜，成敗、是非，無不消滅；
但遲速之間耳。矜一時之毀譽，以焦苦其神形，要死後數百年中餘
名，豈足潤枯骨？何生之樂哉？〔註19〕

這裡即認爲，人生是有限的，在死亡面前，流芳百世與遺臭萬年是沒有分別
的。因此，如果沒有傳統道德和宗教信仰的約束，當人們物質條件豐足的時
候，就很容易在這兩方面產生過度的追求，使生活流於奢華。「人生有限的困
擾古人很早就感覺到了，並且想方設法加以解脫。解脫方式之一就是及時行
樂；通過增強享樂的密度和力度，來彌補人生有限的缺憾。」〔註20〕這種思
想從《詩經》開始，在歷代文學作品中亦時有表現。〔註21〕

〔註19〕《列子》卷七《楊朱篇》。
〔註20〕王鳳霞：《憂生意識與及時行樂──漢代詩歌價值取向溯源》，《河南教育學院
學報》（哲學社會科學版）2002年第4期。
〔註21〕《詩經》中《唐風·蟋蟀》、《唐風·山有樞》、《小雅·頍 kuǐ 弁》等篇都是表
現人生易逝、及時行樂的作品。漢末表現此類主題的作品增多，《古詩十九首》
中即有《青青陵上柏》、《今日良宴會》、《東城高且長》、《驅車上東門》、《生

北朝時期奢華之風得以盛行，追逐享樂者亦有其理論支撐。如北齊著名倖臣和士開即曾以此套理論開導武成帝高湛：

> 至說世祖云：「自古帝王，盡爲灰燼，堯、舜、桀、紂，竟復何異。陛下宜及少壯，恣意作樂，縱橫行之，即是一日快活敵千年。
>
> 國事分付大臣，何慮不辦，無爲自勤苦也。」世祖大悅。〔註22〕

武成帝聞後竟豁然開悟，欣然採納，且切實實行之。

「由儉入奢易，由奢入儉難」，對享樂的追求是人的本能。社會經濟在和平安定的環境下，總是不斷增長的，這就爲少數上層權貴追求奢華提供了物質條件。雖然戒奢崇儉一直是古代農業社會的道德規範，但道德的約束是難以抵住享受欲望的衝擊的。每當封建王朝從動亂走向平定，從蕭條走向繁榮時，奢華之風便悄然而興。

三、宗室貴族，倡引其風

奢華之風的盛行是少數上層鮮卑宗室貴族倡引的結果。鄧子琴在論及魏晉風俗時認爲，門閥形成後，引起奢侈。高門大族，盤踞要津，錦衣玉食，習成風氣〔註23〕。此是對兩晉南朝而言。北朝雖亦有門閥制度，究屬步武南朝，後來引進，不如南朝那樣根深蒂固，故漢人士族在奢華風氣形成中所起的作用也是有限的。對奢華風氣形成起主要作用的是鮮卑宗室貴族，當然在孝文帝的門閥制度實行以後，這些鮮卑貴族亦被劃爲門閥上層。

拓跋鮮卑以武立國，在進入中原前，屬原始部落制游牧民族，部落成員以游牧征戰爲事。「太祖龍飛九五，初定中原。及太宗承基，世祖纂曆，皆以四方未一，群雄競起，故銳意武功，未修文德。高宗、顯祖亦心存武烈，因循無改。」〔註24〕說明北魏早期幾代皇帝，都銳意武功。王朝的建立，自然隨之產生了一批功勳貴族。這些勳貴居於社會上層，本就有優先佔有和享用

年不滿百》等篇。對於《古詩十九首》中宣揚行樂的作品，王永平在其《論東漢中後期的奢侈風氣》（載《南都學壇》（社會科學版）1992年第4期）中歸結爲「當時士人的生命意識覺醒，他們眞切地感受到人生原來只有一次，而且又是那麼短暫，面對政治黑暗，戰亂將起，人命危淺的時局，他們放棄了追求人生的長度，而著力加濃人生的密度，於是他們盡情地縱樂求欲，讓短暫的人生充滿了享受。」

〔註22〕《北齊書》卷五〇《恩倖·和士開傳》。

〔註23〕鄧子琴：《中國風俗史》，成都：巴蜀書社，1988年3月，第45頁。

〔註24〕《魏書》卷一〇八《禮志》。

社會財富的特權，孝文帝引進漢族門閥制度，首先將皇室嫡近之開國功臣分
定爲八姓，八姓以下的貴族亦按其先世是否爲部落大人以及皇始以來三世官
位之高低分別定爲「姓」或「族」。「一方面在於將漢族的士族制度正式推廣
到鮮卑人中，使鮮卑貴族進一步士族化，從而更縮小了鮮卑貴族同漢人士族
之間的差別。另一方面，明確規定士族的範圍，這樣就使士庶界限更爲嚴格，
使胡漢士族這一小撮高級公民的特殊地位進一步得到國家法律的承認與保
障。」〔註25〕

　　「奢侈和財富的不均永遠是成正比例的。如果全國的財富都分配得很
平均的話，便沒有奢侈了；因爲奢侈只是從他人的勞動中獲取安樂而已。」
〔註26〕門閥權貴序列的確立，更便於鮮卑貴族利用自己政治經濟上的特權，
聚斂財富，造成社會財富的極端不均。如高陽王元雍，《魏書》卷二一上《獻
文六王·高陽王雍傳》載：

> 　　肅宗覽政，除使持節、司州牧、侍中、太師、錄尚書如故。肅
> 宗加元服，雍兼太保，與兼太尉崔光攝行冠禮。詔雍乘車出入大司
> 馬門，進位丞相，給羽葆鼓吹，倍加班劍，餘悉如故。又賜帛八百
> 匹，與一千人供具，催令速拜。詔雍依齊郡順王簡太和故事，朝訖
> 引坐，特優拜伏之禮。總攝內外，與元又同決庶政。歲祿萬餘，粟
> 至四萬，伎侍盈房，諸子瑰晃，榮貴之盛，昆弟莫及焉。

元雍爲孝文之弟，位勢使然，本就享有特權。分定姓族後，更列門閥上層。
肅宗時又得到特殊寵遇，位至丞相。又賜帛八百匹，供一千人飲宴的器皿。
一年俸祿布帛一萬多匹，粟米四萬石。伎侍盈房，諸子亦都有官職在身。政
治經濟上的優越地位對其奢華生活已然提供了可靠的物質保證。「鮮卑貴族從
未有過這樣豐裕的財富，也沒有『居安思危』的政治修養，統治者也沒有進
行道德方面的訓誡，於是整個貴族階層迅速墮落下去。」〔註27〕中原先進的
文明文化，物質生活方式也讓從塞北來的鮮卑貴族大開眼界目不暇接。「脩之
能爲南人飲食，手自煎調，多所適意。世祖親待之，進太官尚書，賜爵南郡

〔註25〕劉琳：《北朝士族的興衰》，見《魏晉南北朝史研究》，中國魏晉南北朝史學會
　　　　編，成都：四川省社會科學院出版社，1986年，第309頁。
〔註26〕〔法〕孟德斯鳩：《論法的精神》，北京：商務印書館，1961年11月第1版，
　　　　1982年6月北京第3次印刷，上冊，第96頁。
〔註27〕王永平：《論北魏後期的奢侈風氣——從一個側面看北魏衰亡的原因》，《學術
　　　　月刊》1996年第6期。

公，加冠軍將軍，常在太官，主進御膳。」〔註28〕「國家初，丈夫好服彩色」〔註29〕，此正反映了北方鮮卑對南朝物質生活的欣羨。正是在這種繁華的物質財富與生活面前，在暴發心態的驅使下，煽起了「瘋狂消費」的奢華之風。

一個更爲不可忽視的原因還在於，隨著鮮卑族進入中原，游牧經濟向農業社會的過渡，政治漸趨穩定，戰事亦越來越少。尤其是孝文帝遷洛以後，銳意文治漢化，重用漢族士人，更使鮮卑貴族、武人無用武之地，成爲名符其實的寄生階級。無論是留在代北、還是隨孝文帝南遷的鮮卑貴族，他們的生活都驟然出現了空白，失去了寄託。他們不像漢族士人那樣，有傳統文化的薰陶，聖賢的垂訓，可以寄情詩書，治家教子。面對漢族的文明，中原的物產，失去了以往的游牧征戰，他們很自然的選擇了盡情地享受眼前的物質財富。如此，奢華之風便以鮮卑貴族爲中心，極爲迅速地在上層社會中煽揚開來。且影響波及到社會各層面，「徐孝肅，汲郡人也。宗族數十家，多以豪侈相尙，唯孝肅儉約，」〔註30〕此爲說明徐孝肅之不同流俗，以儉爲尙，但卻從另一個側面反映了當時社會的豪縱奢華風氣。

第二節 社會上層奢華表現

北朝社會奢華之風從北魏中期開始，且尤以此時最爲嚴重突出，其所表現出的生活奢華現象是令人咋舌的。北魏以後，東、西二魏，北齊、北周幾個王朝，國祚既短，史書於此記載亦少，亦不如北魏那樣典型且有代表性。然這幾個朝代在時間上與北魏緊密相連，北魏時形成的社會風尙，在其後的朝代中，定有影響，流風餘韻，必有留存。史籍中記載雖少，窺斑知豹，亦可揣知一二。以下即從幾個方面對北朝社會生活奢華表現進行梳理與分析。

一、日常生活

衣食住行乃人的基本需求與主要生活內容，北朝的奢華現象首先即表現此等日常生活上。鮮卑族本爲游牧民族，生活方式遠較中原漢族落後。進入中原後，自然很快接受了漢族的衣著服飾、飲食習慣、居住環境、車乘器用等。上層貴族更是在物質生活上追求精美細緻，豪華講究。

〔註28〕《魏書》卷四三《毛脩之傳》。
〔註29〕《魏書》卷五八《楊播傳附楊椿傳》。
〔註30〕《北史》卷八四《徐孝肅傳》。

（一）衣冠服乘

「衣服」是人類生存的基本需要之一，衣服包括衣冠服飾，是人類用以蔽體取暖兼具美觀之作用者。北魏統治的北中國河北一帶，本是紡織業發達的地區。孝文帝改革、遷洛，社會生產漸次得到恢復與發展，紡織業在原有基礎上亦得到發展。北齊和北周時期，產品的數量和質量都大大提高。北齊時祖珽「出山東大文綾並連珠孔雀羅等百餘匹，令諸嫗擲樗蒲賭之，以爲戲樂」，〔註31〕可見當時絲織品技術之精美及產量之多。

有此先進的紡織業、精美的紡織品爲基礎，上層社會在追逐奢華享樂之時，衣著服飾自然是其重要一面。北魏時上層貴族衣著錦繡，極盡裝飾。如宗室元忠「愚而無智，性好衣服，逐著紅羅襦，繡作領，碧綢褲，錦爲緣。帝謂曰：『朝廷衣冠，應有常式，何爲著百戲衣？』忠曰：『臣少來所愛，情存綺羅，歌衣舞服，是臣所願。』」〔註32〕靈太后「母臨天下，年垂不惑」，仍然「過甚修飾」、「盛服炫容」〔註33〕。

不僅在衣著上追求華麗，在出行乘從上亦追求排場闊氣。咸陽王元禧「衣被繡綺，車乘鮮麗」〔註34〕，廣陽王元嘉「性好儀飾，車服鮮華，既居儀同，又任端首，出入容衛，道路榮之」〔註35〕，司農張倫「最爲豪侈，齋宇光麗，服翫精奇，車馬出入，逾於邦君」〔註36〕。

上行下效，上層貴族既極盡奢華之能事，加之以經濟發展，絲織品豐富，一些豪富階層如北魏洛陽城內那些擁資鉅萬的富商大賈，遂也「金銀錦繡，奴婢緹衣」。〔註37〕不僅主人衣著鮮麗，在某些家庭中，婢僕也得以盛飾華妝。這在禮法等級森嚴的封建社會，被視爲僭越違禮行爲，自然會引起權貴階層的不滿。《魏書》卷六二《李彪傳》載，孝文帝後期李彪就曾上表曰：「今四人豪富之家，習華既深，敦樸情淺，未識儉素之易長，而行奢靡之難久。壯制第宅，美飾車馬，僕妾衣綾綺，土木被文繡，僭度違衷者眾矣。古先哲王之爲制也，自天子以至公卿，下及抱關擊柝，其宮室車服各有差品，小不得踰大，賤不得踰貴。夫然，故上下序而人志定。」高陽王元雍亦曾對

〔註31〕《北齊書》卷三九《祖珽傳》。
〔註32〕《魏書》卷一九上《景穆十二王上·汝陰王天賜傳附元忠傳》。
〔註33〕《魏書》卷一九中《景穆十二王中·任城王雲傳附元順傳》。
〔註34〕《魏書》卷二一上《獻文六王上·咸陽王元禧傳》。
〔註35〕《魏書》卷一八《太武五王·廣陽王建傳附元嘉傳》。
〔註36〕《洛陽伽藍記》卷二《城東·正始寺》。
〔註37〕《洛陽伽藍記》卷四《城西·法雲寺》。

於這種行為深為不滿，並上書要求禁斷：「王公以下賤妾，悉不聽用織成錦繡、金玉珠璣，違者以違旨論；奴婢悉不得衣綾綺纈，止於縵繒而已；奴則布服，並不得以金銀為釵帶，犯者鞭一百。」〔註38〕

此二人所上之表，其結果是「高祖覽而善之，尋皆施行」，「太后從之，而不能久行也」。說明朝廷畢竟是難以行政力量干預奢華之風，至靈太后時，整個社會的奢華風氣已是積重難返。而且，「其身正，不令而行；其身不正，雖令不從。」〔註39〕當權者僅是因為感到「下層」的「違禮僭越」侵犯了他們的特權和優越感，以此欲對奢華現象加以限制，自己卻享樂如故，自然難以對下層產生約束和影響。西魏大統五年，司徒左長史時崔猷亦表奏：「廛里富室，衣服奢淫，乃有織成文繡者。」〔註40〕對當時城中富有人家服裝奢侈過度，有的將衣服織繡出各種圖案的現象上書加以諫止。北齊武成元年六月，樂遜在陳政事疏中總結道：「魏都洛陽，一時殷盛，貴勢之家，各營第宅，車服器玩，皆尚奢靡。」〔註41〕都說明了上層社會在衣冠服乘上的競行奢華。

（二）飲食日用

飲食乃人生又一重要需求。北朝上層社會在飲食方面竭力搜求四方珍異，鐘鳴鼎食、一擲千金者屢見不鮮，尤以宗室諸王為最。《資治通鑑》卷一四九《梁紀五》「天監十八年」條載此兩例《洛陽伽藍記》卷三《城南‧高陽王寺》與卷四《城西‧開善寺》亦記載）：

> 時魏宗室權倖之臣，競為豪侈。高陽王雍，富貴冠一國，宮室園圃，倖於禁苑，僮僕六千，伎女五百，出則儀衛塞道路，歸則歌吹連日夜，一食直錢數萬。李崇富埒於雍而性儉嗇，嘗謂人曰：「高陽一食，敵我千日。」

> 河間王琛，每欲與雍爭富，駿馬十餘匹，皆以銀為槽，窗戶之上，玉鳳銜鈴，金龍吐旆。嘗會諸王宴飲，酒器有水精鋒，馬腦椀，赤玉卮，制作精巧，皆中國所無。又陳女樂、名馬及諸奇寶，復引諸王歷觀府庫，金錢、繒布，不可勝計。顧謂章武王融曰：「不恨我不見石崇，恨石崇不見我。」融素以富自負，歸而惋歎，臥疾三日。

〔註38〕《魏書》卷二一上《獻文六王上‧高陽王雍傳》。
〔註39〕《論語》卷七《子路》第十三。
〔註40〕《周書》卷三五《崔猷傳》。
〔註41〕《周書》卷四五《儒林‧樂遜傳》。

> 京兆王繼聞而省之，謂曰：「卿之貨財計不減於彼，何爲愧羨乃爾？」
> 融曰：「始謂富於我者獨高陽耳，不意復有河間！」繼曰：「卿似袁
> 術在淮南，不知世間復有劉備耳！」融乃笑而起。

無獨有偶，宗室諸王攀富比貴，踵武晉何曾、石崇事蹟〔註42〕，不以爲恥，
競爲豪奢，無以復加。太傅清河王元懌「至於清晨明景，騁望南臺，珍羞具
設，琴笙並奏，芳醴盈罍，佳賓漢席，使梁王愧兔園之遊，陳思慚雀臺之燕」
〔註43〕。

　　上流社會還盛行遊宴之風，北魏宣武帝常參加這類活動，逐家品評，相
互競爭。《魏書》卷九三《恩倖・趙脩傳》：

> 每受除設宴，世宗親幸其宅，諸王公卿士百僚悉從，世宗親見
> 其母。脩能劇飲，至於逼勸觴爵，雖北海王詳、廣陽王嘉等皆亦不
> 免，必致困亂。每適郊廟，脩常驂陪。

宣武帝令恩倖趙脩設家宴，親率諸王百官前往飲宴。靈太后亦頻幸王公第
宅，對此大臣崔光曾有表諫：

> 《禮記》云：「諸侯非問疾弔喪而入諸臣之家，是謂君臣爲謔。」
> 不言王后夫人，明無適臣家之義。夫人父母在，有時歸寧，親沒，
> 使卿大夫聘。《春秋》紀陳、宋、齊之女並爲周王后，無適本國之事。
> 是制深於士大夫，許嫁唁兄，又義不得；衛女思歸，以禮自抑。《載
> 馳》、《竹竿》所爲作也。漢上官皇后將廢昌邑，霍光，外祖也，親
> 爲宰輔，后猶御武帷以接群臣，示男女之別，國之大節。伯姬待姆，
> 安就炎燎；樊姜俟命，忍赴洪流。傳皆綴集，以垂來詠。昨軒駕頻
> 出，幸馮翊君、任城王第，雖漸中秋，餘熱尚蒸，衡蓋往還，聖躬

〔註42〕《晉書》卷三三《何曾傳》載何增，「然性奢豪，務在華侈。帷帳車服，窮極
綺麗，廚膳滋味，過於王者。每燕見，不食大官所設，帝輒命取其食。蒸餅
上不坼作十字不食。食日萬錢，猶曰無下箸處。」《晉書》卷三三《石苞傳附
子石崇傳》載，「（石崇）財產豐積，室宇宏麗。後房百數，皆曳紈繡，珥金
翠。絲竹盡當時之選，庖膳窮水陸之珍。與貴戚王愷、羊琇之徒以奢靡相尚。
愷以飴澳釜，崇以蠟代薪。愷作紫絲布步障四十里，崇作錦步障五十里以敵
之。崇塗屋以椒，愷用赤石脂。崇、愷爭豪如此。武帝每助愷，嘗以珊瑚樹
賜之，高二尺許，枝柯扶疏，世所罕比。愷以示崇，崇便以鐵如意擊之，應
手而碎。愷既惋惜，又以爲嫉己之寶，聲色方屬。崇曰：『不足多恨，今還卿。』
乃命左右悉取珊瑚樹，有高三四尺者六七株，條幹絕俗，光彩耀日，如愷比
者甚眾。愷惘然自失矣。」
〔註43〕《洛陽伽藍記》卷四《城西・沖覺寺》。

煩倦。豐廚嘉醴，罄竭時羞，上壽弗限一觴，方丈甘膬百品，旦及日斜，接對不憩，非謂順時而遊，奉養有度。縱雲輦崇涼，御筵安暢。左右僕侍，眾過千百，扶衛跋涉，袍鉀在身，蒙曝塵日，渙汗流離，致時飢渴，餐飯不贍，賃馬假乘，交費錢帛。昔人稱陛下甚樂，臣等至苦，或其事也。〔註44〕

崔光出身漢族士族，深受儒家禮樂教化，指出了這種行幸活動於「禮」不合，且帶來物力人力上的巨大浪費。

其他各層官員大族，在飲食上亦各逞己能，不甘於後。王超「性豪華，能自奉養，每食必窮水陸之味」，〔註45〕崔浩一家為漢族士族，受儒家思想影響，在高級官僚中飲食已屬簡約，仍「衣則重錦，食則粱肉。」〔註46〕北齊勳臣子弟韓晉明「一席之費，動至萬錢，猶恨儉率。」〔註47〕北齊任胄「家本豐財，又多聚斂，動極豪華，賓客往來，將迎至厚。」〔註48〕北齊元暉業因時運多舛，對仕途心灰意冷，「不復圖全，唯事飲啖，一日一羊，三日一犢。」〔註49〕北周薛元信「仗氣豪侈，每食方丈，坐客恒滿，絃歌不絕。」〔註50〕李遷哲「性復華侈，能厚自奉養。妾媵至有百數，男女六十九人。緣漢千餘里間，第宅相次。姬人之有子者，分處其中，各有僮僕、侍婢、奄閽守之。遷哲每鳴笳導從，往來其間。縱酒歡燕，盡生平之樂。」〔註51〕官僚、貴族以外，工商富民階層也常是「五味八珍，僕隸畢口。」〔註52〕

與飲食相匹配，飲食器皿亦需精美。當時多用銀器或琉璃器，由於這些物品極為珍貴，官場遂有以此行賄者。如恒州刺史楊鈞曾造「銀食器十具，並餉領軍元叉」。〔註53〕

飲食上的極盡奢華與巨大需求必然刺激促進飲食業的發展，當時流傳的民諺中有「洛鯉伊魴，貴於牛羊」〔註54〕之句，正說明了全社會已形成了對

〔註44〕《魏書》卷六七《崔光傳》。
〔註45〕《魏書》卷九三《王叡傳附王超傳》。
〔註46〕《魏書》卷三五《崔浩傳》。
〔註47〕《北齊書》卷一五《韓軌傳附韓晉明傳》。
〔註48〕《北齊書》卷一九《任延敬傳附任胄傳》。
〔註49〕《北齊書》卷二八《元暉業傳》。
〔註50〕《周書》卷三五《薛善傳》。
〔註51〕《周書》卷四四《李遷哲傳》。
〔註52〕《洛陽伽藍記》卷四《法雲寺》。
〔註53〕《魏書》卷五八《楊播傳附楊昱傳》。
〔註54〕《洛陽伽藍記》卷三《城南‧龍華寺》。

飲食名品的關注，也從側面展現了飲食業的繁榮興旺。

當時宴飲的奢華場面，於出土的墓室壁畫中也可略窺一二。山西太原出土的北齊太尉、武安王徐顯秀墓，墓室北壁繪宴飲圖一幅，男女墓主手捧漆杯端坐於床榻之上。面前杯盤盈列，珍饈紛呈，兩旁侍女手捧肴饌，侍者手執羽扇、華蓋，男女伎樂持笙管絲竹列於左右。〔註55〕西安發現的北周安伽墓，內有圍屏石塌一座，圍屏上的彩繪有六幅與宴飲有關，其中僅家居宴飲圖便達兩幅。宴席上的美酒、佳肴、伎樂都在彩繪上得到生動的再現。〔註56〕

（三）居室宅第

居室宅第為人類生活所必需，居住環境是物質生活奢華的另一重要表現。以皇室為中心的社會上層廣興土木，興園造第。

北魏孝文帝遷都洛陽，曾重整宮殿、園囿。但孝文帝終屬明君，對宮室建築頗有節制。孝文帝之後，宣武帝諸人對宮室進行增益擴建則屬縱奢享樂之舉。宣武帝於「九月丁酉，發畿內夫五萬五千人築京師三百二十坊，四旬罷。」〔註57〕除此而外，還對華林園等皇家園囿進行擴建〔註58〕。《魏書》卷九三《恩倖·茹皓傳》載：

> （茹皓）遷驃騎將軍，領華林諸作。皓性微工巧，多所興立，為山於天淵池西，採掘北邙及南山佳石，徙竹汝潁，羅蒔其間；經構樓館，列於上下。樹草栽木，頗有野致。世宗心悅之，以時臨幸。〔註59〕

茹皓頗有建築才能，經其督工整治，使華林園景致大勝往昔。並使世宗宣武帝龍心悅之，不時遊賞。

北齊皇帝多荒淫之主，後主高緯「自河清之後，逮於武平之末，土木之功不息，嬪嬙之選無已，征稅盡，人力殫，物產無以給其求，江海不能贍其欲。」〔註60〕幼主高恒更是揮享無度。《北齊書》卷八《幼主帝紀》載：

〔註55〕 山西省考古研究，太原市文物考古研究所：《太原市北齊徐顯秀墓發掘簡報》，載《文物》2003 年，第 10 期。

〔註56〕 山西省考古研究所：《西安發現的北周安伽墓》，載《文物》，2001 年第 1 期。

〔註57〕 《北史》卷四《魏本紀·世宗宣武帝》。

〔註58〕 華林園，起自魏明帝，名芳林園，齊王芳改為華林。干寶《晉紀》：「泰始四年二月，上幸芳林園，與群臣宴，賦詩觀志。」見〔北周〕庾信：《庾子山集注》，北京：中華書局，1980 年 10 月版，第一冊，第 1 頁。

〔註59〕 《魏書》卷九三《恩倖·茹皓傳》。

〔註60〕 《北齊書》卷八《幼主高恒帝紀》。

宮掖婢皆封郡君，宮女寶衣玉食者五百餘人，一裙直萬疋，鏡
臺直千金，競爲變巧，朝衣夕弊。承武成之奢麗，以爲帝王當然。乃
更增益宮苑，造偓武脩文臺，其嬪嬙諸宮中起鏡殿、寶殿、瑇瑁殿，
丹青彫刻，妙極當時。又於晉陽起十二院，壯麗逾於鄴下。所愛不恒，
數毀而又復。夜則以火照作，寒則以湯爲泥，百工困窮，無時休息。
鑿晉陽西山爲大佛像，一夜然油萬盆，光照宮內。又爲胡昭儀起大慈
寺，未成，改爲穆皇后大寶林寺，窮極工巧，運石塡泉，勞費億計，
人牛死者不可勝紀。御馬則藉以氈罽，食物有十餘種，將合牝牡，則
設青盧，具牢饌而親觀之。狗則飼以梁肉。馬及鷹犬乃有儀同、郡君
之號，故有赤彪儀同、逍遙郡君、凌霄郡君，高思好書所謂「駁龍、
逍遙」者也。犬於馬上設褥以抱之，鬪雞亦號開府，犬馬雞鷹多食縣
幹。鷹之入養者，稍割犬肉以飼之，至數日乃死。

歷史上以荒淫享樂著名的封建帝王爲數不少，然北齊幼主作樂之舉仍是頗令
人瞠目。幼主繼承武成帝之遺風，以爲奢華享受乃帝王之所應當。宮人所穿
之一件裙子竟值絹一萬匹。所養狗馬雞鷹，待遇類比人等。尤其於土木興建
所耗之物力可稱無以復加，濫徵民力，驅役百姓。宮殿隨其喜惡建而復毀，
造像建寺，人畜死者不可計數。

宗室貴族更極力追求居宅的豪奢、壯麗，大肆興造園林，「帝族王侯，外
戚公主，擅山海之富，居川林之饒。爭修園宅，互相誇競。崇門豐室，洞戶
連房，飛館生風，重樓起霧。高臺芳榭，家家而築；花林曲池，園園而有。
莫不桃李夏綠，竹栢冬青。」〔註 61〕高陽王元雍「貴極人臣，富兼山海，居
止第宅，匹於帝宮。白壁丹楹，窈窕連亘，飛簷反宇，輠轇周通。……其竹
林魚池，侔於禁苑，芳草如積，珍木連陰。」〔註 62〕清河王元懌「勢傾人主，
第宅豐大，踰於高陽。西北有樓，出凌雲臺，俯臨朝市，目極京師，古詩所
謂『西北有高樓，上與浮雲齊』者也。樓下有儒林館、延賓堂，形製並如清
暑殿。土山釣池，冠於當世。斜峰入牖，曲沼環堂，樹響飛嚶，階叢花藥。」
〔註 63〕河間王元琛「最爲豪首，常與高陽爭衡，造文栢堂，形如徽音殿，置
玉井金罐，以五色績爲繩。」〔註 64〕北海王元詳「珍麗充盈，聲色侈縱，建

〔註 61〕《洛陽伽藍記》卷四《城西‧壽丘里》。
〔註 62〕《洛陽伽藍記》卷三《城西‧高陽王寺》。
〔註 63〕《洛陽伽藍記》卷四《城西‧沖覺寺》。
〔註 64〕《洛陽伽藍記》卷四《城西‧壽丘里》。

飾第宇，開起山池，所費鉅萬矣。又於東掖門外，大路之南，驅逼細人，規占第宅。」〔註65〕

當時宗室貴族多居洛陽城西壽丘里，俗稱王子坊，第宅園林競相爭勝。經河陰之變，諸王多遭屠戮。壽丘里之王侯第宅，多捨爲寺。「四月初八日，京師士女多至河間寺，觀其廊廡綺麗，無不歎息，以爲蓬萊僊室亦不是過。入其後園，見溝瀆蹇產，石蹬嶕嶢，朱荷出池，綠萍浮水，飛梁跨閣，高樹出雲，咸皆唧唧，雖梁王兔苑想之不如也。」〔註66〕從這些寺院中仍可看出當年繁華之遺蹟。

其他各層官僚也競修園林，如司農張倫「最爲豪侈。齋宇光麗，服翫精奇，車馬出入，逾於邦君。園林山池之美，諸王莫及。倫造景陽山，有若自然。其中重巖複嶺，嶔崟相屬。深谿洞壑，邐迤連接。高林巨樹，足使日月蔽虧；懸葛垂蘿，能令風煙出入。崎嶇石路，似壅而通；崢嶸澗道，盤紆復直。是以山情野興之士，游以忘歸。」〔註67〕畢義雲「恣情驕侈，營造第宅宏壯，未幾而成。」〔註68〕河陽郡公李綸興造園林，著名詩人庾信前往觀瞻，並作詩相贈。〔註69〕當時的佞倖之人一旦得勢，也竭力廣增宅舍。《魏書·恩倖傳》對趙修、茹皓、寇猛、王椿、劉騰諸人營修第宅室宇的情況都有明確記載。

在這種風氣影響下，一些富商大賈也「僭制」建宅，「有劉寶者，最爲富室。州郡都會之處皆立一宅，各養馬十疋。至於鹽粟貴賤，市價高下，所在一例。舟車所通，足跡所履，莫不商販焉。是以海內之貨，咸萃其庭，產匹銅山，家藏金穴。宅宇踰制，樓觀出雲，車馬服飾擬於王者。」〔註70〕廣有資財的富商階層不甘居後，其宅第營建規模可與宗室王公相比肩。

〔註65〕《魏書》卷二一上《獻文六王上·北海王詳傳》。
〔註66〕《洛陽伽藍記》卷四《城西·壽丘里》。
〔註67〕《洛陽伽藍記》卷二《城東·正始寺》。
〔註68〕《北齊書》卷四七《畢義雲傳》。
〔註69〕庾信《同會河陽公新造山池聊得寓目》：橫階仍鑿澗，對戶即連峰。暗石疑藏虎，盤根似臥龍。沙州聚亂荻，洞口礙橫松。引泉恒數派，開岩即十重。北閣聞吹管，南鄰聽擊鍾。菊寒花正合，杯香酒絕濃。由來魏公子，今日始相逢。注釋：楚熊渠子、漢李廣皆夜行射寢石，以爲虎。故石疑藏虎。《抱朴子》云：「千歲之松，其狀如龍。」故根似臥龍也。左太沖詩曰：「南鄰擊鍾磬，北里吹笙竽。」《漢書·地理志》云：「河南之開封、中牟、陽武、酸棗、卷，皆魏分也。」故河陽公稱魏公子，比戰國信陵矣。見〔北周〕庾信：《庾子山集注》，北京：中華書局，1980年10月版，第一冊，第273頁。
〔註70〕《洛陽伽藍記》卷四《城西·法雲寺》。

二、財 婚

　　財婚是上層社會奢華之風影響下的又一表現。財婚即婚姻中論資財索聘禮，婚禮上講排場競奢華現象。〔註71〕婚姻重財，古即有之。陳鵬在《中國婚姻史稿》中論之曰：

> 《詩·召南·鵲巢》：「維鵲有巢，維鳩居之，之子於歸，百兩御之。」又云：「百兩將之」。「百兩成之」。箋云：「百兩，百乘，諸侯之子，嫁於諸侯，送御皆百乘。」又「御，迎也。」「將，送也。」「成，能成百兩之禮也，……以百兩之禮送迎成之。」正義云：「車有兩輪，馬有四匹。」一女之嫁，送迎各用四馬四百匹，車一百兩，儀仗壯麗如此，他物豐厚可知。）韓侯取妻，「爛其盈門」（《詩·大雅·韓奕》：「韓侯取妻，汾王之甥，蹶父之子，韓侯迎止，于蹶之里。百兩彭彭，八鸞鏘鏘，不顯其光。諸娣從之，祁祁如雲，韓侯顧之，爛其盈門。」車馬之盛，誠爲後代侈婚之濫觴。）而民間嫁娶，亦「皇駁其馬」，「九十其儀」（《詩·東山》）。蓋此俗之興，由來久矣。〔註72〕

妝奩聘禮，禮之所需。且男女婚姻，人生大事，奩聘厚重，排場闊氣，人所共願也。北朝時期，上層社會聚斂財富，競行奢華，婚姻自然亦是其重要表現方面。

（一）財婚表現

　　財婚在中國歷史上歷代皆有，在整個魏晉南北朝時期皆成風氣。尤其自「晉室渡江以後，風俗侈靡，益重財婚。守貧者，雖博學知名之士，亦不能得妻。」〔註73〕財婚之興，與當時門閥制度相關。門閥社會，婚姻重門第。門第高者廣有資財，生活富庶，婚姻雙方聘禮豐厚，婚禮也要體面豪華。「士族舊門，自矜門地，不屑下婚寒人。而當時新貴則羨其門望，競以重財求聘，以得爲榮，循至末流，遂以財賂相尚，直同賣嫁。」〔註74〕北朝財婚，又有自己特點。

〔註71〕陳鵬在其《中國婚姻史稿》中，將兩晉南北朝時期中婚禮中的這種論資財、講排場現象分爲「財婚」與「侈婚」兩個概念。筆者以爲，「財婚」與「侈婚」，皆由財而來，故統稱「財婚」，綜而論之。

〔註72〕陳鵬：《中國婚姻史稿》，北京：中華書局 2005 年 1 月，第 146 頁。

〔註73〕陳鵬：《中國婚姻史稿》，北京：中華書局 2005 年 1 月，第 131 頁。

〔註74〕陳鵬：《中國婚姻史稿》，北京：中華書局 2005 年 1 月，第 132 頁。

　　北朝財婚，前人已有注意。隋王通云「婚娶而論財，夷虜之道也」。〔註75〕
趙翼論曰：「魏、齊之時，婚嫁多以財幣相尚，蓋始高門與卑族爲婚，利其所
有財賄紛遺，其後遂成風俗，凡婚嫁無不以財幣爲事，爭多競少，恬不爲怪
也。」〔註76〕陳鵬云：「北朝侈婚之俗，過於江左，而同牢侈費，逾於江左。」
〔註77〕蓋北朝鮮卑族本有財婚遺俗，如《晉書》卷一一八《姚興載記》載，「魏
主拓跋圭送馬千匹，求婚於興，興許之」，〔註78〕早在道武帝拓跋珪時期，道
武帝求婚於後秦姚興，以馬千匹爲聘禮，此乃鮮卑舊俗。至北魏後期，上層
社會行奢華之風，而且隨著門閥制度的引進，等級區分日益嚴格分明，財婚
現象遂更爲嚴重。婚姻重財競奢，直有淩於南朝之勢。

　　有關北朝財婚事例，典籍記載亦多。如北魏盧統「以父任，侍東宮。世
祖以元舅陽平王杜超女，南安長公主所生妻之。車駕親自臨送，太官設供具，
賜賚以千計」，〔註79〕盧統被世祖太武帝拓跋燾賜婚，賞賚豐厚。北魏蕭寶
夤「尋尚南陽長公主，賜帛一千匹，並給禮具。」〔註80〕北齊參軍盧思道
「私貸庫錢四十萬，聘太原王義女爲妻」，〔註81〕爲湊妝奩而挪用庫款者。
北齊封述「久爲法官，明解律令，議斷平允，深爲時人所稱。而厚積財產，
一無饋遺，雖至親密友貧病困篤，亦絕於拯濟，朝野物論甚鄙之。外貌方整
而不免請謁，迴避進趨，頗致嗤駭。前妻河內司馬氏。一息，爲娶隴西李士
元女，大輸財聘，及將成禮，猶競懸違。述忽取供養像，對士元打像作誓。
士元笑曰：『封公何處常得應急像，須誓便用。』一息娶范陽盧莊之女，述
又逕府訴云：『送贏乃嫌腳跛，評田則云鹹薄，銅器又嫌古廢。』皆爲吝嗇
所及，每致紛紜」，〔註82〕乃爲積攢財富，慳吝薄情，議婚之時不顧物議討
價還價者。畢義云「成婚之夕，眾儲備設，剋日拜閤，明驂清路，盛列羽儀，
兼差臺吏二十人，貴其鮮服侍從車後」，〔註83〕婚禮排場盛大，顯富擺闊。

〔註75〕鄭春穎：《文中子中說譯注》，哈爾濱：黑龍江人民出版社，2003 年 1 月第 1
　　　　版，《事君篇》，第 63 頁。
〔註76〕〔清〕趙翼：《廿二史箚記校正》（訂補本），北京：中華書局，1984 年 1 月第
　　　　1 版，2001 年 11 月北京第二次印刷，上冊，第 317 頁。
〔註77〕陳鵬：《中國婚姻史稿》，北京：中華書局 2005 年 1 月，第 149 頁。
〔註78〕《晉書》卷一一八《姚興載記》。
〔註79〕《魏書》卷三四《盧魯元傳附盧統傳》。
〔註80〕《魏書》卷五九《蕭寶夤傳》。
〔註81〕《北齊書》卷四二《袁聿修傳》。
〔註82〕《北齊書》卷四三《封述傳》。
〔註83〕《北齊書》卷四七《酷吏・畢義雲傳》。

財婚之風，本起自上層社會，然同其他種種社會風尚一樣，上行下效，對民間亦產生了一定影響。民間婚姻本亦有行聘過禮之俗，富貴之家既尚財婚，無疑會對民俗起推波助瀾之作用與影響。

（二）財婚之弊與限制財婚

財婚作為奢華表現之一，其弊顯而易見，有識者非之，政府亦不時予以干涉。

首先，促進門閥制度的進一步發展，一定程度上造成社會物質財富資源的鋪張浪費。財婚需要大量錢財，上層權貴、門閥士族依恃政治特權而獲經濟利益，佔有經濟優勢。而其他社會階層則可以利用所積聚之錢財攀高結貴，以提高自己的社會地位，如此則對門閥之風更起推動與刺激作用。婚禮中的爭奢比闊無疑會消耗浪費大量物質資源，這對社會的發展與再生產也是不利的。

其次，導致婚嫁失時，影響社會人口繁殖發展。為了標榜門戶，嫁娶都很奢侈鋪張，家境不足者亦起而效尤，不甘示弱。遂有由於經濟原因，往往男方聘禮不夠或女方嫁妝不足而難以成婚，嫁娶因而失時。嫁女需要大量妝奩，因而貧苦人家不願養女。《顏氏家訓‧治家》說：

> 太公曰：「養女太多，一費也」。陳蕃云：「盜不過五女之門。」
> 女為之累，亦已深矣，然天生蒸民，先人傳體，其如之何。世人多
> 不舉女，賊行骨肉，豈當如此而望福於天乎。

財婚對民間的影響還可從北朝民歌中找到佐證。受游牧民族遺風影響，北朝亦流行早婚，但是在民歌中卻有很多反映大齡女題材的作品。如《折楊柳枝歌》（選三首）：

> 門前一株棗，歲歲不知老。阿婆不嫁女，那得孫兒抱。
> 敕敕何力力，女子臨窗織。不聞機杼聲，只聞女歎息。
> 問女何所思，問女何所憶。阿婆許嫁女，今年無消息。〔註84〕

三首皆寫未嫁女子懷春思嫁的苦悶心情，直抒渴望結婚的強烈願望。《捉搦歌》兩首：

> 粟谷難舂付石臼，弊衣難護付巧婦。男兒千凶飽人手，老女不
> 嫁只生口。

〔註84〕〔宋〕郭茂倩：《樂府詩集》，北京：中華書局，1979年11月第1版，第二冊，第二十五卷，第370頁。

黃桑柘屐蒲子履，中央有繫兩頭繫。小時憐母大憐婚，何不早
嫁論家計。〔註85〕

這些都表達了待嫁女子的迫切心情。過時未嫁的女子被看成家庭的負擔，成
爲只會吃閒飯的人。女子過時未嫁不是自己不想嫁，也不是沒有人娶。其主
要原因即可能與門第婚、財婚有關，或是女家要財禮過多，男方難以承受；
或是因門第所限而延誤失時。

婚嫁失時直接影響到社會人口的繁殖發展，在以人口爲主要資源的古代
社會，這是一個非常嚴重的社會問題。東魏孝靜帝時元孝友曾經上言：「又夫
婦之始，王化所先，共食合瓢，足以成禮。而今之富者彌奢，同牢之設，甚
於祭養。累魚成山，山有林木，林木之上，鸞鳳斯存。徒有煩勞，終成委棄，
仰惟天意，其或不然。請自茲以後，若婚葬過禮者，以違旨論，官司不加糾
劾，即與同罪。」〔註86〕其中指出婚姻中的奢靡現象及其危害，要求政府加
以禁止。

北朝歷代政府對財婚現象亦曾屢頒詔書，試圖加以限制。北魏太平眞君
九年十月，世祖太武帝拓跋燾「以婚姻奢靡、喪葬過度，詔有司更爲科限。」
〔註87〕和平四年十二月，文成帝拓跋濬下詔：「名位不同，禮亦異數，所以殊
等級，示軌儀。今喪葬嫁娶，大禮未備，貴勢豪富，越度奢靡，非所謂式昭
典憲者也。有司可爲之條格，使貴賤有章，上下咸序，著之於令。」〔註88〕
北魏孝文帝太和二年五月，孝文帝詔曰：「婚娉過禮，則嫁娶有失時之弊；厚
葬送終，則生者有糜費之苦。聖王知其如此，故申之以禮數，約之以法禁。
乃者，民漸奢尚，婚葬越軌，致貧富相高，貴賤無別。」〔註89〕太和二十年
孝文帝再次下詔：「夫婦之道生民所先，仲春奔會禮有達式，男女失時者以禮
會之。」〔註90〕東魏武定八年六月高洋下詔曰：「頃者風俗流宕，浮競日茲，
家有吉凶，務求勝異。婚姻喪葬之費，車服飲食之華，動竭歲資，以營日富。
又奴僕帶金玉，婢妾衣羅綺，始以創出爲奇，後以過前爲麗，上下貴賤，無

〔註85〕 〔宋〕郭茂倩：《樂府詩集》，北京：中華書局，1979 年 11 月第 1 版，第二冊，
　　　　 第二十五卷，第 369 頁。
〔註86〕 《魏書》卷一八《太武五王‧臨淮王譚傳附元孝友傳》。
〔註87〕 《魏書》卷四《世祖紀》。
〔註88〕 《魏書》卷五《高宗紀》。
〔註89〕 《魏書》卷七上《高祖紀》。
〔註90〕 《魏書》卷七下《高祖紀》。

復等差。今運屬惟新，思蠲往弊，反樸還淳，納民軌物。可量事具立條式，使儉而獲中。」〔註91〕北周武帝建德二年九月詔曰：「政在節財，禮唯寧儉。而頃者婚嫁競爲奢靡，牢羞之費，罄竭資財，甚乖典訓之理。有司宜加宣勒，使咸遵禮制。」〔註92〕建德三年正月詔曰：「自今已後，男年十五，女年十三以上，爰及鰥寡，所在軍民以時嫁娶，務從節儉，勿爲財幣稽留。」〔註93〕北朝皇帝，屢曾下詔，對財婚予以規制，其目的在於節財生口。由此亦可見財婚之盛行，並已對民間產生廣泛影響，以致引起人口問題。然詔書既多，亦說明財婚之風，實難禁斷。政府詔令，徒具空文而已。

第三，帶來家庭矛盾和家庭問題。財婚不僅引起系列社會問題，還容易由此產生家庭矛盾和問題。對此，北齊顏之推曾痛斥之，以誡子孫：

> 近世嫁娶，遂有賣女納財，買婦輸絹，比量父祖，計較錙銖，責多還少，市井無異，或猥婿在門，或傲婦擅室，貪榮求利，反招羞恥。〔註94〕

> 世有癡人，不識仁義，不知富貴並由天命。爲子娶婦，恨其生資不足，倚作舅姑之尊，蛇虺其性，毒口加誣，不識忌諱，罵辱婦之父母。卻成教婦不孝己身，不顧他恨。但憐己之子女，不愛己之兒婦。〔註95〕

婚姻嫁娶成爲錢財交易，妝奩富厚者，自恃家門，傲藐夫家；陪嫁寡薄者，則遭夫家冷眼相看，甚至辱罵虐待。

三、蓄　妓

奢華的另一表現爲廣蓄妓妾。性需求爲人之本能，生活上的奢華自然還需伴之以情色上的放縱。北朝時期，王公顯貴大量蓄養美女婢妾，縱情聲色，尤其突出體現於蓄養家妓上。

（一）概念辨析

「妓」之於人類歷史，起源甚早，在中國亦如是。妓，古文獻中又作「伎」、

〔註91〕《北齊書》卷四《文宣紀》。
〔註92〕《周書》卷五《武帝紀上》。
〔註93〕《周書》卷五《武帝紀上》。
〔註94〕《顏氏家訓‧治家》。
〔註95〕《顏氏家訓‧歸心》。

「姬」。幾者詞義有接近、重複、混淆之處，故試辨析之。工具書中對幾詞的解釋如下：

    妓：①古指歌女或舞女。王仁裕《開元天寶遺事‧隔障歌》：「寧王宮有女妓寵姐者，美姿色，善謳歌。」②妓女，賣淫的女子。〔註96〕

    伎：①同「技」。技巧；技藝。《書‧秦誓》：「無他伎。」②同「妓①。」女樂。《新唐書‧元載傳》：「名殊異伎。」〔註97〕

    姬：①姓。傳說黃帝居姬水，因以爲姓。周人以后稷（黃帝之後）爲祖，亦姓姬。②妾。《漢書‧元后傳》：「東平王聘政居爲姬。」③漢代宮中女官。《漢官儀》卷下：「姬，內官也，秩比二千石，位次婕妤下，在八子上。」④古時婦人的美稱。也用爲美女之稱。張耒《京師廢宅》詩：「豔姬驕馬知何處，獨有庭花春自榮。」⑤通「居」。坐。《列子‧黃帝》：「姬，將告汝。」張湛注：「姬，居也。」〔註98〕

1979年版《辭源》關於幾詞的釋義與《辭海》差同，蓋《辭海》源出《辭源》也。

「妓」重身，乃以身侍人之女人；「伎」重藝，乃以藝侍人者，「伎」有男有女。以藝侍人，地位亦甚低下，如主人提出性要求，女伎亦需滿足之。「姬」乃妾或指美人。《戰國策‧東周策》載：「齊桓公宮中女市七，女閭七百」，這是管仲所設立的我國最早的國營妓院。《越絕書》卷八載：「獨婦山者，句踐將伐吳，徙寡婦致獨山上，以爲死士示，得專一也。去縣四十里。後說之者，蓋句踐所以遊軍士也。」句踐利用寡婦爲軍隊提供性服務，以鼓舞士氣，這是較典型的營妓。以上即以「身」侍人。《國語》載：「公錫魏絳女樂一八、歌鍾一肆，曰：『子教寡人和諸戎、狄而正諸華，於今八年，七合諸侯，寡人無不得志，請與子共樂之。』」〔註99〕此述春秋時期，晉悼公

〔註96〕辭海編輯委員會：《辭海》，上海：上海辭書出版社，1999年版普及本，中卷，第3123頁。

〔註97〕辭海編輯委員會：《辭海》，上海：上海辭書出版社，1999年版普及本，上卷，第612頁。

〔註98〕辭海編輯委員會：《辭海》，上海：上海辭書出版社，1999年版普及本，中卷，第3131頁。

〔註99〕《國語》卷第十三《晉語》。

因魏絳和戎有功而賜其「女樂一八」。此即以「藝」侍人。後「妓」與「伎」在發展中漸趨合流，總之曰「妓」。即以出賣肉體及技藝爲生之婦女。

（二）家妓之起源與地位

妓被蓄養於私家，其源亦遠。《論語》卷九《微子第十八》載：「齊人歸女樂，季桓子受之。三日不朝，孔子行。」《春秋左氏傳‧昭公二十八年》：「其大宗賂以女樂，魏子將受之。」《戰國策》卷三《秦一‧田莘之爲陳軫說秦惠王》亦有「乃遺之女樂，以亂其政。」此女樂顯指歌妓。將女樂藝人養於家中，當是家妓之最早起源。亦可見出家妓之起源時期，「妓」需具一定歌舞技藝，以滿足主人歌舞娛情之需要。

魏晉南北朝是家妓發達與盛行的時期，《世說新語‧汰侈》篇載：「魏武有一妓，聲最清高，而情性酷惡。欲殺則愛才，欲置則不堪。於是選百人一時俱教。少時，還有一人聲及之，便殺惡性者。」可知家妓以提供歌舞技藝服務爲主。《晉書》卷一一四《苻堅載記》載：「軍還，以功進封清河郡侯，賜以美妾五人，上女妓十二人，中妓三十八人，馬百匹，車十乘。猛上疏固辭不受」，前秦勳臣王猛因功一次被賜妓五十人，雖然其「固辭不受」，但從賞賜數量和「妓」被分成等級看，可推知當時妓業之發達。

妓乃以容貌、歌舞、器樂、雜技等使人愉悅爲己存身之道。在封建社會的社會分工之下，一般將其歸於伎巧之列。被視爲賤口，不列於國家正式編戶。尤其是私人蓄養之家妓，成爲擁有者的私有財產和附屬物，在沒有人權觀念的中國封建社會裏，其社會地位是可想而知的。魏晉時期家妓，純屬主人私有財產，地位極爲卑微，主人可任意處置〔註100〕。

（三）北朝家妓表現

南北朝時期，家妓更趨興盛。尤其是在鮮卑政權統治下的北朝，隨著上

〔註100〕《晉書》卷九八《王敦傳》載：「時王愷、石崇以豪侈相尚，愷嘗置酒，敦與導俱在坐，有女伎吹笛小失聲韻，愷便毆殺之，一坐改容，敦神色自若。他日，又造愷，愷使美人行酒，以客飲不盡，輒殺之。酒至敦、導所，敦故不肯持，美人悲懼失色，而敦傲然不視。導素不能飲，恐行酒者得罪，遂勉強盡觴。」《世說新語‧汰侈》篇又載：「石崇每要客燕集，常令美人行酒。客飲酒不盡者，使黃門交斬美人。王丞相與大將軍嘗共詣崇。丞相素不能飲，輒自勉強，至於沉醉。每至大將軍，固不飲，以觀其變。已斬三人，顏色如故，尚不肯飲。丞相讓之，大將軍曰：『自殺伊家人，何預卿事！』」由此可見，家妓地位卑微，雖以歌舞技藝服務爲主，但主人如有性要求，必當無條件服從之。

層權貴財富的積累，奢華之風蔓延，蓄養家妓更盛。

家妓之最初來源爲帝王賞賜。帝王爲褒獎和羈縻功臣、勳將，往往賜之以美妓。北朝是以戰爭掠獲爲官奴婢主要來源的，然後經由帝王賞賜給百官，成爲其廣蓄家妓的基礎。「官奴婢一經賞賜，就成了王公貴人、達官豪貴的私人財產，他們把女子中的優者變爲家妓，所餘男子盡爲奴婢。北朝的家妓奴婢，便是在這樣一種蓄奴的社會風氣下派生出來的。」〔註101〕北朝家妓的來源亦明顯增多，除皇帝賞賜外，賄贈、掠奪、買賣也成爲其時私家得妓的重要途徑。

北朝時樂、舞、歌伎多居於同一區域，彼此傳承，相習爲業，宮妓或家妓等應多出於其中。北魏時，都城洛陽「市南有調音、樂律二里。里內之人，絲竹謳歌，天下妙伎出焉。」〔註102〕由此可見當時妓業之盛。

「家妓」與「妾」之地位是非常接近的，有時甚至「妓」、「妾」不分，「妓」等於「妾」。唐代李冗的《獨異志》載：

> 後魏曹彰，性倜儻。偶逢駿馬，愛之，其主所惜也。彰曰：『余有美妾可換，唯君所選。』馬主因指一妓，彰遂換之。馬號曰『白鵲』。後因獵，獻於文帝。〔註103〕

於此可見當時「妓」、「妾」不分的事實。劉達臨在《性與中國文化中》對家妓曾作如下論述：

> 在史籍記載中，有時家妓和侍妾混淆不清，實際上兩者是有區別的。一般說來，妾有個名分，而家妓沒有正式名分，其地位約處於妾和婢之間。後魏有個叫高聰的人，蓄家妓十餘人，不管她們是否爲他生過子女，一照注籍爲妾，以悅其情，籠絡人心，可見，以家妓爲妾，這是「擡舉」了。但是，主人對家妓的要求又比妾爲高，妾主要應該年輕貌美，爲主人提供性服務，而家妓除提供性服務外，還要接受嚴格的訓練，對主人提供歌舞音樂等藝術與娛樂服務，這後者是十分重要的。〔註104〕

〔註101〕石方：《中國性文化史》，哈爾濱：黑龍江人民出版社，2003年1月第2次修訂版，第164～165頁。

〔註102〕《洛陽伽藍記校注》卷四《城西》。

〔註103〕〔唐〕李冗：《獨異志》，北京：中華書局，1983年6月第1版，第31頁。此事亦見於《釵小志》。後來用這個成語形容人之風流倜儻。舊時也用「換馬」作爲妓女的代稱。

〔註104〕劉達臨：《性與中國文化》，北京：人民出版社，1999年1月，第278頁。

家妓需爲主人提供歌舞及性服務，視主人之好惡其地位及名分可上昇爲「妾」。高聰爲博侍妓歡心，全部注籍爲妾。同時也說明了當時「妓」實等於「妾」，須爲主人提供性服務，生子即可上昇爲「妾」的事實。

上層社會奢華風起，蓄妓亦成顯貴之標識。宗室貴族恃財倚勢，得天獨厚，自然於此爲最。《魏書》卷二一上《獻文六王・高陽王雍傳》載：

> 伎侍盈房……元妃盧氏薨後，更納博陵崔顯妹，甚有色寵，欲以爲妃。世宗初以崔氏世號「東崔」，地寒望劣，難之，久乃聽許。延昌已後，多幸妓侍，近百許人，而疏棄崔氏，別房幽禁，不得關豫內政，僅給衣食而已。至乃左右無復婢使，子女欲省其母，必啓聞，許乃得見。未幾，崔暴薨，多云雍毆殺之也。靈太后許賜其女妓，未及送之，雍遣其閹豎丁鵝自至宮內，料簡四口，置以還第。太后責其專擅，追停之。

《洛陽伽藍記》卷三《高陽王寺》對此有更進一步描述：

> 僮僕六千，妓女五百，隋珠照日，羅衣從風。自漢晉以來，諸王豪侈，未之有也。出則鳴騶御道，文物成行，鐃吹響發，笳聲哀轉；入則歌姬舞女，擊筑吹笙，絲管迭奏，連宵盡日。……及雍薨後，諸妓悉令入道，或有嫁者。美人徐月華，善彈箜篌，能爲《明妃出塞》之歌，聞者莫不動容。永安中，與衛將軍原士康爲側室，宅近青陽門。徐鼓箜篌而歌，哀聲入雲，行路聽者，俄而成市。徐常語士康曰：「王有二美姬，一名修容，一名艷姿，並蛾眉皓齒，潔貌傾城。脩容亦能爲《綠水歌》，艷姿善爲《火鳳舞》，並愛傾後室，寵冠諸姬。」士康聞此，遂常令徐鼓《綠水》、《火鳳》之曲焉。

高陽王元雍沉迷聲色，可謂此中之最。雖已「伎侍盈房」，意猶不足。爲得到自己滿意的美妓，在皇太后答應賜妓而未送時，竟然派宦官到宮中擅自挑選，引起太后不滿，制止了他的專擅行爲。其他諸王，亦不遑多讓。河間王元琛亦有「妓女三百人，盡皆國色。有婢朝雲，善吹篪，能爲《團扇歌》、隴上聲。」〔註105〕咸陽王元禧「性驕奢，貪淫財色，姬妾數十，意尚不已，衣被繡綺，車乘鮮麗，猶遠有簡娉，以恣其情。由是昧求貨賄，奴婢千數，田業鹽鐵遍於遠近，臣吏僮隸，相繼經營。」〔註106〕元禧後因謀反被誅，「及

〔註105〕《洛陽伽藍記》卷四《壽丘里・河間寺》。
〔註106〕《魏書》卷二一上《獻文六王上・咸陽王元禧傳》。

與諸妹公主等訣，言及一二愛妾。公主哭且罵之云：『坐多取此婢輩，貪逐財物，畏罪作反，致今日之事，何復囑問此等！』禧愧而無言，遂賜死私第。其宮人歌日：『可憐咸陽王，奈何作事誤。金床玉幾不能眠，夜蹋霜與露。洛水湛湛彌岸長，行人那得渡。』其歌遂流至江表，北人在南者，雖富貴，絃管奏之，莫不灑泣。」〔註107〕臨刑前，尚不忘愛妾，被公主所責，宮人亦將此事作歌傳唱。北齊清河王高岳「性華侈，尤悅酒色，歌姬舞女，陳鼎擊鍾，諸王皆不及也。」〔註108〕

其他權貴富豪亦廣蓄妓妾，以適聲色之欲。元志「晚年耽好聲伎，在揚州日，侍側將百人，器服珍麗，冠於一時。及在雍州，逾尚華侈，聚斂無極，聲名遂損。」〔註109〕李元護「身長八尺，美鬚髯，少有武力。……元護妾妓十餘，聲色自縱。情慾既甚，支骨消削，鬚長二尺，一時落盡」，〔註110〕以八尺之軀，縱慾過度，竟至肢消骨瘦，長鬚落盡。王椿「僮僕千餘，園宅華廣，聲妓自適，無乏於時」〔註111〕，以聲妓爲樂，竟至無心世事。北魏以後，蓄妓之風未減。段孝言「富貴豪侈，尤好女色。後娶婁定遠妾董氏，大耽愛之，爲此內外不和，更相糾列，坐爭免官徙光州。隆化敗後，有敕追還。孝言雖黷貨無厭，恣情酒色，然舉止風流，招致名士，美景良辰，未嘗虛棄，賦詩奏伎，畢盡歡洽。」〔註112〕北周李遷哲「妾媵至有百數」。〔註113〕北周建德二年（公元573年），尉遲運以右宮正兼司武輔弼皇太子居守，遇衛刺王宇文直謀反，尉遲運沉著應戰，擊敗宇文直，建有衛宮大功。周武帝給以厚賞，「授大將軍，賜以直田宅、妓樂、金帛、車馬及什物等，不可勝數」，〔註114〕其中「妓樂」即家妓也。南朝梁帝後人蕭巋歸附北周，在一次宮廷宴會上，高祖親彈琵琶以助酒興，蕭巋爲討高祖歡心，起而伴舞，高祖大悅，「賜雜繒萬段、良馬數十匹，並賜齊後主妓妾，及常所乘五百里駿馬以遣之」〔註115〕蓄妓已成普遍風氣，賜妓更是帝王常用賞賜手段。

〔註107〕《魏書》卷二一上《獻文六王上・咸陽王元禧傳》。
〔註108〕《北齊書》卷一三《清河王岳傳》。
〔註109〕《魏書》卷一四《河間公元齊傳附元志傳》。
〔註110〕《魏書》卷七一《李元護傳》。
〔註111〕《魏書》卷九三《恩倖・王叡傳附王椿傳》。
〔註112〕《北齊書》卷一六《段榮傳附段孝言傳》。
〔註113〕《周書》卷四四《李遷哲傳》。
〔註114〕《周書》卷四〇《尉遲運傳》。
〔註115〕《周書》卷四八《蕭詧傳》。

在此風氣下，自然亦有以「妓」爲賄贈之品者。北魏高祐於宋王劉昶處任職，劉昶「以其官舊年耆，雅相祗重，妓妾之屬，多以遺之」。〔註116〕薛眞度「有女妓數十人，每集賓客，輒命奏之，絲竹歌舞，不輟於前，盡聲色之適。庶長子懷吉居喪過周，以父妓十餘人並樂器獻之，世宗納焉」，薛眞度之子於其父亡後將女妓數十獻與宣武帝。〔註117〕崔暹「禁於廷尉。以女妓園田貨元叉，獲免」。〔註118〕

一些原本質樸廉潔之士，亦難免受到濡染誘惑，改變節操，與世沉浮。如北齊平秦王高歸彥「少質樸，後更改節，放縱好聲色，朝夕酣歌」〔註119〕。

家妓的地位仍是低微的，前述「愛妾換馬」之典故即可見一斑。高聰有妓十餘人，「及病，不欲他人得之，並令燒指吞炭，出家爲尼。」〔註120〕《北齊書》卷二二《盧文偉附盧宗道傳》載有一例：

> 懷道弟宗道，性粗率，重任俠。歷尚書郎、通直散騎常侍，後行南營州刺史。嘗於晉陽置酒，賓遊滿坐。中書舍人馬士達目其彈箜篌女妓云：「手甚纖素。」宗道即以此婢遺士達，士達固辭，宗道便命家人將解其腕，士達不得已而受之。〔註121〕

北齊盧宗道宴客，有客人注目一女妓，誇「手纖素」，宗道即以此妓贈之，客人推辭，宗道竟命家人欲斷手相贈，客人不得已受之。可知北朝家妓的社會地位依然十分低下，等同奴婢，生死禍福，全然不能自主。

上層社會的蓄妓生活在庾信詩歌中亦有反映。庾信《奉和趙王春日》：

> 城傍金谷苑，園裏鳳凰池。細管調歌曲，長衫教舞兒。向人長曼臉，由來薄面皮。梅花絕解作，樹葉本能吹。香煙龍口出，蓮子帳心垂。莫畏無春酒，須花但見隨。〔註122〕

〔註116〕《魏書》卷五七《高祐傳》。
〔註117〕《魏書》卷六一《薛安都傳附薛眞度傳》。
〔註118〕《魏書》卷八九《崔暹傳》。
〔註119〕《北齊書》卷一四《平秦王歸彥傳》。
〔註120〕《魏書》卷六八《高聰傳》。
〔註121〕《北齊書》卷二二《盧文偉附盧宗道傳》。
〔註122〕〔北周〕庾信：《庾子山集注》，北京：中華書局，1980年10月版，第一冊，第 259～260 頁。注：「城傍」二句，《晉書》曰：「石崇有別業，在河內縣金谷澗中。」又荀勗曰：「奪我鳳凰池。」「向人」二句，《楚辭》曰：「蛾眉曼睩目騰光，長髮曼鬋（jiǎn）豔陸離。」王逸曰：「曼，澤也。」「梅花」二句，梅花、樹葉，謂笛、笳之類。笛中有《落梅花曲》。傅玄《笳賦》曰：

庾信在南朝已爲宮體詩名家，於刻畫婦女外貌神態生活等方面本爲其所長。晉石崇築金谷園以蓄妓聞名，以之喻趙王，含頌禱之意，亦可推知趙王養妓，已具一定規模。《和趙王看伎》：

> 綠珠歌扇薄，飛燕舞衫長。琴曲隨流水，簫聲逐鳳凰。細縷纏鐘格，圓花釘鼓床。懸知曲不誤，無事畏周郎。〔註123〕

此詩更爲細緻地描繪了上層社會玩賞歌妓的奢華優游生活。庾信集中其他此類詩還有《奉和趙王美人春日》、《和趙王看妓》、《和詠舞》、《看舞》、《聽歌一絕》等，都反映了上層社會燕舞歌吹的富貴生活，也說明了當時妓業之盛。

四、厚 葬

死亡是人類文化的一個永恒主題，而伴隨死亡而來的厚葬隆喪則幾乎是在中國沿續了數千年的傳統，「雖然早在先秦時墨家學派就有『節葬』的主張，後代亦有爲數不多的帝王倡導過薄葬、簡葬，但終未能在中國的喪葬文化中形成主流。」〔註124〕北朝上層社會生活奢華，厚葬自然是其生活中不可或缺的一部分。

（一）厚葬之產生

厚葬是中華民族傳統文化中的一個比較典型的現象。原始社會早期，生產力水平低下，勞動產品沒有剩餘，自然實行節葬，所謂「屍與土親」。隨著人類生產力水平的不斷提高，物質產品逐漸豐富剩餘，開始出現陪葬品並逐漸豐厚。到先秦時期，更和儒家所倡導的孝道觀結合起來，形成中國所特有

「吹葉爲聲。」「香煙」二句，香煙龍口出者，言香爐刻爲龍形，薰香煙從口中出也。蓮子帳心垂者，所謂「金蓮帳」是也。《鄴中記》曰：「石虎冬月用複帳。帳之四角安金銀鏤鏤香爐，燕以百合。香帳頂安金蓮花，中懸金箔織成錦囊。」

〔註123〕〔北周〕庾信：《庾子山集注》，北京：中華書局，1980年10月版，第一冊，第341～342頁。注：「綠珠」二句，《晉書》曰：「石崇有妓曰綠珠，美而豔。」荀悅《漢紀》曰：「趙氏善舞，號曰飛燕。」「琴曲」二句，《呂氏春秋》曰：「伯牙鼓琴，鍾子期聽之，曰：『巍巍乎若泰山，湯湯乎若流水。』」《風俗通》曰：「舜作簫，其形參差，以象鳳翼。」「細縷」二句，格音閣，懸鐘之木也。言密緝其繩，縮鐘於木，令枝格不得下也。圓花釘鼓床，言作妓用鐘鼓也。「懸知」二句，《吳志》曰：「周瑜少時，精意於音樂。雖三爵之後，其有闕誤，瑜必知之，知之必顧。時人謠云：『曲有誤，周郎顧。』」

〔註124〕郭於華：《死的困擾與生的執著——中國民間喪葬儀禮與傳統生死觀》，北京：中國人民大學出版社1992年7月第1版第11頁。

的厚葬觀。「孝在儒家以前即已存在。儒家孝道是根據久已存在的孝觀念、孝行爲和孝習俗在孔子的倡導下形成，並經由孔子的弟子以及各個朝代的儒學家不斷加工、豐富而更爲系統化、倫理化、甚至法律化的。」〔註125〕

先秦儒家提倡孝道，把養生送死等量齊觀。厚葬是儒家所宣揚的禮的一部分，從孔子起就很講究厚葬。《論語》中關於「孝」的闡述亦多，「入則孝，出則悌」，〔註126〕「愼終追遠，民德歸厚矣。」〔註127〕「生，事之以禮；死，葬之以禮；死，祭之以禮。」〔註128〕都是告誡人們對待父母的喪事要愼重，要以嚴格的喪葬禮儀來表達對逝去父母的思念。《淮南子》一書中亦明確說，「厚葬久喪以送死，孔子之所立也。」〔註129〕孔子的這種思想還進而反映在其他儒家典籍中，「事死如生，事亡如存，仁智備矣。」〔註130〕侍奉死者要用與侍奉生者同樣的態度，因此厚葬便成爲行孝的最佳方式之一。

應該說厚葬是一種消耗浪費社會財富的無益行爲，所以在先秦時期儒家提倡伊始就遭到晏子〔註131〕、墨家〔註132〕、道家〔註133〕等的反對。自西

〔註125〕陳華文：《喪葬史》，上海：上海文藝出版社，1999年11月，第9頁。

〔註126〕《論語·學而》。

〔註127〕《論語·學而》。

〔註128〕《論語·爲政》。

〔註129〕《淮南子》卷一三《氾論訓》。

〔註130〕《中庸》。

〔註131〕《史記》卷四七《孔子世家》：晏嬰進曰：「夫儒者滑稽而不可軌法；倨傲自順，不可以爲下；崇喪遂哀，破產厚葬，不可以爲俗；游說乞貸，不可以爲國。自大賢之息，周室既衰，禮樂缺有閒。今孔子盛容飾，繁登降之禮，趨詳之節，累世不能殫其學，當年不能究其禮。君欲用之以移齊俗，非所以先細民也。」

〔註132〕《墨子》卷六《節葬下》：故子墨子言曰：然則姑嘗稽之。今雖毋法執厚葬久喪者言，以爲事乎國家。此存乎王公大人有喪者，曰棺椁必重，葬埋必厚，衣衾必多，文繡必繁，丘隴必巨。存乎匹夫賤人死者，殆竭家室。存乎諸侯死者，虛車府，然後金玉珠璣比乎身，綸組節約，車馬藏乎壙，又必多爲屋幕、鼎鼓、幾梴、壺濫、戈劍、羽旄、齒革，寢而埋之。滿意若殉從，曰：天子殺殉，眾者數百，寡者數十。將軍大夫殺殉，眾者數十，寡者數人。處喪之法將柰何哉？曰：哭泣不秩聲，翁縗絰垂涕，處倚廬，寢苫枕塊。又相率強不食而爲饑，薄衣而爲寒，使面目陷陬，顏色黧黑，耳目不聰明，手足不勁強，不可用也。又曰：上士之操喪也，必扶而能起，杖而能行，以此共三年。若法若言，行若道，使王公大夫行此，則必不能早朝晏退，治五官六府，辟草木，實倉廩。使農夫行此，則必不能早出夜入，耕稼樹藝。使百工行此，則必不能修舟車，爲器皿矣。使婦人行此，則必不能夙興夜寐，紡績織絍。細計厚葬爲多埋賦之財者也，計久喪爲久禁從事者也。財以成者，扶而埋之。後得生者，而久禁之。以此求富，此譬猶禁耕而求穫也，富之說無

漢而後，祖先崇拜的觀念更深入人心，厚葬之風大盛。至東漢中後期，這一風氣得到進一步發展，以致「死以奢侈相高；雖無哀戚之心，而厚葬重幣者，則稱以為孝，顯名立於世，光榮著於俗。故黎民相慕傚，至於發屋賣業。」〔註134〕迨至魏晉南朝時期，以曹操等人為首力倡薄葬〔註135〕，並身體力行，對整個社會風氣產生一定的影響和約束。但在整個魏晉南北朝時期，厚葬現象仍屬常見不鮮。而且此時，「厚葬有幾個明顯的熱點，一個是高墓大墳，一個是隨葬豐厚，一個是凶門柏歷，一個是石獸石碑，還有一個是北朝的送燒之俗。」〔註136〕

（二）厚葬表現

十六國時期，北方各少數民族政權因其政治、經濟、文化背景不同，在喪葬問題上態度各異，實行薄葬者為數不多。迨及北朝，伴隨著上層社會煽揚起的奢華之風，厚葬之俗亦得以風靡流佈。

北魏宗室貴族普遍追求厚葬，其中一顯著特徵就是朝廷對王公顯貴之家的喪事大量賞賜財物，以助其隆喪。孝文帝太和二十三年（499年）趙郡王元幹死，被賜「給東園秘器、斂服十五稱，贈帛三千匹，謚曰靈王，陪葬長陵。」〔註137〕宣武帝時，宗室元嵩被害，「世宗為嵩舉哀於東堂。賻絹一千匹，贈車騎將軍、領軍，謚曰剛侯」〔註138〕。彭城王元勰死，「世宗為舉哀於東堂，給東園第一秘器、朝服一襲、賻錢八十萬、布二千匹、蠟五百斤，

可得焉。是故求以富國家而既已不可矣。
〔註133〕《莊子》卷十上《列禦寇》：莊子將死，弟子欲厚葬之。莊子曰：「吾以天地為棺槨，以日月為連璧，星辰為珠璣，萬物為齎送。吾葬具豈不備邪！何以加此！」弟子曰：「吾恐烏鳶之食夫子也。」莊子曰：「在上為烏鳶食，在下為螻蟻食，奪彼與此，何其偏也！」
〔註134〕《鹽鐵論》卷六《散不足》。
〔註135〕《三國志》卷一《魏書·武帝紀》：遺令曰：「天下尚未安定，未得遵古也。葬畢，皆除服。其將兵屯戍者，皆不得離屯部。有司各率乃職。斂以時服，無藏金玉珍寶。」陳華文在其《迷失的孝道：中國厚葬之風透視》（《民間文化》1999年第2期）一文中認為：「漢末的戰亂，使許多人看到了厚葬之墓被盜挖所帶來的暴屍原野的危害，因此，到魏晉時，上層統治者開始有意識地實行薄葬，以便自己死後能得以安身。」此結論未免有些武斷片面，觀曹操遺詔，其目的當是從國家政治經濟需要出發的。
〔註136〕陳華文：《喪葬史》，上海：上海文藝出版社，1999年11月，第33頁。
〔註137〕《魏書》卷二一上《獻文六王上·趙郡王幹傳》。
〔註138〕《魏書》卷一九中《景穆十二王中·任城王雲傳附元嵩傳》。

大鴻臚護喪事。」〔註 139〕任城王元澄「神龜二年薨，年五十三。賵布一千二百匹、錢六十萬、蠟四百斤，給東園溫明秘器、朝服一具、衣一襲，大鴻臚監護喪事。詔百僚興喪。贈假黃鉞、使持節、都督中外諸軍事、太傅、領太尉公；加以殊禮，備九錫，依晉大司馬、齊王攸故事，謚曰文宣王。澄之葬也，凶飾甚盛。靈太后親送郊外，停輿悲哭，哀動左右。百官會赴千餘人，莫不歔欷。當時以爲哀榮之極。」〔註 140〕元融陣亡，「肅宗爲舉哀於東堂，賜東園秘器、朝服一具、採二千八百段，贈侍中、都督雍華岐三州諸軍事、本將軍、司空、雍州刺史。尋以融死王事，進贈司徒，加前後部鼓吹。謚曰莊武。」〔註 141〕

此類記載，在《魏書》中還有許多。在宗室貴族的這種影響帶動下，厚葬遂相沿成俗，如《酉陽雜俎》十三《屍室篇》所云：「後魏俗競厚葬，棺厚高大，多用柏木，兩邊作大銅環鈕。不問公私貴賤，悉白油絡幰靈車，迵素稍仗，打虜鼓。」〔註 142〕其他各級官僚也極力以厚葬爲榮。恩倖趙脩爲父親治喪時，「百僚自王公以下無不弔祭，酒犢祭奠之具，填塞門街。於京師爲製碑銘，石獸、石柱皆發民車牛，傳致本縣。財用之費，悉自公家。凶吉車乘將百兩，道路供給，亦皆出官」〔註 143〕。《魏書》卷八三下《外戚下·胡國珍傳》載：

> 給東園溫明秘器、五時朝服各一具、衣一襲，贈布五千匹、錢一百萬、蠟千斤。大鴻臚持節監護喪事。太后還宮，成服於九龍殿，遂居九龍寢室。肅宗服小功服，舉哀於太極東堂。又詔自始薨至七七，皆爲設千僧齋，令七人出家；百日設萬人齋，二七人出家。……追崇假黃鉞、使持節、侍中、相國、都督中外諸軍事、太師、領太尉公、司州牧，號太上秦公，加九錫；葬以殊禮，給九旒鑾輅，虎賁、班劍百人，前後部羽葆鼓吹，輼輬車；謚文宣公；賜物三千段、粟一千五百石。又詔贈國珍祖父兄、父兄，下逮從子，皆有封職。持節就安定監護喪事。靈太后迎太上君神柩還第，與國珍俱葬，贈襚一與國珍同。

〔註 139〕《魏書》卷二一下《獻文六王下·彭城王勰傳》。

〔註 140〕《魏書》卷一九《任城王雲附元澄傳》。

〔註 141〕《魏書》卷一九下《景穆十二王下·章武王太洛附元融傳》。

〔註 142〕〔唐〕段成式：《酉陽雜俎》//《景印文淵閣四庫全書》，臺北：臺灣商務印書館，1983 年，子部三五三，小說家類，卷十三《屍室篇》，1047～717 頁。

〔註 143〕《魏書》卷九三《恩倖·趙脩傳》。

及國珍神主入廟，詔太常權給以軒懸之樂、六佾之舞」。

靈太后之父國丈胡國珍亡後，朝廷所賜之財物與榮譽可稱一時無兩，備極哀榮。尤其值得注意的是還使用了佛事道場。佛事道場亦是此時期厚葬的一種表現形式。「佛事道場主要指佛教徒爲死者進行的誦經祈禱及設齋供奉，其中最主要的有七七齋、水陸法會和盂蘭盆會」，〔註 144〕其中的「七七齋」即產生於此時。七七齋是指人死至第 49 天，喪家要齋僧、誦經，每七天一次，共七次。齋僧念經的主要目的，是爲死者消彌惡業，這樣來世就能投入良善人家託生。胡國珍生前敬重佛法，死了以後，皇帝下詔從開始的那天到七七，都要設千僧齋，並且齋的時候要令七人出家爲僧。到一百日的那天，要設萬人齋，十四個人出家。《北齊書》卷四四《孫靈暉傳》：「（南陽王）綽死後，每至七日及百日終，靈暉恒爲綽請僧設齋」。於此可見，七七齋已經得以留傳了下來。

不僅上層社會如此，北魏王朝還把厚葬作爲一種「孝行」加以獎掖提倡，如河東聞喜人吳悉達，「因遷葬曾祖已下三世九喪，傾盡資業，不假於人，哀感毀悴，有過初喪。有司奏聞，標閭復役，以彰孝義。」〔註 145〕

此外，北魏拓跋族燒葬之俗亦是靡費不小。《宋書》卷九五《索虜傳》載，拓跋族的葬俗，「死則潛埋，無墳壟處所，至於葬送，皆虛設棺柩，立冢槨，生時車馬器用皆燒之以送亡者。」此種風俗乍一看會誤以爲甚是節儉。但「生時車馬器用皆燒之」，卻顯然是一種絕大的浪費。尤其是帝王、大臣、上層人士、富貴人家，生前所用器物必多，付之一炬，實爲可惜。

燒葬既有如此弊端，有識之士亦曾諫之，《魏書》卷四八《高允傳》載，北魏文成帝時，高允上疏說：「前朝之世，屢發明詔，禁諸婚娶不得作樂，及葬送之日歌謠、鼓舞、殺牲、燒葬，一切禁斷。雖條旨久頒，而俗不革變……萬物之生，靡不有死，古先哲王，作爲禮制，所以養生送死，折諸人情。若毀生以奉死，則聖人所禁也。然葬者藏也，死者不可再見，故深藏之。昔堯葬穀林，農不易畝；舜葬蒼梧，市不改肆。秦始皇作爲地市，下固三泉，金玉寶貨不可計數，死不旋踵，屍焚墓掘。由此推之，堯舜之儉，始皇之奢，是非可見。今國家營葬，費損巨億，一旦焚之，以爲灰燼。苟靡費有益於亡者，古之臣奚獨不然。今上爲之不輟，而禁下民之必止，此三異也。」

〔註 144〕張劍光：《入土爲安：中國古代喪葬文化》，揚州：廣陵書社 2004 年 10 月第 1 版，第 102 頁。

〔註 145〕《魏書》卷八六《吳悉達傳》。

燒送陋俗，早已有之，前朝屢詔禁斷，已然難以奏效。高允此疏對燒葬的弊害同樣分析得可謂詳盡透徹，然既形成爲俗，豈是一紙奏疏所能扭改。尤其是作爲上層統治者，更是難以限制羈絆。據《魏書》卷一三《文成文明皇后馮氏傳》，文成帝死，「三日之後，御服器物一以燒焚，百官及中宮皆號泣而臨之。后悲叫自投火中，左右救之，良久乃蘇。」可見燒葬一仍其舊。

北魏以後，厚葬仍繼續蔓延發展。東魏孝靜帝時元孝友曾經上疏：「今人生爲卓隸，葬擬王侯，存沒異途，無復節制，崇壯丘壟，盛飾祭儀，鄰里相榮，稱爲至孝。」〔註146〕從「葬擬王侯」、「鄰里相榮」等字樣中可以看出厚葬已超出上層社會之範圍，延展至普通平民階層，成爲一個非常嚴重的社會問題。

（三）考古發現

從出土的北朝時期墓葬中，亦反映出北朝厚葬之風。考古工作者所發現的北朝墓葬，許多在歷史上被盜挖過，但仍有不少精美器物出土，更可知時人有隨葬豐厚的特點。

1965 年 7 月，洛陽博物館發掘的北魏元邵墓，位於洛陽老城東北 4 公里處。出土百餘件遺物，其中陶俑 115 件，此外還有各類陶動物模型及生活器具等。元邵，《魏書》、《北史》均無傳，據墓誌稱：「王諱邵、字子開，孝文皇帝之孫，丞相清河文獻王之第二子也。……武泰元年，太歲戊申，四月戊子朔，十三日庚子，暴薨於河陰之野。時年二十有三。」於此可知元邵死於武泰元年（528 年）發生的尒朱榮屠殺靈太后以下諸王貴族公卿二千餘人的「河陰之役」。〔註147〕

1965 年 11 月至 1966 年大同市博物館發掘的北魏司馬金龍墓，位於大同市東南約十三里。該墓是有明確紀年（公元 474 年、公元 484 年）的北魏早期墓葬。司馬金龍爲瑯琊王，夫婦二人是 474 年和 484 年先後入葬的，墓中器物也當是分兩批隨葬的。墓的規模宏大，雖然早期被盜過，仍出土了大批陶俑、生活用具以及墓誌、木板漆畫等計 454 件。其中特別是製作精美的木板漆畫、石雕柱礎爲很珍貴的藝術品。這些文化遺物是研究北魏時期社會生活的重要實物資料。墓葬形制爲磚砌多室墓，墓室南北總長 17.5 米，墓道長 28.1 米，寬 1.58 米。〔註148〕

〔註146〕《魏書》卷一八《太武五王・臨淮王譚傳附元孝友傳》。
〔註147〕洛陽博物館：《洛陽北魏元邵墓》，《考古》1973 年第 4 期。
〔註148〕山西省大同市博物館、山西省文物工作委員會：《山西大同石家寨北魏司馬金

2000 年 4 月，山西省大同市考古研究所在雁北師院擴建工程新徵土地範圍內實施文物鑽探，共發現北魏墓葬 11 座。其中以宋紹祖墓最具代表。據墓銘載知此墓爲北魏太和元年（477 年）幽州刺史宋紹祖墓，宋墓是北魏墓葬群中惟一有明確紀年和精美石槨、壁畫的太和時期墓。墓內出土 170 餘件陶俑，包括鎮墓獸、甲騎具裝俑、輕裝騎兵俑、牛車以及步兵、侍僕、伎樂和動物、生活器具模型等。〔註 149〕

1974 年 5 月發現河北磁縣東陳村東魏墓，墓主堯趙氏出身名門望族官宦門第，墓葬規模巨大，隨葬品眾多，出土器物 168 件。〔註 150〕

1975 年～1976 年發現發掘的河北贊皇東魏李希宗墓，墓主李希宗及其家族是北朝時期參加統治集團的高門望族，其隨葬品自然豐厚，共出土器物 196 件。〔註 151〕

1973 年 4 月～8 月，在山西省壽陽縣西南發掘北齊厙狄迴洛墓，厙狄迴洛爲北齊權貴，在《北齊書》裏有傳。出土金器、玉器、瑪瑙器、鎏金銅器、鐵器、釉陶器、陶器、骨器、漆器、陶俑和動物模型以及墓誌等約三百多件。〔註 152〕墓葬出土的木構建築，大宗精美的釉陶，瑰麗的壁畫和其他精緻的雕刻藝術品。

1975 年 9 月至 10 月發掘的河北磁縣北齊高潤墓，出土器物 400 餘件及精美壁畫，高潤爲北齊皇族，高歡之第十四子，隨葬品豐厚。〔註 153〕

1979 年 4 月至 1981 年 1 月在太原市南郊發掘的北齊婁叡墓，出土隨葬器物八百七十餘件。婁叡是鮮卑人，其姑爲高歡嫡妻，婁叡以北邊鮮卑望族，北齊外戚，自隨高歡起義後，戎馬生涯歷四十年，封南青州東安郡王。「在任貪縱，深爲文襄所責。後改封九門縣公。齊受禪，得除領軍將軍，別封安定侯。叡無他器幹，以外戚貴幸，縱情財色。爲瀛州刺史，聚斂無厭。」〔註 154〕研究者認爲，「北朝從公元 386 年拓跋珪建國稱魏開始，到北

龍墓》，《文物》1972 年第 3 期。
〔註 149〕山西省考古研究所、大同市考古研究所：《大同市北魏宋紹祖墓發掘簡報》，《文物》2001 年第 7 期。
〔註 150〕磁縣文化館：《河北磁縣東陳村東魏墓》，《考古》1977 年第 6 期。
〔註 151〕石家莊地區革委會文化局文物發掘組：《河北贊皇東魏李希宗墓》，《考古》1977 年第 6 期。
〔註 152〕王克林：《北齊厙狄迴洛墓》，《考古學報》1979 年第 3 期。
〔註 153〕磁縣文化館：《河北磁縣北齊高潤墓》，《考古》1979 年第 3 期。
〔註 154〕《北齊書》卷一五《婁昭傳附婁叡傳》。

齊時期，經過一個半世紀左右的發展過程。經濟已有了較大的發展，厚葬風
氣盛行。從婁叡墓葬的形制、葬式和隨葬品可看出明顯的時代特徵。墓道加
寬加長；墓道、甬道和墓室滿繪壁畫，色彩鮮豔，形象生動，超過了目前所
見到北朝壁畫墓的規模和繪畫藝術水平；隨葬的陶俑數量超過六百件，形
態、服飾和製作方法都有特色。」〔註155〕此次發掘被譽為在我國古代美術
史和北朝考古學上，是一次空前輝煌的重大發現。

　　北周時期由於以周武帝為首倡節儉，行薄葬，故厚葬者不多，隨葬品
豐厚者僅見於李賢墓。北周李賢夫婦墓於1983年9月至12月間發掘於寧
夏固原，雖經嚴重盜擾，仍出土了金、銀、銅、鐵、陶、玉等各種質地的
隨葬品三百餘件，其中鎏金銀壺、金戒指、玻璃碗等具有非常珍貴的文物
價值。〔註156〕李賢家族為隴西望族，本人歷經北魏、西魏、北周三朝。一
生中擔任多種官職，或戎馬征戰，鎮守一方；或統治地方，管理政務。是當
時很有影響的人物，死後「高祖親臨，哀動左右。贈使持節、柱國大將軍、
大都督、涇原秦待十州諸軍事、原州刺史。諡曰桓。」〔註157〕李賢夫婦合
葬墓說明了當時厚葬遺風仍然存在，並未如北周明帝和武帝所提倡的那樣
「喪事所須，務從儉約」。

　　總之，大量豐富的出土器物既為我們研究瞭解北朝社會生活提供了生動
而寶貴的資料，同時又從另一個方面為我們提供了北朝社會奢華之風的例
證。

第三節　社會上層奢華影響

　　興起於北魏中後期的奢華之風，持續時間既久，奢華程度驚人。其對社
會所造成的影響也是深遠的、多方面的。

一、聚斂攀比，貪污成風

　　奢侈與貪婪並生。物質條件是奢華的首要前提，欲行奢華之生活首先對

〔註155〕山西省考古研究所、太原市文物管理委員會：《太原市北齊婁叡墓發掘簡報》，
　　　　《文物》1983年第10期。
〔註156〕寧夏回族自治區博物館、寧夏固原博物館：《寧夏固原北周李賢夫婦墓發掘簡
　　　　報》，《文物》1985年第11期。
〔註157〕《周書》卷二五《李賢傳》。

財富要有無休止的貪欲和追求。專制社會中處於社會權力頂峰的以皇帝為首的皇室，由於其特殊的地位和特權，有獲得財富的優先權和便利條件。而處於皇室以下的各層官僚，則是欲行奢華之事，首先要行聚斂搜刮剝削之實，將巨大的經濟負擔轉嫁給底層勞動者。北朝從北魏後期肇始，以上層社會為中心煽揚起奢華之風，影響所及，極大地促動了社會各層對財富的追逐欲望。

　　宗室貴族首當其衝，為聚斂貪污之表率。咸陽王禧，身居宰輔之首，「而潛受賄賂，陰為威惠者，禧特甚焉。……由是昧求貨賄，奴婢千數，田業鹽鐵遍於遠近，臣吏僮隸，相繼經營」，〔註158〕對已有財富尚不滿足，還貪求貨賄，經營貨殖。北海王詳亦不遑多讓，「貪冒無厭，多所取納；公私營販，侵剝遠近；嬖狎群小，所在請託。珍麗充盈，聲色侈縱，建飾第宇，開起山池，所費鉅萬矣。又於東掖門外，大路之南，驅逼細人，規占第宅」〔註159〕，默許乃至放縱臣下弄權貪污，以為如此則該人在政治上無野心無威脅，這常常是封建社會最高統治者心中的一個不成文的信條。北海王詳，身為宗室貴族，且位極人臣，卻仍貪侈聚斂，多行不法，朝野皆聞。而世宗宣武帝卻非但不加怪罪，反而多所倚重，寵幸無比。前有所行，後必傚之。宗室子弟亦有恃無恐，公開貪斂。宜都王元目辰「性亢直耿介，不為朋黨，朝臣咸憚之。然好財利，在州政以賄成。」〔註160〕廣陽王之子元深「為恒州刺史，在州多所受納，政以賄成，私家有馬千匹者必取百匹，以此為恒」。〔註161〕汝陰王之子元修義「在州多受納。累遷吏部尚書。及在銓衡，唯專貨賄，授官大小，皆有定價」。〔註162〕河間王之子元琛之妃為「世宗舅女，高皇后妹。琛憑恃內外，多所受納，貪惏之極。及還朝，靈太后詔曰：『琛在定州，惟不將中山宮來，自餘無所不致，何可更復敍用！』由是遂廢于家。琛以肅宗始學，獻金字《孝經》。又無方自達，乃與劉騰為養息，賂騰金寶鉅萬計。騰屢為之言，乃得兼都官尚書，出為秦州刺史。在州聚斂，百姓吁嗟。屬東益、南秦二州氐反，詔琛為行臺，仍充都督，還攝州事。琛性貪暴，既總軍省，求欲無厭，百姓患害，有甚狼虎」。〔註163〕安樂王子元詮，「為涼州刺史。

〔註158〕《魏書》卷二一上《獻文六王上・咸陽王禧傳》。
〔註159〕《魏書》卷二一上《獻文六王上・北海王詳傳》。
〔註160〕《魏書》卷一四《宜都王目辰傳》。
〔註161〕《魏書》卷一八《太武五王・廣陽王建傳附元深傳》。
〔註162〕《魏書》卷一九上《景穆十二王上・汝陰王天賜附元修義傳》。
〔註163〕《魏書》卷二○《文成五王・河間王若傳附元琛傳》。

在州貪穢，政以賄成」。〔註164〕

北魏時期的奢華之風正是首先在這些宗室貴族之中煽揚起來的。而在這個門閥序列中等而下之的其他大小權貴們，則緊隨其後，爲維持和保障自己的奢華生活而不擇手段的搜括聚斂財富。《資治通鑑》卷一四九《梁紀五》「天監十八年」條載：

> 胡太后嘗幸絹藏，命王公嬪主從行者百餘人各自負絹，稱力取之，少者不減百餘匹。尚書令、儀同三司李崇，章武王融，負絹過重，顛僕於地，崇傷腰，融損足，太后奪其絹，使空出，時人笑之。融，太洛之子也。侍中崔光止取兩匹，太后怪其少；對曰：「臣兩手唯堪兩匹。」眾皆愧之。〔註165〕

這是歷史上很有名發生在現實生活中的的眞實的貪婪故事，頗具諷刺意義，同時也說明了追逐財富在部分人們心目中的重要。李崇、元融兩個朝中重臣，當著眾王公大臣之面，竟然不顧廉恥，背得太多太重，跌倒在地，李崇傷腰，元融傷腳，因而成爲一時的笑料。李崇貪多務得的性格在這件事上完全暴露出來了。而侍中崔光僅取兩匹則被時人視爲廉潔的典範。

上層社會的貪婪聚斂，最高統治者對臣下的默許縱容，自然就更助長了各層大小官吏搜求聚斂貪污納賄的氣焰。北魏趙叔隆「與敕使元修義同心聚斂，納貨鉅萬。拜冠軍將軍、中散大夫。尋遷左軍將軍、太中大夫，賂司空劉騰，出爲中山內史，在郡無德政，專以貨賄爲事」。〔註166〕鄭義任職地方時，「多所受納，政以賄成，性又嗇吝，民有禮餉者，皆不與杯酒臠肉。西門受羊酒，東門酤賣之。以李沖之親，法官不之糾也」。〔註167〕高聰「藉貴因權，耽於聲色，賄納之音，聞於遐邇」。〔註168〕李元護之弟李靜，「性甚貪忍，兄亡未殮，便剝脫諸妓服玩及餘財物」。〔註169〕

〔註164〕《魏書》卷二○《文成五王・安樂王長樂附元詮傳》。

〔註165〕《洛陽伽藍記》卷四《城西・阜財里內有開善寺》亦記載了這個故事，略有出入。《北齊書》卷一五《厙狄干傳附厙狄士文傳》中亦記載了一則同類故事：「（士文）嘗入朝，遇上賜公卿入左藏，任取多少。人皆極重，士文獨口銜絹一匹，兩手各持一匹。上問其故，士文曰：『臣口手俱足，餘無所須。』上異之，別齎遺之。」看來這種帶朝臣入庫房任其取用是當時賞賜親信、功臣的一種常用方式。

〔註166〕《魏書》卷五二《趙逸傳附趙叔隆傳》。

〔註167〕《魏書》卷五六《鄭義傳》。

〔註168〕《魏書》卷六八《高聰傳》。

〔註169〕《魏書》卷七一《李元護傳附李靜傳》。

在奢華風氣影響下，社會各層都已認識到追逐並佔有財富的重要，積聚財富遂成生活第一要務。如北魏甄琛解官歸養以後，「專事產業，躬親農圃。」〔註170〕張烈家本已家資富厚，僮客眾多，烈弟僧皓卻不願為官，唯「好營產業，孜孜不已，藏鏹鉅萬，他資亦稱是。」〔註171〕北魏高崇「家資富厚，僮僕千餘。」〔註172〕寇猛，「家漸富侈，宅宇高華，妾隸充溢。」〔註173〕宦官抱嶷「奴婢牛馬蓋數百千，他物稱是」，〔註174〕後送經變故，奴婢尚六七百人。婁昭祖父婁提「家僮千數，牛馬以谷量。」〔註175〕《魏書》卷五八《楊播傳附楊椿傳》載：

> 椿臨行，誡子孫曰：我家入魏之始，即為上客，給田宅，賜奴婢、馬牛羊，遂成富室。自爾至今二十年，二千石、方伯不絕，祿恤甚多。至於親姻知故，吉凶之際，必厚加贈禭；來往賓宴，必以酒肉飲食。是故親姻朋友無憾焉。國家初，丈夫好服綵色。吾雖不記上谷翁時事，然記清河翁時服飾，恒見翁著布衣韋帶，常約敕諸父曰：「汝等後世，脫若富貴於今日者，慎勿積金一斤、綵帛百匹已上，用為富也。」又不聽治生求利，又不聽與勢家作婚姻。至吾兄弟，不能遵奉。今汝等服乘，以漸華好，吾是以知恭儉之德，漸不如上世也。

楊椿祖父清河翁在日常告誡諸子，不許經營產業求利，不許與權勢之家結為婚姻。但是到楊椿兄弟時便已不能遵奉，從中可見出奢華風氣的影響。

然而，依靠正常的經營手段顯然是難以快速致富，也難飽大小官僚之欲壑。貪污受納才是快速致富之捷徑。北魏以後，貪污已成積重難返之勢，當權者亦無可奈何。《顏氏家訓·治家第五》載：「鄴下有一領軍，貪積已甚，家童八百，誓滿一千。」孫騰被高歡「寄以心腹，遂志氣驕盈，與奪由己，求納財賄，不知紀極，生官死贈，非貨不行，肴藏銀器，盜為家物，親狎小人，專為聚斂。在鄴，與高岳、高隆之、司馬子如號為四貴，非法專恣，騰為甚焉。高祖屢加譴讓，終不悛改，朝野深非笑之」。〔註176〕求財納賄竟致朝

〔註170〕《魏書》卷六七《甄琛傳》。
〔註171〕《魏書》卷七六《張烈傳附弟僧皓傳》。
〔註172〕《魏書》卷七七《高崇傳》。
〔註173〕《魏書》卷九三《寇猛傳》。
〔註174〕《魏書》卷九四《閹官·抱嶷傳》。
〔註175〕《北齊書》卷一五《婁昭傳》。
〔註176〕《北齊書》卷一八《孫騰傳》。

野皆知，卻仍不加收斂。任胄「家本豐財，又多聚斂，動極豪華，賓客往來，將迎至厚。尋以髒污爲有司所劾，高祖捨之。」〔註177〕任胄因貪贓污穢被有關部門彈劾，然而高歡卻不加追究。《北齊書》卷二四《杜弼傳》載：

> 弼以文武在位，罕有廉潔，言之於高祖。高祖曰：「弼來，我語爾。天下濁亂，習俗已久。今督將家屬多在關西，黑獺常相招誘，人情去留未定。江東復有一吳兒老翁蕭衍者，專事衣冠禮樂，中原士大夫望之以爲正朔所在。我若急作法網，不相饒借，恐督將盡投黑獺，士子悉奔蕭衍，則人物流散，何以爲國？爾宜少待，吾不忘之。」及將有沙苑之役，弼又請先除內賊，卻討外寇。高祖問內賊是誰。弼曰：「諸勳貴掠奪萬民者皆是。」高祖不答，因令軍人皆張弓挾矢，舉刀按矟以夾道，使弼冒出其間，曰：「必無傷也。」弼戰慄汗流。高祖然後喻之曰：「箭雖注，不射；刀雖舉，不擊；矟雖按，不刺。爾猶頓喪魂膽。諸勳人身觸鋒刃，百死一生，縱其貪鄙，所取處大，不可同之循常例也。」弼于時大恐，因頓顙謝曰：「愚癡無智，不識至理，今蒙開曉，始見聖達之心。」

由此可見，高歡爲維持穩固自己的統治，不得不對貪污採取放縱優容態度，遂使東魏的吏治、官風腐敗到了極點。財富高度集中於社會上層少數人手中，爲其放縱享樂提供了基礎。

二、造成社會資源浪費，遭到有識之士指斥非議

奢華的直接結果是造成社會資源、財富的大量消耗與浪費。中國是以農業立國的國家，在幾千年的中國歷史上農業在社會生活中也一直占主導地位。在原始的手工耕作勞動條件下，農業勞動的艱辛不言而喻，勞動產品的剩餘也是非常有限的。每逢戰爭與災荒年代，底層人民更是生活在水深火熱之中，吃人慘劇時有發生。因此在中國的歷代的文學作品、家訓著作中，關於勞作艱苦的吟詠，持家尚儉的勸誡等可說是不勝枚舉。以致於在中華民族傳統道德信條中，勤儉被作爲一種美德而爲人們所認同和接受，中國人的生活史就是一部提倡勤儉的歷史。所以當社會中出現奢華現象時，也必然會遭到來自各方的貶撻指斥。

〔註177〕《北齊書》卷一九《任延敬傳附任胄傳》。

　　古代思想家、政治家多有主張崇儉者。墨子主張克己苦行，節約財富，反對浪費，提出「凡足以奉給民用則止，諸加費不加於民利者，聖王弗爲。」〔註178〕韓非在其著作中更將奢儉歸結爲國家興亡之原因：

　　　　昔者戎王使由余聘於秦，穆公問之曰：「寡人嘗聞道而未得目見之也，願聞古之明主得國失國何常以？」由余對曰：「臣嘗得聞之矣，常以儉得之，以奢失之。」穆公曰：「寡人不辱而問道於子，子以儉對寡人何也？」由余對曰：「臣聞昔者堯有天下，飯於土簋，飲於土鉶，其地南至交趾，北至幽都，東西至日月之所出入者，莫不賓服。堯禪天下，虞舜受之，作爲食器，斬山木而財之，削鋸修其迹，流漆墨其上，輸之於宮，以爲食器，諸侯以爲益侈，國之不服者十三。舜禪天下而傳之於禹，禹作爲祭器，墨漆其外，而朱畫其內，縵帛爲茵，蔣席頗緣，觴酌有綵而樽俎有飾，此彌侈矣，而國之不服者三十三。夏后氏沒，殷人受之，作爲大路而建九旒，食器雕琢，觴酌刻鏤，四壁堊墀，茵席雕文，此彌侈矣，而國之不服者五十三。君子皆知文章矣，而欲服者彌少，臣故曰『儉其道』也。」〔註179〕

此段論述對後世可謂影響深遠，爲統治者的施政治國提供了依據和借鑒，後世帝王尤其是開國之君多把節儉作爲立國之本。

　　北朝社會的奢華之風，自然引起了當時有識之士的警覺，崇儉反奢之論不絕於聲。早在孝文帝太和十一年，平城天旱糧貴，齊州刺史韓麒麟上表，主張禁奢華，勸農桑。《魏書》卷六○《韓麒麟傳》載：

　　　　太和十一年，京都大饑，麒麟表陳時務曰：

　　　　古先哲王經國立治，積儲九稔，謂之太平。故躬籍千畝，以勵百姓，用能衣食滋茂，禮教興行。逮於中代，亦崇斯業，入粟者與斬敵同爵，力田者與孝悌均賞，實百王之常軌，爲治之所先。

　　　　今京師民庶，不田者多，遊食之口，三分居二。蓋一夫不耕，或受其饑，況於今者，動以萬計。故頃年山東遭水，而民有餒終，今秋京都遇旱，穀價踊貴。實由農人不勸，素無儲積故也。

　　　　伏惟陛下天縱欽明，道高三、五，昧旦憂勤，思恤民弊；雖帝

〔註178〕《墨子》卷六《節用》。
〔註179〕《韓非子‧十過第六》。

虞一日萬幾，周文昃不暇食，蒸以爲喻。上垂覆載之澤，下有凍餒
之人，皆由有司不爲明制，長吏不恤其本。自承平日久，豐穰積年，
競相矜誇，遂成侈俗。車服第宅，奢僭無限；喪葬婚娶，爲費實多；
貴富之家，童妾袨服；工商之族，玉食錦衣。農夫餔糟糠，蠶婦之
短褐。故令耕者日少，田有荒蕪。穀帛罄於府庫，寶貨盈於市里；
衣食匱於室，麗服溢於路。飢寒之本，實在於斯。愚謂凡珍玩之物，
皆宜禁斷；吉凶之禮，備爲格式。令貴賤有別，民歸樸素。制天下
男女，計口受田。宰司四時巡行，臺使歲一按檢。勤相勸課，嚴加
賞賜。數年之中，必有盈贍，雖遇災凶，免於流亡矣。

此表中將京城之奢華與農民之飢寒對比，力主勸農節儉。從另一個角度看，
政治體制改革成果開始顯現，城市人口增加，工商之家富庶，社會經濟出現
繁榮，已經爲少數人享樂創造了物質條件。然而，奢華風氣既成，偶有幾人
的進諫是難以達到顯效的。少數人利用特權聚斂積累了鉅額財富，沒有非常
的強制手段是難以阻止其放縱揮霍的。

　　世宗朝初期，邢巒針對當時豪奢之風就提出「重粟帛」的節儉方略。《魏
書》卷六五《邢巒傳》載：

　　　　世宗初，巒奏曰：「臣聞昔者明王之以德治天下，莫不重粟帛，
　　輕金寶。然粟帛安國育民之方，金玉是虛華損德之物。故先皇深觀
　　古今，去諸奢侈。服御尚質，不貴雕鏤，所珍在素，不務奇綺。至
　　乃以紙絹爲帳宬，銅鐵爲鑾勒。訓朝廷以節儉，示百姓以憂務，日
　　夜孜孜，小大必慎。輕賤珠璣，示其無設，府藏之金，裁給而已，
　　更不買積以費國資。逮景明之初，承昇平之業，四疆清晏，遠邇來
　　同，於是蕃貢繼路，商賈交入，諸所獻貿，倍多於常。雖加以節約，
　　猶歲損萬計，珍貨常有餘，國用恒不足。若不裁其分限，便恐無以
　　支歲。自今非爲要須者，請皆不受。」世宗從之。

以古爲鑒，指出以農立國，重粟輕金，去奢尚儉才是治國之正確方略。

　　景明三年，李平又上疏勸諫世宗。《魏書》卷六五《李平傳》：

　　　　車駕將幸鄴，平上表諫曰：「伏見己丑詔書，雲軒鑾輅，行幸
　　有期，鳳服龍驂，克駕近日。將欲講武淇陽，大習鄴魏，馳驪騄於
　　綠竹之區，騁驊騄於漳滏之壤。斯誠幽顯同忻，人靈共悅。臣之愚
　　管，竊有惑焉。何者？嵩京創構，洛邑俶營，雖年跨十稔，根基未

就。代民至洛，始欲向盡，資產罄於遷移，牛畜斃於輦運；陵太行之險，越長津之難；辛勤備經，得達京闕。富者猶損太半，貧者可以意知。兼歷歲從戎，不遑啟處，自景明已來，差得休息。事農者未積二年之儲，築室者裁有數間之屋，莫不肆力伊瀍，人急其務。實宜安靜新人，勸其稼牆，令國有九年之糧，家有水旱之備。若乘之以羈緤，則所廢多矣。一夫從役，舉家失業。今復秋稼盈田，禾菽遍野，鑾駕所幸，騰踐必殷。未若端拱中天，坐招四海，耀武崧原，禮射伊洛，士馬無跋涉之勞，兆民有康哉之詠。可不美歟？」
〔註180〕

聯繫現實，指出國都遷洛，根基未穩，尤應注意愛農保田。對世宗在秋收時節行幸練兵提出批評，認為這種大規模練兵只會毀損農田，影響秋收，勞民傷財。

在北朝諸帝中，只有北周武帝推儉反奢收到了實效。周武帝厲行節儉，屢下詔書：

（保定二年）冬十月戊戌，詔曰：「樹之元首，君臨海內，本乎宣明教化，亭毒黔黎；豈唯尊貴其身，侈富其位。是以唐堯疏葛之衣，麤糲之食，尚臨汾陽而永歎，登姑射而興想。況無聖人之德而嗜欲過之，何以克厭眾心，處於尊位，朕甚恧焉。今巨寇未平，軍戎費廣，百姓空虛，與誰為足。凡是供朕衣服飲食，四時所須，爰及宮內調度，朕今手自減削。縱不得頓行古人之道，豈曰全無庶幾。凡爾百司，安得不思省約，勖朕不逮者哉。」〔註181〕

（建德四年春正月）壬申，詔曰：「今陽和布氣，品物資始，敬授民時，義兼敦勸。詩不云乎：『弗躬弗親，庶民弗信。』刺史守令，宜親勸農，百司分番，躬自率導。事非機要，並停至秋。鰥寡孤獨不能自存者，所在量加賑恤。逋租懸調，兵役殘功，並宜蠲免。」
〔註182〕

（建德六年五月）己丑，祠方丘。詔曰：「朕欽承丕緒，寢興寅畏，惡衣菲食，貴昭儉約。上棟下宇，土階茅屋，猶恐居之者逸，

〔註180〕《魏書》卷六五《李平傳》。
〔註181〕《周書》卷五《武帝紀上》。
〔註182〕《周書》卷六《武帝紀下》。

作之者勞，詎可廣廈高堂，肆其嗜欲。往者，冡臣專任，制度有違，正殿別寢，事窮壯麗。非直雕牆峻宇，深戒前王，而締構弘敞，有踰清廟。不軌不物，何以示後。兼東夏初平，民未見德，率先海內，宜自朕始。其露寢、會義、崇信、含仁、雲和、思齊諸殿等，農隙之時，悉可毀撤。雕斷之物，並賜貧民。繕造之宜，務從卑朴。」癸巳，行幸雲陽宮。戊戌，詔曰：「京師宮殿，已從撤毀。并、鄴二所，華侈過度，誠復作之非我，豈容因而弗革。諸堂殿壯麗，並宜除蕩，甍宇雜物，分賜窮民。三農之隙，別漸營構，止蔽風雨，務在卑狹。」〔註183〕

北周武帝勵精圖治，崇儉反奢。甚至由於諸殿壯麗，而下令拆毀。在當時風氣奢華的背景下，他的此種做法當對大臣貴族起到震懾作用，對扭轉社會風氣也會起一定作用。

面對奢華之風，除有人上書諫言外，亦不乏超邁俗流以實際行動對奢華之風予以拒斥者。彭城王元勰「敦尚文史，物務之暇，披覽不輟。撰自古帝王賢達至於魏世子孫，三十卷，名曰《要略》。小心謹慎，初無過失，雖閒居宴處，亦無慢色惰容。愛敬儒彥，傾心禮待。清正儉素，門無私謁」。〔註184〕獻文六王乃皇室宗親，又屬門閥高層，鮮有不豪奢任縱者。彭城王元勰為獻文六王之一，地位尊崇，而能像孝文帝一樣，傾慕中原典籍，漢族文化，以儉素自居，確屬難能可貴。

各層官吏亦有廉儉自守者，尤以漢人士大夫秉持傳統道德而拒奢尚儉者為多。北魏崔宏「深為太祖所任，勢傾朝廷。而儉約自居，不營產業，家徒四壁，出無車乘，朝晡步上。母年七十，供養無重膳。太祖嘗使人密察，聞而益重之，厚加饋賜。時人亦或譏其過約，而玄伯為之逾甚」，〔註185〕崔宏乃崔浩之父，出身清河望族，詩禮簪纓世家，門閥顯赫。然能持傳統士人之操守，儉約自居，不慕名利，因此而益為太祖道武帝拓跋珪所器重。韓麒麟亦為漢族士大夫，曾上書戒華反奢，自己亦是言行如一，躬身踐行。「遺敕其子，殯以素棺，事從儉約。麒麟立性恭慎，恒置律令於坐旁。臨終之日，唯有俸絹數十匹，其清貧如此」。〔註186〕長孫道生「身為三司，而衣不華飾，

〔註183〕《周書》卷六《武帝紀下》。
〔註184〕《魏書》卷二一下《獻文六王‧彭城王勰傳》。
〔註185〕《魏書》卷二四《崔玄伯傳》。
〔註186〕《魏書》卷六○《韓麒麟傳》。

食不兼味。一熊皮鄣泥，數十年不易，時人比之晏嬰。第宅卑陋，出鎮後，其子弟頗更修繕，起堂廡。道生還，歎曰：『昔霍去病以匈奴未滅，無用家為。今強寇尚遊魂漠北，吾豈可安坐華美也！』乃切責子弟，令毀宅。其恭慎如此」。〔註187〕賈秀「自始及終，歷奉五帝，雖不至大官，常掌機要。而廉清儉約，不營資產」。〔註188〕陽固「剛直雅正，不畏強禦，居官清潔，家無餘財。終歿之日，室徒四壁，無以供喪，親故為其棺斂焉。初，固著《綠制》一篇，務從儉約。臨終，又敕諸子一遵先制」。〔註189〕常景「自少及老，恒居事任。清儉自守，不營產業，至於衣食，取濟而已。耽好經史，愛玩文詞，若遇新異之書，殷勤求訪，或復質買，不問價之貴賤，必以得為期。友人刁整每謂曰：『卿清德自居，不事家業，雖儉約可尚，將何以自濟也？吾恐摯太常方餒於柏谷耳。』遂與衛將軍羊深矜其所乏，乃率刁雙、司馬彥邕、李諧、畢祖彥、畢義顯等各出錢千文而為買馬焉」。〔註190〕杜纂「性儉約，尤愛貧老，至能問民疾苦，對之泣涕。勸督農桑，親自檢視，勤者賞以物帛，惰者加以罪譴。弔死問生，甚有恩紀」。〔註191〕北周蘇綽「性儉素，不治產業，家無餘財，以海內未平，常以天下為己任」。〔註192〕裴俠「躬履儉素，愛民如子，所食唯菽麥鹽菜而已。吏民莫不懷之」。〔註193〕辛慶之「位遇雖隆，而率性儉素，車馬衣服，亦不尚華侈」。〔註194〕王悅「性儉約，不營生業，雖出入榮顯，家徒四壁而已。世宗手敕勞勉之，賜粟六百石」。〔註195〕以上皆為各級官吏勤勉儉約自守之範例，這些人能不同流俗，高標自蹈，因而得到時人的好評和史家的稱揚。然而在當時彌漫的奢華之風中，這些人畢竟如鳳毛麟角，難以形成影響。

三、加劇了各種社會矛盾，從而加速了王朝的終結

《周書》卷四五《儒林傳》載有樂遜一段話：「頃者魏都洛陽，一時殷盛，

〔註187〕《魏書》卷二五《長孫道生傳》。
〔註188〕《魏書》卷三三《賈彝傳附賈秀傳》。
〔註189〕《魏書》卷七二《陽尼傳附陽固傳》。
〔註190〕《魏書》卷八二《常景傳》。
〔註191〕《魏書》卷八八《杜纂傳》。
〔註192〕《周書》卷二三《蘇綽傳》。
〔註193〕《周書》卷三五《裴俠傳》。
〔註194〕《周書》卷三九《辛慶之傳》。
〔註195〕《周書》卷三三《王悅傳》。

貴勢之家，各營第宅；車服器玩，皆尚奢靡。世逐浮競，人習澆薄，終使禍
亂交興，天下喪失」。此段話將奢華歸爲北魏滅亡的原因，成儉敗奢也歷來是
總結封建社會治亂興衰的傳統觀點。馬克思也從社會消費的角度揭示了古代
國家滅亡的一條普遍規律，「古代國家滅亡的標誌不是生產過剩，而是達到駭
人聽聞和荒誕無稽程度的消費過度和瘋狂消費」。〔註196〕

　　奢華的另一直接結果就是製造並擴大了社會的不平等，加劇了社會矛
盾。尚永琪在其博士論文《3～6 世紀佛教傳播背景下的北方社會群體研究》
中曾談到對「奢侈」的看法：

　　　　如果翻開傳統的歷史記載，我們就會發現很多關於控制奢侈品
　　的言論。對商業的極力限制和提倡簡單的生活，是中國古代社會倫
　　理體系中一個最基本的信條。從上古堯舜等帝王的簡樸生活到顏回
　　的「簞食瓢飲」，雖然這些說教並不能在事實上遏制以皇帝爲首的特
　　權階層的窮奢極欲，但這種根深蒂固的在倫理說教中對奢侈生活的
　　排斥，絕不是毫無意義的空談，它對在脆弱的小農生產體系內維持
　　特權階層的奢華生活作了很重要的合法性解說和道德開脫。

　　　　與古代希臘城邦的奢侈生活不同的是，希臘城邦的奢侈來自
　　於海上文明的對外征服，是建立在掠奪外來資源的基礎上。而中
　　國古代社會存在發展的支柱是小農生產體系，是一個脆弱的內部
　　循環系統。它幾乎沒有「天上掉餡餅」的掠奪性資源的來源，那
　　麼就只好在封閉的生產體系內部，盡可能地削減普通百姓的生活
　　成本，來滿足上層的需要，這也是傳統的等級制「禮」的一個主
　　要內容。〔註197〕

以上論述雖有憤激之詞，但也說明了這樣的事實，在中國社會，尤其是古代
社會，上層社會的奢侈享樂是建立在對下層社會的殘酷剝削的基礎上。

　　而且，在古代農業社會中，生產的剩餘也是非常有限的，只有限制消費，
維持消費與生產的平衡，才能保證生產的重複與擴大再生產。上流社會大肆
聚斂，過度縱侈，造成了社會財富的巨大浪費，使相當一部分可能的生產力

〔註196〕中共中央馬克思恩格斯列寧斯大林著作編譯局：《馬克思恩格斯全集》，北京：
　　　　人民出版社，1979 年 7 月第 1 版，第 46 卷上冊，第 424 頁。
〔註197〕尚永琪：《3～6 世紀佛教傳播背景下的北方社會群體研究》，長春：吉林大學
　　　　古籍研究所，2006 年 4 月，第 71 頁。

無法轉化為現實的生產力，生產與消費之間的平衡被破壞，必然引起生產關係的強烈震動和社會關係的混亂，從而阻礙生產的發展。物質財富是由勞動創造的，生產物質財富是為了滿足人們生存、發展、正當享受的需要，而不是任由人們隨意糟塌、鋪張浪費的。物質財富並不是無限的，對物質財富、資源的過度索取、揮霍，勢必造成對生存環境的嚴重破壞並引起惡性循環。這是已經為事實所證明了的。節儉是對勞動的尊重，對勞動成果的珍惜。因貧固然要儉，豐足之時，亦應把節儉作為一種生活規範，作為一種道德追求。

上層社會的奢華生活不是建立在真正的社會進步和整個社會比較富裕的前提下，只是在原有社會狀態下，通過最大限度的剝削與聚斂，限制大多數人的生存需要，以供少數人揮霍享受。把「大多數人當作上足肥料的土地來使用」，〔註198〕造成了嚴重的社會不平等和財富不均，從本質上說是對社會的一種破壞。

奢華風氣的盛行蔓延，導致非生產性人口在總人口中的比例日益增大，貴族擁有大量奴婢、僮僕、妓妾，這些人脫離了生產性勞動，成為貴族社會奢華生活的附屬物，這是對社會生產力的極大浪費。在奢華之風的侵蝕下，棄農從商者漸多，這些工商者致富後，也參加到奢華的行列。

由奢華之風導致了貪污的盛行、泛濫，原本為政清廉的官吏也被捲入貪賄濁流中，宗室貴族，漢族官僚，都以攫取財富、貪污搜刮為目標。統治集團腐化墮落，失去生機與活力，嚴重毒化和敗壞了社會風氣。北朝各代奢華的最終結果便是激化了社會矛盾和衝突，使王朝迅速走向終結。

〔註198〕〔法〕費爾南‧布羅代爾：《15 至 18 世紀的物質文明、經濟和資本主義》，上海：生活‧讀書‧新知三聯書店，1992 年版，第一卷，第 215 頁。

第四章 門 閥

　　北魏建立後，與北魏政權漢化進程相符合，原本肇始並興盛於中原漢族的門閥觀念亦影響滲透到北朝社會，而且更進一步地深入到北朝政治，在北朝社會生活的各個時段中產生了程度不同的影響，在歷史上留下了鮮明的印記。

第一節　北朝門閥發展概述

一、門閥概說

　　在漢語中，與「門閥」近義或同義的詞彙還有「門第」、「閥閱」等，據《辭海》解：

　　　　門閥，即門第閥閱。指封建社會中的世代貴顯之家。《後漢書·宦者傳論》：「聲榮無暉於門閥。」《新唐書·鄭仁表傳》：「嘗以門閥文章自高。」東漢章帝時選舉已多為門閥包辦，魏、晉、南北朝特別重視門閥特權。亦稱「閥閱」。《後漢書·韋彪傳》：「士宜以才行為先，不可純以閥閱。」參見「門第」。〔註1〕

　　　　門第，封建時代地主階級內部不同家族的等級。顯貴之家稱為「高門」，卑庶之家稱為「寒門」。魏、晉、南北朝時實行九品中正制，選用官員，高門中選，寒門受排斥，彼此交際、婚配、任官、坐位亦有區別。相沿成為不成文的等級制度，利於維護封建貴族門

〔註1〕　辭海編輯委員會：《辭海》1999年版普及本，上海辭書出版社，中卷第2451頁。

閥特權。唐以後舊的門第區別不再存在，改以當代官爵高下爲區分門第的標準。參見「士庶」。〔註2〕

在史學研究中，「門閥」又是和許多詞彙聯繫在一起使用的。門閥制度，也被稱作、等同於士族制度、世族制度。而且「士族」一詞又有很多相等的或有聯繫的稱謂，計有世族、豪族、郡姓、大家、名門、士庶等等。當然這其中最常使用的是「士族」與「世族」，其他當是二者的衍伸或補充。據《辭海》解：

> 士族，一稱世族。東漢以後在地主階級內部形成的各地大姓豪族，在政治、經濟各方面享有特權。《晉書·許邁傳》：「家世士族。」《北史·裴讓之傳》：「河東士族，京官不少。」參見「士庶」。〔註3〕

> 士庶，魏、晉、南北朝時士族、庶族的等級區別。《宋書·恩倖傳》：「士、庶區別，國之章也。」東漢末年開始，大官僚地主依靠政治、經濟特權，逐漸形成爲大姓豪族，稱爲士族或世族，又稱高門。不屬於士族的則稱爲庶族，又稱寒門。士、庶之間不能通婚，甚至不得平起平坐，庶族雖官高位顯，其自視亦不敢與士族較。參見「士族」。〔註4〕

這是《辭海》中對「士族」一詞所作的簡明的解釋。士族是我國封建社會歷史上一個特殊的階層，在中國歷史上曾產生過重要影響，學界對此多有研究，亦多有對於「士族」的產生、發展的概括描述和定義：

> 士族作爲一個社會集團，是在特定的歷史條件下出現的。士族的前身是東漢時期以世家大族和名士爲代表的官僚士大夫集團，由於察舉、辟除等制度的存在，這些人以舉主、門生及故吏等身份結成一種比較牢固的社會關係；他們或在朝，或在野，共同特點是讀書人，其中有不少以封建國家爲己任的鯁直派官僚士大夫。〔註5〕

> 士族的發展似乎可以從兩方面來推測，一方面是強宗大姓的士族化，另一方面是士人在政治上得勢後，再轉而擴張家族的財勢。

〔註2〕 同上。
〔註3〕 辭海編輯委員會：《辭海》1999年版普及本，上海辭書出版社，上卷，第1485頁。
〔註4〕 辭海編輯委員會：《辭海》1999年版普及本，上海辭書出版社，上卷，第1485頁。
〔註5〕 楊敏：《士族制度的興衰》，《棗莊師專學報》1999年第2期。

這兩方面在多數情形下是互為因果的社會循環。所謂「士族化」便是一般原有的強宗大族使子弟讀書,因而轉變為「士族」。〔註6〕

士族制度是三國兩晉南北朝時期特有的歷史現象,它的特點是按門第等級區別士族同庶族在政治、經濟、文化上的不同地位。……士族制度萌芽於東漢時期。東漢政權是在豪強地主支持下建立起來的,因此,豪強地主在東漢王朝享有政治上經濟上的特權。他們在政治上把持中央和地方政權,經濟上兼併土地,經營莊園,漸成割據,逐漸成為名門大族。士族地主(又稱世族、門閥地主)在東漢開始形成,為後來魏晉南北朝時期士族制度的確立提供了階級、經濟基礎。」〔註7〕

從以上論述中,我們可以尋繹出士族與世族、門閥的細微差別及演進軌迹。即,士族是最早產生於東漢中後期,屬知識階層,即「士」的階層。然隨著知識階層的進入政權,掌握政治特權,進而享有經濟特權,政治與經濟結合,遂產生了「世族」,即世家大族。早期為士族,發展至後來為門閥。也就是說,門閥制度的產生發展,似乎是經歷了這樣一個從士族→世族→門閥的過程。

至於「士族」與「世族」稱呼上的含混不一,則或是出於使用者的喜好,或是出於強調的側重有所不同。稱「士族」指他們掌握文化知識;稱「世族」是強調他們世襲為官。門閥制度是士族的政治勢力和經濟勢力高度發展結合的產物。門閥的構成一般需要以下幾方面條件:文化方面的勢力;社會方面的勢力;經濟方面的勢力;政治方面的勢力。〔註8〕陳爽在其《世家大族與北朝政治》一書中也將門閥構成歸結為:政治上累世居高官;經濟上為剝削他人的、有依附民的封建地主階級;文化上具有世代相傳的濃厚的家學家風。〔註9〕

門閥制度或門閥現象在中國歷史上持續時間甚長,「中國社會自宗法解體後,代之而起者,即為門閥,或可稱門族。此時間大概自東漢而綿延至唐末

〔註6〕 余英時:《士與中國文化》,上海:上海人民出版社,2003年1月版。

〔註7〕 劉進忠:《略說士族制度的興衰及評價》,《歷史學習》2002年第10期。

〔註8〕 周谷城:《中國政治史》,北京:中華書局,1982年12月第一版,第142~148頁,這裡將其順序略作調整,感覺更為合理。

〔註9〕 陳爽:《世家大族與北朝政治》,北京:中國社會科學出版社,1998年12月,第189頁。

五代，約爲九百餘年，亦不可謂不長矣。」〔註10〕邱少平將之定義爲，「所謂門閥制度，就是魏晉南北朝時期，封建國家通過法律的形式對門閥士族的政治經濟特權和優越的社會地位予以確認的制度。」〔註11〕門閥制度形成於魏晉，肇始於曹魏的九品中正制。九品中正制實行以後，漸被高門大族所操縱把持，家世越來越被看重甚至成爲選官的唯一標準，到西晉初終於形成了「上品無寒門，下品無勢族」、〔註12〕「公門有公，卿門有卿」〔註13〕的局面。世代做官的家族，稱爲世家大族或門閥士族。門閥大族通過九品中正制獲得並鞏固了政治特權，伴之而來自然又享有種種經濟特權，門閥制度正式形成。士族和庶族從此有了嚴格的區別，家世是評價與衡量人的身份的最高標準。世族爲士，平民爲庶，士庶界限劃分極其嚴格。世家大族爲了保持自己在社會、政治上的特殊地位，自矜高貴，利用手中的政治經濟特權而壓抑寒門。尤其是南朝時期門閥觀念極爲嚴重，門閥士族控制了國家政權。雖有寒人勢力庶族地主興起，向士族權力發起挑戰，不過也不足以從根本上動搖士族的優勢。只是到了南朝後期，由於侯景亂梁和西魏攻克江陵的影響，士族勢力才明顯地走向衰落。

北朝的門閥觀念從總體上說雖不及南朝深重，但在某些時段上，門閥觀念亦盛行一時。

二、門閥制度在北朝的引進發展

北方自永嘉之亂後，中原士族大部分南遷，一部分流寓河西，還有一部分轉移至東北，只剩下一小部分留在本土，可以說士族至此已受到了嚴重打擊。而且與南方偏安的環境不同，這裡戰亂頻仍，既有階級矛盾，又有民族矛盾。但士族既經形成，雖暫時受到打擊，失去了政治特權，其經濟優勢、社會影響、文化勢力卻仍是不容忽視的，一遇時機，便即復興。

北方諸政權爲少數民族所建，胡人政權在其南侵並建立政權過程中，仰慕中原文化，「爲了鞏固自己的統治，需要聯合漢族士族地主，需要利用士族人士的統治經驗與文化知識來治理國家。因此他們不能不在一定程度上維護

〔註10〕鄧子琴：《中國風俗史》，成都：巴蜀書社，1988年3月，第1頁。
〔註11〕邱少平：《門閥制度的興衰》，《益陽師專學報》1999年第2期。
〔註12〕《晉書》卷四五《劉毅傳》。
〔註13〕《晉書》卷三九《王沈傳》。

士族制度。但另一方面，這些胡人貴族並不完全信任漢人士族，一當他們認為後者對自己的利益構成威脅時，便給予抑制和打擊。北方士族無力與胡人貴族相抗衡。雖然他們也在不同程度上分享政權，屬於地主階級的當權派，在社會上有著深固的勢力與強大的影響。」〔註14〕劉琳在《北朝士族的興衰》一文中，將北朝士族地位的發展脈絡作了如下的勾勒描述：

> 北朝士族地位的變遷大致分爲三個階段：第一階段是從北魏開國到孝文帝太和十九年遷洛以前；第二階段是從孝文帝太和十九年至孝明帝時；第三階段是從北魏末期至北齊北周。這三個階段可以概括爲：上昇———全盛———衰落。〔註15〕

此三個階段即是門閥制度在北朝之引進發展過程。

在第一階段中，北魏從開國之初就已經開始陸續任用一些漢族士人，漢族士人在北魏政權中扮演著越來越重要的角色，發揮越來越重要的作用。太武帝時名臣崔浩是清河郡人，爲北方第一高門。其父崔宏，仕魏至顯宦。崔浩歷仕道武、明元、太武三帝，以其才能深受寵任，官至司徒。崔浩自己出身高門，自然以其出身爲榮，且利用其所受寵信在胡人政權中爲漢族士人爭取權利和地位，因此容易遭到鮮卑貴族的忌恨。《魏書》卷三八《王慧龍傳》：

> 初，崔浩弟恬聞慧龍王氏子，以女妻之。浩既婚姻，及見慧龍，曰：「信王家兒也。」王氏世齇鼻，江東謂之齇王。慧龍鼻大，浩曰：「眞貴種矣。」數向諸公稱其美。司徒長孫嵩聞之，不悅，言於世祖，以其歎服南人，則有訕鄙國化之意。世祖怒，召浩責之。浩免冠陳謝得釋。

當時崔浩因稱美自南朝來的高門士族太原王氏子王慧龍是「貴種」，被鮮卑貴族長孫嵩彈劾，由此觸怒世祖拓跋燾，遭到申斥。然而崔浩並沒有警醒，從中總結和吸取教訓，反而更進一步地要爲漢族高門爭地位：

> 浩大欲齊整人倫，分明姓族。玄勸之曰：「夫創制立事，各有其時，樂爲此者，詎幾人也？宜其三思。」浩當時雖無異言，竟不納，浩敗頗亦由此。〔註16〕

〔註14〕 劉琳：《北朝士族的興衰》，載《魏晉南北朝史研究》，中國魏晉南北朝史學會編，成都：四川省社會科學院出版社，1986年，第301頁。

〔註15〕 劉琳：《北朝士族的興衰》，載《魏晉南北朝史研究》，中國魏晉南北朝史學會編，成都：四川省社會科學院出版社，1986年，第301頁。

〔註16〕 《魏書》卷四七《盧玄傳》。

　　所謂「齊整人倫，分明姓族」，就是要明確士庶界限，重用士族人物，抑退非士族人士，擡高漢族世家在政治上的地位，這樣，鮮卑貴族自然相形見絀，於是遂受到仇視。《魏書》卷三五《崔浩傳》：

　　　　眞君十一年六月誅浩。清河崔氏無遠近，范陽盧氏、太原郭氏、河東柳氏，皆浩之姻親，盡夷其族。初，郄標等立石銘刊《國記》，浩盡述國事，備而不典。而石銘顯在衢路，往來行者咸以爲言，事遂聞發。有司按驗浩，取秘書郎吏及長曆生數百人意狀。浩伏受賕，其秘書郎吏已下盡死。〔註17〕

崔浩最終於晚年被加以「修國史，勒石公佈」的罪名而被太武帝所殺。且株連其族人姻戚，如清河崔氏、范陽盧氏、太原郭氏、河東柳氏等諸族，死者二千餘人。北方士族因此受到了一次沉重打擊。陳寅恪在其《金明館叢稿初編‧崔浩與寇謙之》文中分析：崔浩是「東漢以來儒家大族經西晉末年五胡亂華留居北方未能南渡者之代表也。當時中國北部之統治權雖在胡人之手，而其地之漢族實遠較胡人爲眾多，不獨漢人之文化高於胡人，經濟力量亦遠勝於胡人，故胡人之欲統治中國，必不得不借助於此種漢人之大族，而漢人大族亦欲藉統治之胡人以實現其家世傳統之政治理想，而鞏固其社會地位。」〔註18〕當北朝胡人統治中原之時，胡人與漢人互相利用，胡人欲借助於漢人之大族以鞏固其統治，而漢人大族亦欲藉統治之胡人以實現其家世傳統之政治理想而鞏固其地位。崔浩就是想利用鮮卑而失敗者也。

　　雖然崔浩欲擡高門第有時會受到當權者的反感或反對，最後且因此遭禍，但落後民族欽慕南方風尚是由來已久的，歷史上秦王朝對中原文化的既排斥到最後屈服，即說明了這樣一條規律。這種對門閥的壓抑畢竟是暫時的。

　　第二階段，太和十九年（公元 495 年）孝文帝下詔分定姓族，大選群官，由朝廷以法律的形式確認漢族大族地主和鮮卑著姓貴族在北魏社會的特殊地位，賦予他們種種特權，並使之制度化，從而確立了包括鮮卑貴族在內的門閥序列。以此爲標誌，門閥之風開始在北魏社會得以大規模的煽揚與發展，門閥制度達到其全盛時期。

　　雖因崔浩之禍使拓跋鮮卑漢化趨勢受到一次挫折，但其總趨勢是扼制不住的。到了孝文帝元宏時，鮮卑族的漢化進入了一個高潮。孝文帝的祖母文

─────────────────

〔註17〕《魏書》卷三五《崔浩傳》。
〔註18〕陳寅恪：《金明館叢稿初編》，上海：上海古籍出版社，1980 年，第 126 頁。

明馮太后是漢人，孝文帝初即位時，年幼，馮太后執政，即推行漢化。孝文帝本人即是被高度漢化者，史稱其「雅好讀書，手不釋卷。《五經》之義，覽之便講，學不師受，探其精奧。史傳百家，無不該涉。善談莊老，尤精釋義。才藻富贍，好爲文章，詩賦銘頌，任興而作。有大文筆，馬上口授，及其成也，不改一字。自太和十年已後詔冊，皆帝之文也。自餘文章，百有餘篇。愛奇好士，情如飢渴。待納朝賢，隨才輕重，常寄以布素之意。」〔註19〕這些雖不免史家溢美之辭，但亦可從中見出孝文帝所受漢化之深。

> 高祖引陸叡、元贊等於前曰：「北人每言北人何用知書，朕聞此，深用憮然。今知書者甚眾，豈皆聖人？朕自行禮九年，置官三載，正欲開導兆人，致之禮教。朕爲天子，何假中原，欲令卿等子孫，博見多知。若永居恒北，值不好文主，卿等子孫，不免面牆也。」
> 陸叡對曰：「實如明詔，金氏若不入仕漢朝，七世知名，亦不可得也。」
> 高祖大悅。〔註20〕

從這段話中可見孝文帝對中原文化的欣羨嚮往。北魏王朝爲加強對中原地區的控制，鞏固對漢族和其他各族人民的統治，自馮太后始即開始了系列漢化改革。由於孝文帝本人受漢族文化教育程度頗深，加之他對中原文化的這種強烈的傾慕態度，所以在其親政伊始，就繼續推廣並擴大馮太后已經開始的漢化改革。其中爲進一步加強鮮卑貴族與漢人士族之間的結合，孝文帝就把強化門閥制度作爲他的改革的一項重要內容。於太和十九年下達了著名的分定姓族的詔書：

> 代人諸冑，先無姓族，雖功賢之胤，混然未分。故官達者位極公卿，其功衰之親，仍居猥任。比欲制定姓族，事多未就，且宜甄擢，隨時漸銓。其穆、陸、賀、劉、樓、於、嵇、尉八姓，皆太祖已降，勳著當世，位盡王公。灼然可知者，且下司州、吏部勿充猥官，一同四姓。自此以外，應班士流者，尋續別敕。原出朔土，舊爲部落大人，而且皇始已來，有三世官在給事已上，及州刺史、鎮大將，及品登王公者爲姓。若本非大人，而皇始已來，職官三世尚書已上，及品登王公而中間不降官緒，亦爲姓。諸部落大人之後，而皇始已來官不及前列，而有三世爲中散、監已上，外爲太守、子

〔註19〕《魏書》卷七下《高祖孝文帝宏帝紀》。
〔註20〕《魏書》卷二一上《獻文六王上・廣陵王羽傳》。

都，品登子男者爲族。若本非大人，而皇始已來，三世有令已上，外爲副將、子都、太守，品登侯已上者，亦爲族。凡此姓族之支親，與其身有緦麻服已內，微有一二世官者，雖不全充美例，亦入姓族；五世已外，則各自計之，不蒙宗人之蔭也。雖緦麻而三世官不至姓班，有族官則入族官，無族官則不入姓族之例也。凡此定姓族者，皆具列由來，直擬姓族以呈聞，朕當決姓族之首末。其此諸狀，皆須問宗族，列疑明同，然後勾其舊籍，審其官宦，有實則奏，不得輕信其言，虛長僥僞。不實者，訴人皆加「傳旨問而詐不以實之」坐，選官依「職事答問不以實」之條。令司空公穆亮、領軍將軍元儼、中護軍廣陽王嘉、尚書陸琇等詳定北人姓，務令平均。隨所了者，三月一列簿賬，送門下以聞。〔註21〕

史稱「於是昇降區別矣。」〔註22〕這是孝文帝在鮮卑貴族中建立門閥制度及承認漢族門閥制度所採取的措施。如上詔書中所規定，首先將皇室嫡近之開國功臣分定爲八姓，八姓以下的貴族亦按其先世是否爲部落大人以及皇始以來三世官位之高低分別定爲「姓」或「族」。凡未列入姓族者自是寒人。

正如唐長孺先生指出：北魏孝文帝制定姓族是魏晉以來士族制度下傳統習慣的具體化與制度化，「它具有明確、具體的官爵標準和明確的四級區分，而這在兩晉南朝至多是習慣上的而不是法律上的，以朝廷的威權採取法律形式來制定門閥序列，北魏孝文帝定士族是第一次。」〔註23〕門閥制度在東晉南朝時期，發展至頂峰，門閥的政治經濟地位在社會中是約定俗成的，所以政府已無需再對其進行法律上的確認。孝文帝爲在北方大力推展門閥制度，卻不得不借助法律的手段。其意義「一方面在於將漢族的士族制度正式推廣到鮮卑人中，使鮮卑貴族進一步士族化，從而更縮小了鮮卑貴族同漢人士族之間的差別。另一方面，明確規定士族的範圍，這樣就使士庶界限更爲嚴格，使胡漢士族這一小撮高級公民的特殊地位進一步得到國家法律的承認與保障。」〔註24〕

第三階段，「北魏而後，東、西二魏都是鮮卑政權。東魏北齊政權中，鮮

〔註21〕 《魏書》卷一一三《官氏志》。

〔註22〕 《魏書》卷一一三《官氏志》。

〔註23〕 唐長孺：《論北魏孝文帝定姓族》，見《魏晉南北朝史論拾遺》，北京：中華書局，1983年5月第1版，第90頁。

〔註24〕 劉琳：《北朝士族的興衰》，見《魏晉南北朝史研究》，中國魏晉南北朝史學會編，成都：四川省社會科學院出版社，1986年，第309頁。

卑得勢，反對漢化。然東魏政府畢竟是承繼洛陽漢化政府的，漢族士大夫仍有相當大的勢力。漢人與鮮卑貴族在政治上常有矛盾衝突，雖然其結果都是鮮卑得勢，但是東魏北齊政府承繼了洛陽漢化政府的流風遺韻，漢化潛力還是相當大的。……西魏北周的政權中，雖然也有一種反漢化維護鮮卑舊俗的逆流，但與其同時，統治者在一定程度上也推行漢化，在北周宇文氏諸王中，有高度漢化者。」〔註25〕這裡所說的漢化，就是指包括門閥制度在內的漢文化的接納與認可程度。實際上在北魏後期，隨著士族與鮮卑寒人與漢人庶族之間矛盾的不斷加深，門閥制度已經受到一定衝擊。北魏後期崔亮為吏部尚書，選人論資排輩，不重才能，稱為「停年格」：「不問士之賢愚，專以停解日月為斷。雖復官須此人，停日後者終於不得；庸才下品，年月久者灼然先用。沉滯者皆稱其能。」〔註26〕「停年格」的實行，就是當時為緩解矛盾而採取不得已的措施，是對門閥制度的一種反動。當然這種措施的弊端是顯而易見的，當時就已遭人訾議〔註27〕。所以在東魏北齊時，高歡就改變了這種情況。538年（元象元年）高澄為吏部尚書，廢停年格。「魏自崔亮以後，選人常以年勞為制，文襄乃釐改前式，銓擢唯在得人。又沙汰尚書郎，妙選人地以充之。至于才名之士，咸被薦擢，假有未居顯位者，皆致之門下，以為賓客，每山園遊燕，必見招攜，執射賦詩，各盡其所長，以為娛適。」〔註28〕548年（武定六年）「又令朝臣牧宰各舉賢良及驍武膽略堪守邊城，務得其才，不拘職業」〔註29〕從這兩條記載看，東魏北齊時期，門閥制度已受到嚴重衝

〔註25〕劉琳：《北朝士族的興衰》，見《魏晉南北朝史研究》，中國魏晉南北朝史學會編，成都：四川省社會科學院出版社，1986年，第314頁。
〔註26〕《魏書》卷六六《崔亮傳》。
〔註27〕《通典》卷第十六《選舉》四：薛琡為吏部郎中。先是，崔亮奏立停年之格，不簡人才，專問勞舊。琡乃上書曰：「若使選曹唯取年勞，不簡賢否，便即義均行雁，次若貫魚，勘簿呼名，一吏足矣。數人而用，何謂銓衡？今請郡縣之職，吏部先盡擇才，務取廉平淳直，素行有聞，並學通古今，曉達理體者，以應其選。不拘入職遠近，年勳多少。其積勞之中，有才堪牧人者，先在用之限。其餘不堪者，既壯藉其力，豈容老而棄之，將佐丞尉，去人積遠，小小當否，未為多失，宜依次補序，以酬其勞。」書奏，不報。徐因引見，復陳言曰：「漢朝常令三公大臣，舉賢良方正、有道直言之士，以為長吏，監撫黎元。自晉末以來，此風遂替。今四方初定，務在養人。臣請依漢氏，更立四科，令三公宰貴各薦時賢，以補郡縣。明立條格，防其阿黨之端。」詔下公卿議之，亦寢矣。
〔註28〕《北齊書》卷三《文襄帝紀》。
〔註29〕《北齊書》卷三《文襄帝紀》。

擊。

西魏北周用人也注重才能。西魏大統十年，蘇綽制定了著名的「六條詔書」，其中第四條「擢賢良」云：

> 夫門資者，乃先世之爵祿，無妨子孫之愚瞽；刀筆者，乃身外之末材，不廢性行之澆僞。若門資之中而得賢良，是則策駑驥而取千里也；若門資之中而得愚瞽，是則土牛木馬，形似而用非，不可以涉道也。若刀筆之中而得志行，是則金相玉質，内外俱美，實爲人寶也；若刀筆之中而得澆僞，是則飾畫朽木，悦目一時，不可以充楝樑之用是也。今之選舉者，當不限資蔭，唯在得人。苟得其人，自可起廝養而爲卿相，伊尹、傅説是也，而況州郡之職乎。苟非其人，則丹朱、商均雖帝王之胤，不能守百里之封，而況於公卿之冑乎。由此而言，觀人之道可見矣。〔註30〕

宇文泰對「六條詔書」進行了認眞的實行，任薛端主持吏部：

> 自居選曹，先盡賢能，雖貴遊子弟，才劣行薄者，未嘗升擢之。
> 每啓太祖云：「設官分職，本康時務，苟非其人，不如曠職。」太祖深然之。」〔註31〕

作爲當時西魏政權的實際主宰者宇文泰本人對選官任職的態度，決定了門閥制度在西魏北周亦失去了市場而走向衰落。

第二節　門閥制度之影響

「門閥制度的作用就是按照門戶等級，區別士庶在經濟、政治、文化上的不同地位。」〔註32〕門閥序列既經評定形成，必然對社會生活產生各種影響，究其要者，概有兩類。

一、選　官

先進的文明常常被落後的野蠻的文明所征服。而「野蠻的征服者總是被那些他們所征服的民族的較高文明所征服，這是一條永恒的歷史規律。」

〔註30〕《周書》卷二三《蘇綽傳》。
〔註31〕《周書》卷三五《薛端傳》。
〔註32〕唐長孺：《論北魏孝文帝定姓族》，見《魏晉南北朝史論拾遺》，北京：中華書局，1983年5月第1版，第90頁。

〔註 33〕落後民族佔領並統治先進民族，必須接受學習先進民族的文化。

　　門閥制度首先就是和選官緊密結合在一起的。北魏拓跋鮮卑是我國歷史上第一個入主中原的少數民族。同其後相繼入主中原的其他少數民族一樣，拓跋鮮卑是作爲一個遠遠落後於中原經濟、文化發展水平的民族而成爲中原統治者的。要想維持並鞏固其政權統治，首先要接受和學習中原的先進的政治制度，而這就必須依賴士族分子對其政權的參與。北朝政治的主流雖然是皇權政治而不是門閥政治，但漢族士族畢竟在參與胡族政權建設，以先進文化提高胡族貴族的精神文明程度，推動胡族政治進步方面作出了不可磨滅的貢獻。

　　鮮卑拓跋部雖然掃滅了北方各政權，統一了北中國。但在「五胡」中它進入內地與漢族接觸的時間最晚，因而其社會與文化也最爲落後。爲了鞏固它對廣大征服地區特別是漢族地區的統治，它不能不比其他胡人政權更加需要依靠漢族地主階級首先是士族地主的支持。而士族階層無論在任何時候也都是渴望參與政權的，同時也是爲了更好地維護他們的自身利益。任用高門士族，一是因爲他們在漢族社會的影響，二是因爲他們掌握知識與參政經驗。

　　早在猗㐌、猗盧時代至道武帝拓跋珪初年，已經開始引用一些漢族人士。至拓跋珪時，更是開始把任用漢族士大夫作爲一項重要國策。《魏書》卷二《太祖紀》：

> 皇始元年……并州平。初建臺省，置百官，封拜公侯、將軍、刺史、太守，尚書郎已下悉用文人。帝初拓中原，留心慰納，諸士大夫詣軍門者，無少長，皆引入賜見，存問周悉，人得自盡，苟有微能，咸蒙敍用。

　　由於士族對文化的壟斷，這裡所說的文人、士大夫，無疑有很大一部分是屬於士族，其中如張袞等。北方士族得以進一步進入權力核心是在拓跋珪平慕容寶以後，一批北方高門士族人物受到重用，其中以崔浩之父崔宏（字玄伯）爲代表：

> 太祖征慕容寶，次於常山，玄伯棄郡，東走海濱。太祖素聞其名，遣騎追求，執送於軍門，引見與語，悅之，以爲黃門侍郎，與張袞對總機要。草創制度。……遷吏部尚書。命有司置官爵，撰朝

〔註 33〕《馬克思恩格斯選集》，北京：人民出版社，1972 年版，第 2 卷，第 70 頁。

儀，協音樂，定律令，申科禁，玄伯總而裁之，以爲永式。及置八
部大夫以擬八座，玄伯通署三十六曹，如令僕統事，深爲太祖所任，
勢傾朝廷。〔註34〕

清河崔氏是北方第一高門，從「太祖素聞其名，遣騎追求」中，可看出
道武帝對漢族士人仰慕之深渴求之切。崔宏就是這樣從黃門侍郎做起，一路
陞遷至吏部尚書，成爲實際的宰相，參與最高決策，領導制定國家制度。於
此可見北方士族在促進拓跋鮮卑封建化過程中是起著重要作用的。而且值得
一提的是，爲達到網羅吸納人才之目的，道武帝還對漢族士人採取一定的「優
容」政策：

後司馬德宗荊州刺史司馬休之等數十人爲桓玄所逐，皆將來
奔，至陳留南，分爲二輩，一奔長安，一歸廣固。太祖初聞休之等
降，大悅，後怪其不至，詔兗州尋訪，獲其從者，問故，皆曰：「國
家威聲遠被，是以休之等咸欲歸闕，及聞崔逞被殺，故奔二處。」
太祖深悔之。自是士人有過者，多見優容。〔註35〕

明元帝拓跋嗣繼位以後，繼續採取重用士族的政策。永興五年，「詔分遣
使者巡求儁逸，其豪門強族爲州閭所推者，及有文武才幹，臨疑能決，或有
先賢世胄、德行清美、學優義博、可爲人師者，各令詣京師，當隨才敍用，
以贊庶政」。〔註36〕

太武帝拓跋燾於天下大定之後，亦曾下詔：

頃逆命縱逸，方夏未寧，戎車屢駕，不遑休息。今二寇摧殄，
士馬無爲，方將偃武修文，遵太平之化，理廢職，舉逸民，拔起幽
窮，延登儁乂，昧旦思求，想遇師輔，雖殷宗之夢板築，罔以加也。
訪諸有司，咸稱范陽盧玄、博陵崔綽、趙郡李靈、河間邢穎、勃海
高允、廣平游雅、太原張偉等，皆賢儁之胄，冠冕州邦，有羽儀之
用。《詩》不云乎「鶴鳴九皋，聲聞于天，」庶得其人，任之政事，
共臻邕熙之美。《易》曰：「我有好爵，吾與爾縻之。」如玄之比，
隱跡衡門，不耀名譽者，盡敕州郡以禮發遣。〔註37〕

〔註34〕《魏書》卷二四《崔玄伯傳》。
〔註35〕《魏書》卷三二《崔逞傳》。
〔註36〕《魏書》卷三《太宗明元帝紀上》。
〔註37〕《魏書》卷四《世祖太武帝紀上》。

這次徵聘幾乎包括了北方所有著名的高門士族，來朝應徵及各州郡所舉薦者至數百人，皆按才敍用，其規模之大爲此前所罕見。

明元、太武之進一步重用士族人士與崔浩的推動有很大關係。崔浩是繼其父崔宏之後北方士族的又一卓越的代表人物。「浩有鑒識，以人倫爲己任。明元、太武之世，徵海內賢才，起自仄陋，及所得外國遠方名士，拔而用之，皆浩之由也。至於禮樂憲章，皆歸宗於浩。」〔註38〕明元帝、太武帝兩朝都深受倚重，官至侍中、司徒，成爲北朝士族中位至三公的第一人。

北方世家大族雖然因崔浩之禍遭受很大打擊，但其社會地位和影響一直是不容忽視的。至北魏孝文帝定姓族，明確把選官制度與士族制度緊密聯繫起來，以保證士族的政治特權。《資治通鑑》卷一四〇齊明帝建武三年：

> 帝與群臣論選調曰：「近世高卑出身，各有常分；此果如何？」李沖對曰：「未審上古已來，張官列位，爲膏粱子弟乎，爲致治乎？」帝曰：「欲爲治耳。」沖曰：「然則陛下今日何爲專取門品，不拔才能乎？」帝曰：「苟有過人之才，不患不知。然君子之門，藉使無當世之用，要自德行純篤，朕故用之。」沖曰：「傅說、呂望，豈可以門地得之！」帝曰：「非常之人，曠世乃有一二耳。」秘書令李彪曰：「陛下若專取門地，不審魯之三卿，孰若四科？」著作佐郎韓顯宗曰：「陛下豈可以貴襲貴，以賤襲賤！」帝曰：「必有高明卓然、出類拔萃者，朕亦不拘此制。」頃之，劉昶入朝，帝謂昶曰：「或言唯能是寄，不必拘門；朕以爲不爾。何者？清濁同流，混齊一等，君子小人，名品無別，此殊爲不可。我今八族以上士人，品第有九，九品之外，小人之官復有七等。若有其人，可起家爲三公。正恐賢才難得，不可止爲一人渾我典制也。」

以上反映了孝文帝的選官用人思想，即「專崇門品」、「以貴襲貴，以賤襲賤」。不惟如此，孝文帝還把他這種思想施之於實踐，專門制定了依門第選官的《方司格》。〔註39〕由於孝文帝按門第選官的結果，北魏官吏的構成發生

〔註38〕《北史》卷二一《崔宏傳附崔浩傳》。
〔註39〕《舊唐書》卷四六《經籍志》著錄有《後魏方司格》一卷。《新唐書》卷五八《藝文志》亦著錄有《後魏方司格》一卷。《新唐書》卷一九九《柳沖傳》：魏太和時，詔諸郡中正，各列本土姓族次第爲舉選格，名曰「方司格」，人到於今稱之。《史通通釋·書志第八》：江左有兩王《百家譜》，中原有《方司殿格》，蓋氏族之事，盡在是矣。

了很大的變化。劉琳據萬斯同《元魏將相大臣年表》曾針對此作過統計，發現，「從孝文後期至宣武、孝明之時，在新增加的將相大臣中，漢人已超過鮮卑人，而漢人士族佔了三分之二以上。這樣一來，漢人在三朝將相大臣中之比例由北魏前期的 26.7%上昇到 45.5%，士族在漢人中之比例由北魏前期的 38.3%上昇到 65%，在將相大臣中之比例亦由 10%上昇到 30%。如果把漢人士族人數加上鮮卑貴族人數，則占到全部將相大臣的 84%。表明在此時期士族勢力發展到了北朝歷史上的高峰，而且表明北魏政權徹底成爲以鮮卑貴族與漢人士族的聯盟爲主體的地主階級政權。」〔註 40〕《通典》卷十六《選舉》記載：孝明帝時清河王元懌上表說：「孝文帝制出身之人，本以門品高下有恒，若準資蔭。自公卿令僕之子，甲乙丙丁之族，上則散騎秘著，下逮御史長兼，皆條例昭然。」這就是說，士族官僚的子弟，一起家入仕，就可以做散騎侍郎、秘書丞、著作郎之類的官。低的也可以做侍御史、長兼行參軍。

　　孝文帝的門閥思想，其偏頗之處是顯然的。〔註 41〕所以到世宗宣武帝時即已發現其弊端，並下詔矯正之：

　　　　任賢明治，自昔通規，宣風贊務，實惟多士。而中正所銓，但存門第，吏部彝倫，仍不才舉。遂使英德罕昇，司務多滯，不精厥選，將何考陟？八座可審議往代貢士之方，擢賢之體，必令才學並申，資望兼致。〔註42〕

　　北魏之後，東魏北齊西魏北周的建立者高歡、宇文泰都是六鎮的庶族軍人。過去他們曾被排斥在門閥之外，故在他們掌權後，反映他們的政治要求，在選舉制度上也發生了一些變化。用人重視才能，改變了過去的重門第傳統。高歡「知人好士，全護勳舊。性周給，每有文教，常殷勤欸悉，指事論心，不尙綺靡。擢人授任，在於得才，苟其所堪，乃至拔於廝養；有虛聲無實者，稀見任用。」〔註 43〕北周也已不再講究清濁官職，「自周氏以降，選

〔註40〕劉琳：《北朝士族的興衰》，見《魏晉南北朝史研究》，中國魏晉南北朝史學會編，成都：四川省社會科學院出版社，1986 年第 313 頁。

〔註41〕宋代司馬光對此曾有感慨：臣光曰：「選舉之法，先門地而後賢才，此魏、晉之深弊，而歷代相因，莫之能改也。夫君子、小人，不在於世祿與側微。以今日視之，愚智所同知也。當是之時，雖魏孝文之賢，猶不免斯蔽。故夫明辨是非而不惑於世俗者，誠鮮矣！」（見《資治通鑑》卷一百四十）

〔註42〕《魏書》卷八《世宗宣武帝紀》。

〔註43〕《北齊書》卷二《神武下》。

無清濁」。〔註 44〕

二、婚　姻

　　門閥制度的另一影響即爲婚姻。「婚」與「宦」是門閥士族的兩大支柱，亦是門閥制度的兩大特徵。門閥制度影響下所產生之婚姻稱「門第婚」，「門第婚又稱身份內婚，是魏晉南北朝時在士族門閥中盛行的婚姻習俗。這個時期，士族興起，在政治、經濟等方面具有特殊的地位。爲了世代壟斷此種地位，保持貴族血統的純粹，大族們在婚姻問題上十分講究門當戶對，在姻家的選擇上均以地位與自己相當者爲對象。」〔註 45〕婚姻是衡量門第高低的一項重要標準，門閥士族爲了維持突出擡高自己在社會生活中特殊的政治經濟地位，保持士庶界限，在婚姻上有嚴格的限定。士族把自己的婚姻嚴格限在士族範圍之內，並且極力排除非士族混入士流的可能性，講究門當戶對，士庶通婚爲絕對不許。

　　陳鵬在《中國婚姻史稿》中說：「魏氏立九品，置中正，尊世冑，卑寒士，選舉之權，遂歸右姓。下品無高門，上品無寒士。當其入仕之初，高下已分，迨及論婚之際，門戶遂隔。（趙甌北陔餘叢考卷十七，六朝重氏族條參照）江左以來，士族益高自標置，俯視後門，幾猶良賤之不可紊。高門婚對，必求世冑，寒素之家，雖寵貴一時，亦不得爲婚士族，士族婚宦失類，亦每遭排抑。」〔註 46〕此是說的南朝門閥制度下的婚姻情況。北方在永嘉之亂以後，大部分士族南遷，未遷走的北方士族雖然在政治上暫時失去了自己的地位和特權，但卻仍然力圖在婚姻上標示自己的高貴清尊。《北史》卷二七《公孫表傳》：

　　　　初，表與勃海封愷友善，後爲子求愷從女，愷不許，表甚銜之。
　　　及封氏爲司馬國璠所逮，帝以舊族，欲原之，表證其罪，乃誅封
　　　氏。……（後表子）軌終得娶封氏，生子，叡。……叡妻，崔浩弟
　　　女也。……邃、叡爲從父兄弟。叡才器小優，又封氏之甥，崔氏之
　　　壻；邃母雁門李氏，地望縣隔。鉅鹿太守祖季眞多識北方人物，每

〔註 44〕《北史》卷三十《盧柔傳附盧愷傳》。
〔註 45〕朱大渭：《魏晉南北朝社會生活史》，北京：中國社會科學出版社，2005 年 1
　　　　月第 1 版，第 185 頁。
〔註 46〕陳鵬：《中國婚姻史稿》，北京：中華書局，2005 年 1 月，第 56 頁。

> 云：「士大夫當須好婚親。二公孫同堂兄弟耳，吉凶會集，便有士庶
> 之異。」

公孫表於太武帝拓跋燾時爲臣。爲子求大族封氏之女，未得，竟銜恨於心，
伺時進讒而誅之。其後人公孫邃、公孫睿爲堂兄弟，只因生母門第不同而地
位迥異。

北魏政權建立後，在其漢化過程中，同樣接受了中原漢族的門閥制度。
既尊門閥，婚姻自然注重門第，甚至由政府直接下令禁止士庶通婚。北魏和
平四年（公元460年）高宗文成帝拓跋濬即曾下詔：

> 壬寅，詔曰：「夫婚姻者，人道之始。是以夫婦之義，三綱之
> 首，禮之重者，莫過於斯。尊卑高下，宜令區別。然中代以來，貴
> 族之門多不率法，或貪利財賄，或因緣私好，在於苟合，無所選擇，
> 令貴賤不分，巨細同貫，塵穢清化，虧損人倫。將何以宣示典謨，
> 垂之來裔？今制皇族、師傅、王公侯伯及士民之家，不得與百工、
> 伎巧、卑姓爲婚，犯者加罪。」〔註47〕

此詔爲分別尊卑貴賤，強化社會等級所發，與門第婚實乃殊途同歸也。

孝文帝在推行其門閥主義時，即注意加強與漢人高門士族的政治聯姻，
太和二年五月詔曰：

> 又皇族貴戚及士民之家，不惟氏族，下與非類婚偶。先帝親發
> 明詔，爲之科禁，而百姓習常，仍不肅改。朕今憲章舊典，祇案先
> 制，著之律令，永爲定準，犯者以違制論。〔註48〕

孝文帝將文成帝的等級觀念與門第婚相結合，並進一步將其法律化。《魏
書》卷二一上《咸陽王禧傳》載：

> 於時，王國舍人應取八族及清修之門，禧取任城王隸戶爲之，
> 深爲高祖所責。詔曰：夫婚姻之義，曩葉攸崇，求賢擇偶，縣代斯
> 慎，故剛柔著於《易經》，《鵲巢》載于《詩》典，所以重夫婦之道，
> 美尸鳩之德，作配君子，流芳後昆者也。然則婚者，合二姓之好，
> 結他族之親，上以事宗廟，下以繼後世，必敬慎重正而後親之。夫
> 婦既親，然後父子君臣、禮義忠孝，於斯備矣。太祖龍飛九五，始
> 稽遠則，而撥亂創業，日昊不暇。至於諸王娉合之儀，宗室婚姻之

〔註47〕《魏書》卷五《高宗帝紀》。
〔註48〕《魏書》卷七上《高祖孝文帝紀上》。

戒，或得賢淑，或乖好逑。自茲以後，其風漸缺，皆人乏窈窕，族
非百兩，擬匹卑濫，舅氏輕微，違典滯俗，深用爲歎。以皇子茂年，
宜簡令正，前者所納，可爲妾媵。將以此年爲六弟娉室：長弟咸陽
王禧可娉故潁川太守隴西李輔女，次弟河南王幹可娉故中散代郡穆
明樂女，次弟廣陵王羽可娉驃騎諮議參軍滎陽鄭平城女，次弟潁川
王雍可娉故中書博士范陽盧神寶女，次弟始平王勰可娉廷尉卿隴西
李沖女，季弟北海王詳可娉吏部郎中滎陽鄭懿女。

　　身爲一國之主，本是政務繁多，日理萬機，然孝文帝爲使其門閥思想得
到徹底的貫徹實施，竟不憚其煩，對宗室諸王婚姻親加干涉。對門第不合者，
即便已婚，亦須將其妻改爲側室，以便再改娶「門當戶對」之正妻。並親爲
諸王揀擇李、鄭、盧諸名門大姓之女爲妻。經孝文帝如此大力煽揚，門第婚
姻之風自然很快在北魏上層社會泛延開來。

　　　　及壯，將爲婚娶，而貌有戚容。世宗謂之曰：「我爲爾娶鄭述
　　祖女，門閥甚高，汝何所嫌而精神不樂？」叡對曰：「自痛孤遺，常
　　深膝下之慕，方從婚冠，彌用感切。」〔註49〕

　　　　元妃盧氏薨後，更納博陵崔顯妹，甚有色寵，欲以爲妃。世宗
　　初以崔氏世號『東崔』，地寒望劣，難之，久乃聽許。〔註50〕

　　以上兩條記載都是世宗宣武帝時期，世宗親爲趙郡王高睿聘娶大族鄭氏
之女。元雍於第一位妃子去世後，另娶博陵人崔顯的妹妹，很是寵愛，欲扶
正爲妃。博陵崔氏本是望族，但世宗宣武帝卻以崔氏所屬之「崔」世代號稱
「東崔」，地位寒微聲望低下而不想同意，經過很久才准許。可見宣武帝繼承
了孝文帝的門閥思想，而且士族之內，門第高下劃分愈加細密。〔註51〕

　　《魏書》卷五六《崔辯傳附崔武傳》：

　　　　初巨倫有姊，明惠有才行，因患，眇一目，內外親類，莫有求
　　者，其家議欲下嫁之。巨倫姑趙國李叔胤之妻，高明慈篤，聞而悲
　　感，曰：「吾兄盛德，不幸早世，豈令此女屈事卑族。」乃爲子翼納
　　之，時人歎其義。

〔註49〕　《北齊書》卷一三《趙郡王琛傳附子叡傳》。
〔註50〕　《魏書》卷二一上《獻文六王上‧高陽王雍傳》。
〔註51〕　《北齊書》卷二三《崔悛傳》亦載：悛每以籍地自矜，謂盧元明曰：「天下盛
　　　　門，唯我與爾，博崔、趙李，何事者哉！」

崔巨倫亦屬博陵崔氏，有姐姐才品俱高，然因眇一目致門第相當者無人聘求。其家欲將其下嫁，其姑母爲維持本門的尊貴地位，而將其娶爲子婦。這種爲維持門第、近親嫁娶的現象與東晉南朝門閥士族可謂如出一轍。朱大渭在《魏晉南北朝社會生活史》中對北魏門閥婚姻作過一番統計：

　　在北朝，世家大族的婚姻也很重門第。僅以北魏時期崔、盧兩大世族爲例，當時與清河（治今河北臨清東北）崔氏聯姻的有：平原（治今河北平原南）明氏八例，北魏宗室八例，范陽（治今河北涿州）盧氏五例，清河房氏五例，趙郡（治今河北趙縣）李氏四例，清河張氏四例，太原郭氏三例，平原劉氏三例，彭城（治今江蘇徐州）劉氏二例，渤海（治今山東高青東南）刁氏二例，北海（治今山東濰坊西南）王氏二例，隴西（治今甘肅隴西附近）李氏一例，清河傅氏一例，遼東（治今遼寧遼陽附近）公孫氏一例，樂安（治今山東廣饒北）蔣氏一例，河東（治今山西永濟）裴氏一例，南陽趙氏一例，平原杜氏一例，金氏一例，河東柳氏一例，渤海封氏一例，河間（治今河北河間）邢氏一例，太原王氏一例。與博陵（治今河北安平）崔氏聯姻的有：趙郡李氏九例，北魏宗室四例，滎陽（治今河南滎陽）鄭氏一例，渤海高氏一例，鉅鹿（治今河北晉州西）魏氏一例，河南（治今河南洛陽市）陸氏一例。與范陽盧氏聯姻的有：北魏宗室十三例，清河崔氏五例，趙郡李氏五例，隴西李氏四例，滎陽鄭氏二例，太原王氏二例，渤海封氏一例，魯郡孔氏一例，安定（治今甘肅涇川附近）胡氏一例，河內（治今河南沁陽）司馬氏一例，河南陸氏一例，北平（治今河北盧龍）陽氏一例，高陽（治今山東桓臺東）鄭氏一例。

　　通過以上統計可以看出，北魏時期，與崔、盧兩氏有婚姻關係的諸姓共 123 例，其中郡望不詳者九例，難於確定士庶身份者二例，除此之外，絕大部分都是有一定郡望的士族或皇族。崔、盧二姓爲北方有代表性的一流高門士族，通過對他們的考察，可見北方士族門第婚的一斑。〔註52〕

陳鵬在其《中國婚姻史稿》中對北朝士族的門第婚亦曾進行過一番考證

〔註52〕朱大渭：《魏晉南北朝社會生活史》，北京：中國社會科學出版社，2005 年 1 月第 1 版，第 186 頁。

梳理：

> 北朝士族以崔、盧、李、鄭爲首，其門第之別尤嚴，諸家互爲
> 婚媾，結成門戶。如盧諶孫女，嫁崔宏，生浩。(《北史·崔浩傳》)
> 浩弟娶李順女，又以弟子娶順女。(《北史·李順傳》) 李孝伯娶崔頤
> 女爲妻。孝伯兄子安世，娶博陵崔氏。(《北史·李孝伯傳》) 安世孫
> 諡娶范陽盧氏。(同上傳) 孝伯以女妻榮陽鄭羲(《北史·鄭羲傳》)。
> 羲孫敬祖女嫁崔昂爲後妻 (同上)。親親嫁娶，宛若循環。元魏起代
> 北，侵中夏，倚託士族，資爲統治，諸帝諸王多取士族女爲匹，引
> 以自重，而諸族亦借帝戚之尊，益自矜貴。寒士欲與通婚，如隔天
> 壤。趙邕寵貴一時，與范陽盧氏爲婚，女父早亡，其叔許之，而母
> 北平陽氏不從，攜女至家藏避，邕乃拷掠陽叔至死，而女終不可得
> (《魏書恩倖傳趙邕傳》)。孝文用夏變夷，益尊重舊族。「朝廷每選
> 舉人士，則校其一婚一宦以爲升降。」(《魏書·韓麒麟傳附子顯宗
> 傳》) 太和中遂定望族七姓，子孫迭爲婚姻(《新唐書·李義甫傳》)，
> 且以明詔設氏族高下不婚之禁。〔註53〕

北魏以後，東魏北齊、西魏北周時期，門閥制度雖有所衰落，士族的政
治地位和特權受到衝擊和動搖，但士族在婚姻上所形成的門第之風卻並未衰
歇。士族的政治地位已然不保，爲維持自己在社會上的特殊形象地位，更注
重講究婚姻血統的純粹，以作爲自己的精神慰藉。「男婚女嫁，皆得勝流，當
世以爲榮寵之極。」〔註54〕且門第之風影響已深，寒門庶族乃至皇室貴族之
仰慕高門大姓亦是普遍心理。《北齊書》卷二三《崔㥄傳》記載了北齊婁太后
爲博陵王娶名門崔氏之女一事：

> 㥄一門婚嫁，皆是衣冠之美；吉凶儀範，爲當時所稱。婁太后
> 爲博陵王納㥄妹爲妃，勑中使曰：「好作法用，勿使崔家笑人。」婚
> 夕，顯祖舉酒祝曰：「新婦宜男，孝順富貴。」㥄奏曰：「孝順出自
> 臣門，富貴恩由陛下。」

崔㥄一家，婚姻皆衣冠美族，婚禮排場華麗，儀式隆重規範，皇室都爲
之欣羨。與之結親，北齊顯祖文宣皇帝高洋親自駕臨，榮寵之餘，還唯恐排
場儀式有所不及而爲崔家所笑。

〔註53〕陳鵬：《中國婚姻史稿》，北京：中華書局，2005 年 1 月，第 59 頁。
〔註54〕《北齊書》卷四十《白建傳》。

　　石方在《中國性文化史》中對魏晉南北朝時期的門第婚進行過概括描述：
「不同的門第之間不能通婚，世族門閥中如有與寒門庶族通婚者，則要被世
人所訕笑，並會因此而丟失掉世族社會中的地位。而對寒門庶族來說，爲了
改變自己不利的社會地位，則是想方設法去通過婚姻結合以進入世族門第，
即使是世族中坐罪沒官的婦女，喪夫的嫠婦，在寒門庶族的眼中，亦覺得頗
爲難得。〔註55〕」這裡雖是說的整個魏晉南北朝時段，但北朝時期亦大體如
此。

　　　　魏尚書僕射范陽盧道虔女爲右衛將軍郭瓊子婦，瓊以死罪沒
　　官，高祖啓以賜元康爲妻，元康乃棄故婦李氏，識者非之。〔註56〕

　　　　收娶其舅女，崔昂之妹，産一女，無子。魏太常劉芳孫女，中
　　書郎崔肇師女，夫家坐事，帝並賜爲收妻，時人比之賈充置左右夫
　　人。〔註57〕

高門大姓之女，即使因罪入官，亦能得到從輕處理，由皇帝把她們賞給臣下
爲妻，被賞賜者亦以得娶爲榮。右衛將軍郭瓊因罪處死，兒媳是名門盧氏之
女，被沒入官。北齊高祖神武高歡將之賜予出身寒門的陳元康爲妻，陳立即
抛棄了自己的元配妻子。爲時人所非議。北齊著名文人魏收亦曾得到過此種
賞賜。

　　　　孫搴字彥舉，樂安人。世寒賤，少勵志勤學。自檢校御史再遷
　　國子助教。太保崔光引修國史。歷行臺郎。後預崔祖螭反，逃於王
　　元景家，遇赦乃出。孫騰以宗情，薦之齊神武，未被知也。

　　　　會神武西征，登鳳陵，命中外府司馬李義深、相府城局李士略
　　共作檄文，皆辭，請以搴代。神武乃引搴入帳，自爲吹火，催促之，
　　搴神色安然，援筆立就，其文甚美。神武大悅，即署相府主簿，專
　　典文筆。又能通鮮卑語，兼宣傳號令，當煩劇之任，大見賞重。賜
　　妻韋氏，既士人子女，又兼色貌，時人榮之。〔註58〕

孫搴出身寒賤，以才能爲高歡所信重，賜妻韋氏乃名門之女，不僅他自己感

〔註55〕石方：《中國性文化史》，哈爾濱：黑龍江人民出版社，2003年1月第2次修
　　　　訂，第153頁。
〔註56〕《北齊書》卷二四《陳元康傳》。
〔註57〕《北齊書》卷三七《魏收傳》。
〔註58〕《北史》卷五五《孫搴傳》。

到光榮，別人也很羨慕。

　　門第婚之弊端是顯而易見的，容易帶來婚嫁失時、早婚、劫婚、溺女、財婚等問題。〔註 59〕門第既非常嚴格，婚嫁競尚高門，往往就有一方求婚，而另一方不允的情況。求之而得，則引以為榮。求之不得，或銜怨報復，或尋機譖毀，或恃強掠奪。

　　　　初，叔義父休為青州刺史，放盜魁，令出其黨，遂以為門客。
　　　　在洛陽，與兄叔仁鑄錢。事發，合家逃逸，叔義見執。時城陽王徽
　　　　為司州牧，臨淮王彧以非其身罪，驟為致言。徽以求婚不得，遂停
　　　　赦書而殺之。〔註 60〕

　　　　諸房子女，多有才貌，又因昭信后，所以與帝室姻媾重疊。兄
　　　　弟並以文學自達，恥為外戚家。于時黃門侍郎高乾和親要用事，求
　　　　昏於孝貞，孝貞拒之。由是有隙，陰譖之，出為太尉府外兵參軍。
　　　　後歷中書舍人。〔註 61〕

　　以上兩例為求婚不得而挾嫌報復者。同時亦可見出，高門士族自視之高，雖與皇室結親尚以為恥。

　　　　少與兄乾數為劫掠，鄉閭畏之，無敢違忤。兄乾求博陵崔聖
　　　　念女為婚，崔氏不許。昂與兄往劫之，置女村外，謂兄曰：「何不
　　　　行禮？」於是野合而歸。〔註 62〕

北齊高乾求婚於博陵盧氏，由於門第相差太大，沒有答應，乾便與弟昂前往搶婚。

三、評　價

　　門閥制度在當時就已引起諸多社會問題，「在士族制度下，文化教育為士族所壟斷，缺少文化的庶族寒人只能主要以軍功作為他們的入仕之階，少數民族的寒人更是如此。北魏軍隊中的中下級軍官就是由這批人組成。在北魏前期尚武和士庶之分不甚嚴格的風氣下，他們還比較受到重視，陞遷也不很困難，因此他們在國家政權中佔有重要的地位，擁有很大的勢力，成為庶

〔註 59〕陳東原：《中國婦女生活史》，上海：上海書店，1984 年 3 月，第 65～67 頁。
〔註 60〕《北史》卷二四《崔逞傳附崔叔義傳》。
〔註 61〕《北史》卷三三《李順傳附李元操傳》。
〔註 62〕《北史》卷三一《高允傳附高昂傳》。

族的政治代表。但是孝文帝改制之後，士庶之隔森嚴，而且當權者重文輕武，這些庶族武人被鄙視，被排斥，長年累月沉滯下位。」〔註 63〕「上層門閥壟斷的維持是以犧牲下層武人的仕途爲代價的，由太和改制而引發的文武之爭，成爲北魏後期一個嚴重的政治問題。太和改制後，北魏官僚體制所發生的一個重要變化就是文武分途，重文輕武，而文武分途便意味著士庶分途。漢人大族長期壟斷吏部，控制選舉，阻扼鮮卑武人進入『清流』，導致了羽林士卒嘩變、神龜停年格，以及六鎮起兵等一系列政治風波。文武之爭促成了社會的分化，而下層武人與上層權貴間的矛盾最終以民族衝突的方式爆發出來，導致了北魏王朝的崩潰。這一問題一直延續到北朝後期，由北周的『六條詔書』確定以簡明可行的『吏幹』作爲仕進標準，才最終得以解決。」〔註 64〕

　　門閥制度的弊端是顯而易見的，給北魏乃至北朝社會帶來的矛盾後果也是有目共睹的。其在當時即受到有識之士和下層寒門庶族非議反對，在後世更幾乎是遭到眾口一詞的抨擊。但在清楚地認識到門閥制度之弊病的同時，還應該看到，對門閥制度是不能簡單地全盤否定的。門閥制度畢竟是特定歷史條件下所產生的、封建社會選拔任用人才的一種方式，它維持了封建社會政治體制統治秩序的正常運轉和確立，在推動歷史發展和社會進程中發揮了一定的作用。尤其是北朝自魏孝文帝始倡的門閥制度，在推進落後民族接受吸收中原先進的文化文明，加速游牧民族封建化進程上，是作出一定貢獻有其特定功績的，不能一概抹殺。門閥制度因爲保護和給予了一小部分人以特權，而限制和剝奪了另一大部分人的權利，因此而備受訾議。但應該承認的是，由於門閥士族對教育和知識的壟斷，所以門閥階層中的大部分人畢竟是屬於社會精英階層的。雖然他們的存在造成了社會的不平等，但他們對政權的參與大部分還是有資格和能夠勝任的。門閥制度以對一部分人造成不公和犧牲利益爲代價，推動了社會、歷史的發展和進步。

〔註 63〕劉琳：《北朝士族的興衰》，載《魏晉南北朝史研究》，中國魏晉南北朝史學會編，四川省社會科學院出版社，1986 年，第 314 頁。

〔註 64〕陳爽：《世家大族與北朝政治》，北京：中國社會科學出版社，1998 年 12 月，第 199 頁。